中南财经政法大学会计学院研究生系列教材

习近平新时代中国特色社会主义思想课程思政教材

审计法律研究与案例

王嘉鑫　主编

中国财经出版传媒集团
中国财政经济出版社
·北京·

图书在版编目（CIP）数据
审计法律研究与案例 / 王嘉鑫主编. -- 北京 ： 中国财政经济出版社，2024. 10. --（中南财经政法大学会计学院研究生系列教材）. -- ISBN 978-7-5223-3469-1
Ⅰ. D922.274
中国国家版本馆CIP数据核字第20244C1E36号

责任编辑：温彦君　　　　责任校对：张　凡
封面设计：陈宇琰　　　　责任印制：史大鹏

审计法律研究与案例
SHENJI FALÜ YANJIU YU ANLI

中国财政经济出版社 出版
URL：http：//www. cfeph. cn
E－mail：cfeph@ cfeph. cn

社址：北京市海淀区阜成路甲 28 号　邮政编码：100142
营销中心电话：010－88191522
天猫网店：中国财政经济出版社旗舰店
网址：https：//zgczjjcbs. tmall. com
北京鑫海金澳胶印有限公司印刷　各地新华书店经销
成品尺寸：185mm×260mm　16 开　17. 75 印张　370 000 字
2024 年 10 月第 1 版　2024 年 10 月北京第 1 次印刷
定价：62. 00 元
ISBN 978－7－5223－3469－1
（图书出现印装问题，本社负责调换，电话：010－88190548）
本社质量投诉电话：010－88190744
打击盗版举报热线：010－88191661　QQ：2242791300

《审计法律研究与案例》
编　写　组

主　　编： 王嘉鑫

副 主 编： 李栋栋

编写人员：（按姓氏笔画排序）

王嘉鑫　朱　磊　李栋栋　曾　姝

总序

教育是国之大计、党之大计。党的二十大报告提出“实施科教兴国战略，强化现代化建设人才支撑”重要论断。根据教育部的统计数据，2023 年，我国研究生招生 130.17 万人，在学研究生已达 388.29 万人，总规模位居世界第二，已经成为研究生教育大国。中南财经政法大学会计学院牢记为党育人、为国育才的初心使命，坚持以习近平新时代中国特色社会主义思想为指导，着力培养符合新时代中国式现代化建设亟需的会计、审计和财务管理专业研究生。为深入贯彻党的二十大精神，落实习近平总书记关于教育的重要论述和研究生教育工作的重要指示精神，推进教育强国建设，以立德树人为根本任务，遵循学位与研究生教育规律，坚持学术学位与专业学位研究生教育两种类型同等地位、同等重要，以提高拔尖创新人才自主培养质量为目标，以深化科教融汇、产教融合为方向，推动学术创新型人才和实践创新型人才分类培养，健全中国特色学位与研究生教育体系，为加快建设教育强国、科技强国、人才强国提供更有力支撑。同时，根据教育部 2023 年 11 月发布的《教育部关于深入推进学术学位与专业学位研究生教育分类发展的意见》，为了保证研究生培养质量和教学效果，应当分类加强研究生教材建设。学术学位教材应充分反映本学科领域的最新知识及科研进展，有利于实施研究性教学和启发学术创新思维，引导学生开展自主性学习和探究性学习。专业学位教材应充分反映本行业产业的最新发展趋势和实践创新成果，要将真实项目、典型工作任务、优秀教学案例等纳入专业核心教材。

中南财经政法大学会计学科是首批 5 个全国高等学校重点会计学科之一，1978 年获硕士研究生招生权，1981 年获硕士学位授予权，1986 年获博士学位授予权，1995 年获准建立博士后流动站，系全国首批会计专业硕士授权单位（2004 年）和首批审计专业硕士授权单位（2011 年），在人才培养、学科建设、科学研究、学术交流、社会服务、文化传承创新和内部管理等方面成绩卓著，整体实力在全国高校同类院系和学科中位居前列。

课程教学是保障研究生培养质量的必备环节，在研究生成长成才中具有全面、综合和基础性作用。研究生的课程教学必须以教材为基础，因此研究生教材建设是事关未来的战略工程、基础工程，也是国家意志的体现。为了全面提升中南财经政法大学会计学院研究生培养质量，满足新时代中国式现代化新征程对高端会计、审计、财务人才的需求，加强研究生教材建设刻不容缓。2023 年，为了推进构建中国式现代化高等教育体系，打造会计学科研究生系列精品教材，中南财经政法大学会计学院启动了研究生系列教材编写、出版工作。经公开申报，《中南财经政法大学会计学院研究生系列教材》编审委员会审定通过并确定了首批十二本研究生系列教材，从 2024 年起陆续由中国财政经济出版社出版发行。这十二本研究生系列教材包括《财务会计理论与实务》《财务管理理论与实务》《审计理论与实务》《管理会计理论与实务》《内部审计理论与实务》《公司治理理论与实务》《审计法律研究与案例》《内部控制与风险管理》《公司理财与税收筹划》《会计研究方法与论文写作》《财务会计研究》和《自然语言处理：一个经济学和管理学研究者的入门手册》。

我们的首轮研究生系列教材建设，既包括基础理论课程教材，也包括专业课程教材；既包括博士研究生的课程教材，也包括硕士研究生的课程教材；既包括学术学位研究生的课程教材，也包括专业学位研究生的课程教材。我们在研究生系列教材建设中遵循“理论与实务并重、兼容并蓄、立足我国、放眼世界、务实创新”的原则，该系列教材具有“科学性、先进性、实用性和易教易学性”四个特点：（1）系统论述会计学科、审计学科和财务管理学科的基本理论、基本知识和基本技能，全面反映我国经济改革和会计、审计、财务管理改革及研究的最新成果，体现教材的科学性；（2）立足现实，面向未来，体现教材的先进性；（3）既同国际趋同，又与中国实际相结合，体现教材的实用性；（4）充分尊重教学规律的要求，体现教材的易教易学性。

需要特别说明的是，自 2024 年起出版的《中南财经政法大学会计学院研究生系列教材》，得到了中国财政经济出版社以及许多兄弟院校和广大读者的热情支持与帮助，在此一并表示衷心的感谢！同时，我们也真诚地希望会计界、审计界、财务界的专家学者和广大读者，以及实务界的朋友提出宝贵的意见和建议，以便再版时修订、完善。

《中南财经政法大学会计学院研究生系列教材》编审委员会

2024 年 3 月

前言

审计是经济监督体系中不可或缺的一部分，作为国家治理的重要手段，审计在维护经济秩序、保障社会公正和促进资源优化配置方面发挥着关键作用。审计法律是规范审计行为、确保审计独立性与公正性的法律基础，是审计工作有效实施的根本保障。随着社会经济的快速发展和市场经济体制的日趋完善，审计法律在国家法律体系中的地位和作用愈加凸显。对于任何一个健全的经济体而言，强有力的审计法律体系不仅有助于防范和化解经济风险，还能有效保障经济活动的透明度和可靠性，促进经济健康稳定发展。在培养会计专业硕士和审计专业硕士的过程中，全面了解和深入掌握审计法律的相关知识显得尤为重要。会计专业硕士和审计专业硕士作为未来的高级专业人才，不仅需要具备扎实的会计和审计知识，更需要具备敏锐的法律意识和深厚的法律素养。审计法律的学习，可以帮助他们理解审计活动中所涉及的法律责任和合规要求，培养他们在复杂多变的经济环境中进行合法、合规审计的能力。这种法律知识的积累和能力的培养，对于保障他们在未来职业生涯中的职业操守和工作质量具有重要意义。在审计工作中，审计人员必须严格遵循审计法律的规定，确保审计过程的合法性和审计结果的有效性。因此，会计专业硕士和审计专业硕士在学习过程中，不仅要了解审计法律的基本内容，还需掌握其在不同情境下的具体应用。这将帮助他们在未来的职业道路上更加从容地应对法律挑战，更好地履行职业职责，维护经济秩序和社会公正。审计法律的教育和培养，不仅是法律知识的传授，更是法律思维的塑造，还是培养符合新时代要求的高素质审计人才的关键所在。

当前，会计专业硕士和审计专业硕士研究生的“审计法律研究与案例”课程教学正面临着诸多挑战。首先，不同院校对该课程的教学内容和重点存在较大差异。由于审计法律涉及范围广泛，涵盖了国家审计、内部审计、注册会计师审计等多个领域，各高校在设置课程时，往往根据自身的学科特点和师资力量进行不同程度的调整和取舍，这导致了课程内容不统一的问题。一些学校可能更注重审计法律的理论框架，而另一些学校则可能更倾向于案例分析和实际操作，造成学生在学习过程中无法形成全面系统的审计法律知识体系。其次，在课程教材方面，目前国内各大高校使用的“审计法律研究与案例”教材种类繁多，编写水平参差不齐，内容上也未能实现统一。这主要是因为我国的审计法律体系在近十年来经历了快速发展和不断完善，许多新法规和制度相继出台，使得教材的更新速度无法跟上法律变化的步伐。此外，由于缺乏一本得到广泛认可的标准化教材，各高校在选择教材时更多依赖于自身的师资力量和教学需要，导致不同高校的学生在学习同一门课程时，所使用的教材内容可能存在较大差异。这不仅影响了教学的一致性，也给学生的学习效果带来了挑战。最后，由于审计法律是一门理论与实践紧密结合的学科，课程设计还存在如何有效地将理论知识与实际案例相结合的问题。现有的教材和课程设置，往往侧重于法律条文的讲解和理论分析，而对于如何在具体的审计实践中运用这些法律知识缺乏足够的指导和案例支持。这种情况导致学生虽然具备了审计法律的基本理论知识，但在实际工作中仍可能面临法律适用不熟练、实务操作能力不足等问题，无法充分发挥审计的法律监督职能。因此，提高课程的实用性和针对性，培养学生解决实际问题的能力，已成为当前审计法律教学亟需解决的关键问题。

中南财经政法大学作为我国知名的财经政法类高校之一，在审计、会计等领域的教育和研究方面一直处于领先地位。学校秉持“博文明理、厚德济世”的校训，致力于培养具有国际视野和创新精神的高素质财经法治人才。多年来，中南财经政法大学会计学院依托其深厚的学术积累和丰富的教学经验，形成了鲜明的学科优势和卓越的办学特色。会计学院作为中南财经政法大学的重点学院之一，不仅拥有一支由知名教授、专家学者组成的高水平教学科研团队，还在审计法律研究与教学方面积累了丰富的经验。学院在课程设置上注重理论与实践相结合，通过引入大量实际案例和模拟审计项目，帮助学生深入理解审计法律的应用与发展。同时，学院还积极开展与国内外知名大学和研究机构的学术交流与合作，紧跟国际前沿，不断优化课程内容，以提升学生的专业能力和国际竞争力。

本教材在内容设计和编写过程中，着力体现以下特色：(1) 紧扣我国最新的审计法律体系发展，教材系统性地介绍了我国现行的审计法规框架和法律制度，涵盖了审计法律的基本理论、法规体系的构成及其具体应用。通过深入解读和分析现行法规，帮助学生全面掌握和理解审计法律的基本原则和核心内容，确保其知识结构与国家审计法律体系的最新发展保持一致；(2) 强调理论与实务的紧密结合，教材不仅在内容上详尽阐述了审计法律的基本理论和法规内容，还通过精选的实际案例，展示审计法律在实际工作中的具体应用。这种理论与实务并重的设计，有助于培养学生在真实审计情境中识别和解决法律问题的能力，提升其职业判断和决策水平；(3) 覆盖广泛的审计领域，教材内容涵盖了国家审计、内部审计、注册会计师审计等多个审计领域，全面介绍了不同审计类型中涉及的法律问题及其解决方法。通过对各个领域的深入探讨，学生可以了解和掌握不同类型审计工作中的法律规范和实务操作要求，适应各种专业背景和职业发展的需要；（4）结合前沿审计研究成果，关注审计领域的最新发展和研究动态，融合了近年来审计法律在理论研究和实务应用上的新成果。通过这些内容的引入，学生可以及时了解审计法律的新趋势和新方向，增强其应对审计实务中复杂法律问题的能力；（5）关注新时代经济环境下的审计热点问题。针对新时代经济发展中的新兴审计领域和热点问题，如环境、社会和治理（ESG）审计、数据审计和跨境审计等，教材特别增设了专题章节，深入探讨这些领域面临的审计法律问题和实际操作挑战。这种针对性强、具有前瞻性的内容设计，旨在培养学生对新型经济业态和快速发展的科技创新领域的敏感度和适应能力，使其在未来的职业生涯中能够胜任高端审计法律岗位的要求；（6）引入思政研习内容。为落实新时代教育理念，本教材在每章后面增加了思政研习内容，通过将社会主义核心价值观和职业道德要求融入审计法律学习中，帮助学生在掌握专业知识的同时树立正确的价值观，增强社会责任感和法治意识。这种设计不仅丰富了教材的内容，也使学生在学习过程中能够不断提升自身的综合素质和道德修养。

本教材共分为九章，结构安排紧密围绕审计法律研究的核心内容展开。第一章介绍审计法规体系，主要讲述了审计法规的定义、分类、层次及其相互关系，旨在帮助读者建立对审计法律框架的整体认识。第二章聚焦审计法律责任问题，分析了审计人员和审计机构在执行审计过程中可能面临的各种法律责任，并阐述了其法律责任的类型和影响因素。第三章探讨国家审计法规与案例，通过具体法规和实际案例的讲解，详细说明了国家审计的法律依据、适用范围以及操作和实践。第四章介绍内部审计法规与案例，涵盖了内部审计的法律基础、规范和实践要求，旨在帮助读者理解内部审计在组织内部治理和风险管理中的作用。第五章讲解注册会计师审计法规与案例，分析了注册会计师在执业过程中需遵守的法律法规和职业道德规范，强调注册会计师的法律责任和审计质量控制。第六章专注于国有企业审计专题研究与案例，深入研究了国有企业审计的特定法规和政策，讨论了国有企业审计中的关键法律问题和挑战。第七章介绍经济责任审计专题研究与案例，详细阐述了经济责任审计的目的、方法和法律框架，特别是针对领导干部和国有企业的经济责任审计。第八章探讨 IPO 审计专题研究与案例，介绍了 IPO 审计的法律要求和审计程序，重点分析了 IPO 过程中常见的法律风险和应对策略。第九章讨论中美跨境审计法律研究与案例，重点分析了中美两国在跨境审计方面的法律制度差异和合作机制，探讨了跨境审计的法律挑战和应对措施。本教材由王嘉鑫担任主编，李栋栋担任副主编，负责编写大纲的拟定和全书的总纂、修改和定稿。本教材各章编写人员及分工如下：第一章由王嘉鑫执笔；第二章由李栋栋执笔；第三章由朱磊执笔；第四章由曾姝执笔；第五章由王嘉鑫执笔；第六章由李栋栋执笔；第七章由朱磊执笔；第八章由曾姝执笔；第九章由王嘉鑫执笔。全书内容循序渐进，结合丰富的理论知识和实际案例，旨在为读者提供一个系统、全面的审计法律学习平台。

本教材在编写和出版过程中，得到了中南财经政法大学会计学院研究生系列教材编审委员会以及中国财政经济出版社和中南财经政法大学会计学院研究生郭志斌、曾通通、周晋羽、李翔宇、朱昭威的大力支持与帮助。在此，对所有为本书的顺利出版而付出辛勤努力的同仁表示由衷的感谢！

由于编者能力有限，书中难免存在不足之处，恳请广大读者提出宝贵意见，以便我们在以后的版本中加以改进和完善。感谢大家的理解与支持！

您的宝贵意见请反馈至以下邮箱：wang_charity@163. com。

编　者

2024 年 8 月

目 录

第一章　审计法规体系

学习目标

1. 了解审计法规的定义及其分类。
2. 掌握审计法规的层次及其关系。
3. 掌握审计法规的作用。
4. 了解审计法规的前沿研究。

第一节　审计法规及其分类

习近平总书记在二十届中央审计委员会第一次会议上指出，做好新时代新征程审计工作，总的要求是在构建集中统一、全面覆盖、权威高效的审计监督体系，更好发挥审计监督作用上聚焦发力，具体要做到“三个如”：一是如臂使指，二是如影随形，三是如雷贯耳。要想落实好审计的“三个如”，让审计监督能够顺畅实施、审计成果能够高效运用、审计作用能够有效发挥，这就要求审计人员必须提升自身法律素养，坚持依法审计，充分发挥审计与法律监督的权威性和高效性，让审计对象时时有“头顶三尺有监督，不畏人知畏审计”的自觉。作为审计领域的基础法律，《中华人民共和国审计法》（以下简称《审计法》）于2021年10月23日经第十三届全国人民代表大会常务委员会第三十一次会议修正通过，这是自2006年2月28日后的第二次修正。此次《审计法》的修正是为了进一步适应新形势新发展，贯彻落实党中央、国务院关于审计工作决策部署，从而更好服务经济社会发展和推进国家治理现代化。因此，在新时代新征程上，审计人员有必要学习好新时代背景下的审计法律体系，总结好党关于新时代审计工作的理论成果和实践成果，运用好党授予审计的“尚方宝剑”，坚持以法律法规为准绳，打造经济监督的“特种部队”，为全面建设社会主义现代化国家作出新的更大贡献。基于此，本章先介绍总体审计法规体系，再按实施主体划分，分别介绍国家审计法规体系、内部审计法规体系及注册会计师审计法规体系，具体框架结构如图 1－1 所示。

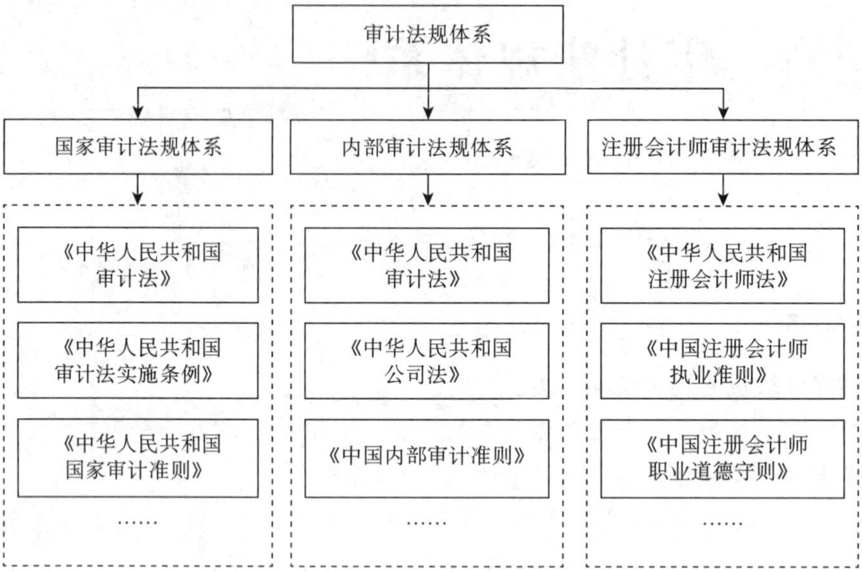

图 1－1　审计法规体系框架

审计法规通常是对审计组织的设置和职权、审计范围、审计行为、审计责任等作出的原则性规定。审计法规由国家权力机构和行政机构制定。我国审计法规包括《审计法》、《中华人民共和国注册会计师法》（以下简称《注册会计师法》）、《国务院关于加强审计工作的意见》、《中华人民共和国审计法实施条例》（以下简称《审计法实施条例》）、《中央预算执行情况审计监督暂行办法》、《财政违法行为处罚处分条例》等。

一、国家审计法规体系

国家审计法规体系是指由各种国家审计规范相互联系而构成的有机整体。对我国而言，是指我国审计署为全面贯彻执行《审计法》及其他有关法律法规而制定的审计机关和审计人员应遵循的准则、规定和办法等规范的总称①，主要包括《审计法》《中华人民共和国国家审计准则》（以下简称《国家审计准则》）和《审计法实施条例》。

《审计法》作为我国国家审计的基本法律，于 2021 年 10 月 23 日第十三届全国人民代表大会常务委员会第三十一次会议通过。从制定目的来看，《审计法》是以《中华人民共和国宪法》（以下简称《宪法》）为根本依据，为加强国家的审计监督，维护国家财政经济秩序，提高财政资金使用效益，促进廉政建设，保障国民经济和社会健康发展而制定的法律。从制定内容来看，《审计法》共分七章五十一条，分别为：总则、审计机关和审计

① 宋夏云：《国家审计目标及实现机制研究》，上海财经大学出版社 2008 年版。

人员、审计机关职责、审计机关权限、审计程序、法律责任、附则，对国家审计的基本制度作出了详细规定。

《国家审计准则》由我国审计署于2010年公布，自2011年1月1日起施行。共分七章二百条，主要包括：总则、审计机关和审计人员、审计计划、审计实施、审计报告、审计质量控制和责任、附则。《国家审计准则》的修订和颁布，是完善我国审计法律制度的重大举措，是国家审计准则体系建设史上一个重要的里程碑，对规范审计机关和审计人员执行审计业务的行为，保证审计质量，防范审计风险，发挥审计保障国家经济和社会健康运行的“免疫系统”功能有十分重大的意义。

《审计法实施条例》于2010年2月2日经国务院第100次常务会议修订通过，自2010年5月1日起施行，共七章五十八条，分别为总则、审计机关和审计人员、审计机关职责、审计机关权限、审计程序、法律责任和附则。其目的是保障《审计法》的贯彻落实，完善我国审计监督制度，加强和规范审计工作，充分发挥审计监督作用。

二、内部审计法规体系

内部审计法规体系是内部审计人员在审计工作中应当遵循的业务标准和行为准则的总称。我国内部审计法规体系主要包括：《审计法》《中华人民共和国会计法》（以下简称《会计法》）《中华人民共和国公司法》（以下简称《公司法》）《中国内部审计准则》及相应的法律法规。

《中国内部审计准则》是指各类企业、各级政府机关以及其他单位的内部审计人员在进行内部审计工作时所应遵循的原则，是衡量内部审计工作质量的尺度和准绳。《中国内部审计准则》主要分为内部审计基本准则、内部审计具体准则以及内部审计实务指南。内部审计准则体系中的三个不同层次，具有不同的约束力和权威性。内部审计准则体系的第一层次是内部审计基本准则，是内部审计准则的总纲，具有最高的权威性和法定约束力。内部审计具体准则是内部审计准则的第二层次，具体准则是内部审计机构和人员进行内部审计的执业规范，内部审计机构和人员在进行内部审计时应当遵照执行。具体准则的权威性虽低于基本准则，但要高于实务指南，并有法定约束力；而实务指南是给内部审计机构和人员提供操作性的指导意见，不具有法定约束力和强制性。

三、注册会计师审计法规体系

注册会计师审计法规体系是指由各种社会审计规范相互联系而构成的有机整体。我国注册会计师审计法规体系主要包括：《注册会计师法》《中国注册会计师执业准则》《中国注册会计师职业道德守则》等。

《注册会计师法》由第八届全国人民代表大会常务委员会第四次会议于1993年10月31日通过，并于2014年进行了修正。该法发布的目的是发挥注册会计师在社会经济活动中的鉴证和服务作用，并加强对注册会计师的管理，维护社会公共利益和投资者的合法权益，促进社会主义市场经济的健康发展。作为注册会计师审计法规体系的重要组成部分之一，《注册会计师法》为注册会计师开展审计工作提供了法律依据。

《中国注册会计师执业准则》由中华人民共和国财政部发布，其目的是规范注册会计师的执业行为，其主要内容包括《中国注册会计师鉴证业务基本准则》和《中国注册会计师相关服务准则和质量控制准则》。其中，《中国注册会计师执业准则指南》是对《中国注册会计师执业准则》的具体说明。

《中国注册会计师职业道德守则》由中国注册会计师协会于2020年12月17日修订通过，自2021年7月1日起施行，具体包括《中国注册会计师职业道德守则第1号——职业道德基本原则》《中国注册会计师职业道德守则第2号——职业道德概念框架》《中国注册会计师职业道德守则第3号——提供专业服务的具体要求》《中国注册会计师职业道德守则第4号——审计和审阅业务对独立性的要求》和《中国注册会计师职业道德守则第5号——其他鉴证业务对独立性的要求》。

第二节 审计法规的层次及其关系

1982年12月，第五届全国人民代表大会第五次会议通过的《宪法》，正式确立在我国实行审计监督制度，开启了中国审计的新篇章，如图1－2所示，经过四十余年的努力，我国已基本形成了以《宪法》为基础，以《审计法》为核心，以其他法律、法规、规章和规范性文件为补充的审计法规体系，使我国审计工作做到了有法可依。

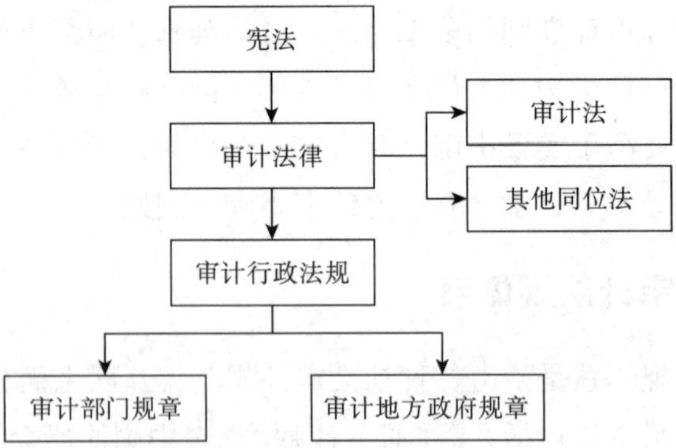

图1－2 我国审计法规的层次

第一，宪法。作为我国的根本大法，《宪法》第九十一条和第一百零九条明确规定我国实行审计监督制度，并对审计监督的基本原则、体制和基本制度作了原则性规定。其中，《宪法》第九十一条规定："国务院设立审计机关，对国务院各部门和地方各级政府的财政收支，对国家财政金融机构和企业事业组织的财务收支，进行审计监督。审计机关在国务院总理领导下，依照法律规定独立行使审计监督权，不受其他行政机关、社会团体和个人的干涉。"第一百零九条规定："县级以上的地方各级人民政府设立审计机关。地方各级审计机关依照法律规定独立行使审计监督权，对本级人民政府和上一级审计机关负责。"《宪法》中关于审计机关的领导体制、审计监督依据、审计职责和审计权限等的原则规定，是一切审计法律规范的根本法源。

第二，审计法律。审计法律主要由《审计法》和其他同位法构成。其中，《审计法》是一部全面而具体阐述和细化审计监督制度和内容的基本法，是审计法律体系的核心法源。其他同位法是指与《审计法》法律地位相同、法律效力相当的基本法，与《审计法》共同组成了审计法律体系的法源，包括《中华人民共和国预算法》《会计法》《中华人民共和国税收征收管理法》《中华人民共和国政府采购法》等。

第三，审计行政法规。根据《中华人民共和国立法法》（以下简称《立法法》）的有关规定，行政法规是指由国务院根据宪法和法律制定发布的规范性文件。具体来说，行政法规是由国务院或国务院的组成部门、直属机构根据宪法和法律的授权，在其法定权限内制定的、具有普遍约束力的行为准则和规范性文件。行政法规的内容涉及国家行政管理的各个方面，具有广泛的适用性和强制性。依据上述规定，与审计有关的行政法规主要包括《审计法实施条例》《财政违法行为处罚处分条例》《中华人民共和国税收征收管理法实施细则》等。

第四，审计行政规章。根据《立法法》的有关规定，行政规章包括两部分：一是部门规章，是指国务院的各部委、审计署和具有行政管理职能的直属机构，根据法律和行政法规精神，依照法定职权和程序制定的，由部门首长签署的，以部门令公布的规范性文件。二是地方政府规章，是指省、自治区、直辖市、较大的市的人民政府，根据法律、行政法规和地方性法规精神，就为执行法律、行政法规、地方性法规的规定需要事项和属于本行政区域的具体行政管理事项，依照法定职权和程序制定的，由省长、自治区主席或者市长签署的，以政府令公布的规范性文件。

综上所述，我国已基本形成了以《宪法》为基础，以《审计法》为核心，以其他法律、行政法规、部门规章和地方政府规章为补充的审计法规体系，详见表1-1。多层次的审计法规体系为我国强化审计领域重大工作顶层设计、统筹协调、整体推进、督促落实，进一步推动审计体制实现系统性、整体性重构提供了法律保障。

表1-1　我国审计法规体系

形式	制定机关	具体法规
宪法	全国人民代表大会	《中华人民共和国宪法》

续表

形式	制定机关	具体法规
法律	全国人民代表大会及其常务委员会	《中华人民共和国审计法》 《中华人民共和国预算法》 《中华人民共和国会计法》等
行政法规	国务院	《中华人民共和国审计法实施条例》 《财政违法行为处罚处分条例》 《中华人民共和国税收征收管理法实施细则》
部门规章	国务院各部委	《中华人民共和国国家审计准则》 《审计机关审计人员职业道德准则》等
地方政府规章	地方政府	《江苏省内部审计工作规定》 《浙江省审计条例》等

第三节 审计法规的作用

法的作用是指法对人的行为和社会关系所产生的影响。其中，法对人的行为产生的影响称为法的规范作用，法对社会关系产生的影响称为法的社会作用。审计法规作为国家法律体系的重要组成部分，是法在审计领域的具体应用，其作用可以分为规范作用和社会作用两大类，具体如图 1－3 所示。

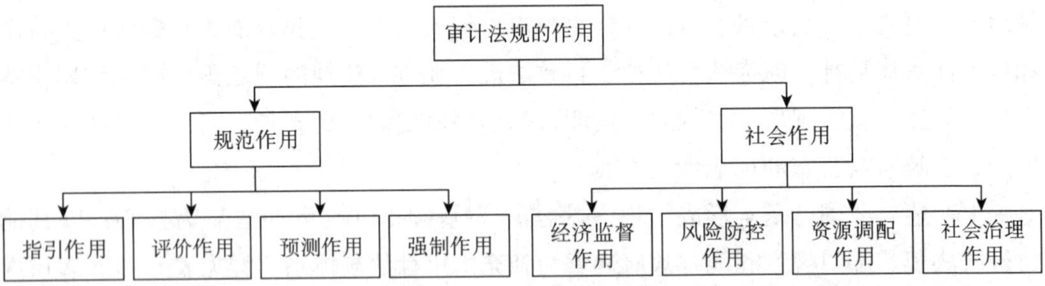

图 1－3 审计法规的作用

一、规范作用

审计法规的规范作用是指法对人的行为的作用。根据作用对象的不同，可以将规范作用分为指引作用、评价作用、预测作用和强制作用四个方面。

（一）指引作用

在审计领域，审计法规的指引作用是指审计法规对参与审计活动各主体的行为起到导向、引路的作用，其作用对象主要为各主体本人的行为。按照约束力的不同，审计法规的指引作用可以分为确定性指引和选择性指引两大类。其中，确定性指引是指审计法规通过命令性规范和禁止性规范，指明人们“必须”这样行为和“不得”这样行为；选择性指引则是指审计法规通过授权性规范，指明人们“可以”这样行为。例如，《国家审计准则》第三条规定：“本准则中使用‘应当’、‘不得’词汇的条款为约束性条款，是审计机关和审计人员执行审计业务必须遵守的职业要求；本准则中使用‘可以’词汇的条款为指导性条款，是对良好审计实务的推介。”可以看出，审计法规的确定性指引旨在保证一种基本的法律秩序，选择性指引则是鼓励人们在这种秩序内发挥自己的主动性和创造性。

1. 确定性指引作用

截至目前，全国人民代表大会常务委员会颁布了《审计法》，国务院出台了《审计法实施条例》，审计署制定了《国家审计准则》，这一系列审计法规中均包含大量对审计机关的职责和权限、审计程序等方面进行确定性指引的约束性条款。例如，《审计法》第十八条规定：“审计机关对本级各部门（含直属单位）和下级政府预算的执行情况和决算以及其他财政收支情况，进行审计监督。”《审计法》第三十六条规定：“审计机关进行审计时，有权检查被审计单位的财务、会计资料以及与财政收支、财务收支有关的业务、管理等资料和资产，有权检查被审计单位信息系统的安全性、可靠性、经济性，被审计单位不得拒绝。”以上条款分别对审计机关的职责和权限作出了强制性规定，即审计机关和被审计单位必须为，如果不为就是违法。通过强调这种“法无授权不可为，法定职责必须为”的原则，审计法规加强了对审计机关和审计人员等参与主体的制约和监督，有助于实现把责权关进制度的“笼子”的立法目的。

2. 选择性指引作用

与强调“必须为”、“不可为”的确定性指引不同，选择性指引是指法中“可以为”的部分。从具体内容来看，审计法规中的确定性指引条款大多是对审计机关的职责和权限作出一般性、原则性规定，而选择性指引条款大多是针对审计程序的实施以及法律责任的裁量。例如，《审计法》第十三条规定：“审计机关根据工作需要，可以聘请具有与审计事项相关专业知识的人员参加审计工作。《审计法实施条例》第四十六条规定：“审计机关送达审计文书，可以直接送达，也可以邮寄送达或者以其他方式送达。直接送达的，以被审计单位在送达回证上注明的签收日期或者见证人证明的收件日期为送达日期；邮寄送达的，以邮政回执上注明的收件日期为送达日期；以其他方式送达的，以签收或者收件日期为送达日期。审计机关的审计文书的种类、内容和格式，由审计署规定。”《审计法实施条例》第四十三条规定："上级审计机关应当对下级审计机关的审计业务依法进行监督。下级审计机关作出的审计决定违反国家有关规定的，上级审计机关可以责成下级审计机关予以变更或者撤销，也可以直接作出变更或者撤销的决定；审计决定被撤销后需要重新作出审计决定的，上级审计机关可以责成下级审计机关在规定的期限内重新作出审计决定，也可以直接作出审计决定。下级审计机关应当作出而没有作出审计决定的，上级审计机关可以责成下级审计机关在规定的期限内作出审计决定，也可以直接作出审计决定。"综合上述条款，审计法规通过强调"法无禁止即自由"的原则，赋予了相关审计主体一定的自主选择权，有助于推进我国的审计法治化进程，促进审计法律法规的完善与发展。

（二）评价作用

审计法规的评价作用是指审计法规作为一种社会规范，具有判断和衡量审计活动中他人行为是否合法的作用，其作用对象为他人的行为。审计法规的评价作用有助于保障审计发挥其经济评价职能。具体而言，审计机构和审计人员对被审计单位的经济资料及经济活动进行审查和验证，并以审计法规为主要依据，对所查明的事实进行分析和判断，给出评价和建议。审计法规提供了一整套客观、完备、明确的评价标准，使这些标准区别于一般的社会标准，并由国家强制力保证其普遍约束力。例如，《审计法》第三十四条规定："审计机关有权要求被审计单位按照审计机关的规定提供财务、会计资料以及与财政收支、财务收支有关的业务、管理等资料，包括电子数据和有关文档。被审计单位不得拒绝、拖延、谎报。被审计单位负责人应当对本单位提供资料的及时性、真实性和完整性负责。审计机关对取得的电子数据等资料进行综合分析，需要向被审计单位核实有关情况的，被审计单位应当予以配合。"因此，审计法规的评价作用在规范参与审计活动的各类审计主体的行为，维护审计秩序和提升国家治理能力等方面发挥着重要作用。

（三）预测作用

审计法规的预测作用是指各审计主体可以根据法规的规定，预先估计相互间将如何行为及行为的法律后果，从而对自己的行为作出合理安排。由于预测作用的对象为审计活动各参与方之间的相互行为，因此以下将从审计主体和审计客体这两个角度对审计法规的预测作用进行阐述。例如，《审计法》第三十六条规定："审计机关进行审计时，有权检查被审计单位的财务、会计资料以及与财政收支、财务收支有关的业务、管理等资料和资产，有权检查被审计单位信息系统的安全性、可靠性、经济性，被审计单位不得拒绝。"《审计法》第四十八条规定："被审计单位违反本法规定，转移、隐匿、篡改、毁弃财务、会计资料以及与财政收支、财务收支有关的业务、管理等资料，或者转移、隐匿、故意毁损所持有的违反国家规定取得的资产，审计机关认为对直接负责的主管人员和其他直接责任人员依法应当给予处分的，应当向被审计单位提出处理建议，或者移送监察机关和有关主管机关、单位处理，有关机关、单位应当将处理结果书面告知审计机关；构成犯罪的，依法追究刑事责任。”根据以上审计条款，一方面，从审计客体的角度而言，审计法规的预测作用体现在被审计单位会根据条款规定，预测自身不配合审计人员工作的行为会导致的法律后果，从而对自身的行为做出合理安排；另一方面，从审计主体的角度而言，审计人员可以合理预测被审计单位将允许其接触其认为必要的各种资料、数据以及人员，即使被审计单位拒绝提供必要资料，审计人员也可以依据法律规定要求被审计单位承担法律责任。综上所述，审计法规为审计主体和审计客体搭建了彼此信任的桥梁，这对提高审计活动效率起到了积极的推动作用。

此外，审计法规的预测作用还有助于审计发挥其预防功能。预防功能作为审计“免疫系统”功能的重要组成部分，是指审计凭借其内生性的威慑作用及独立性的优势，对危害国家、集体和人民群众利益的行为进行震慑，防止违法违规意念转化为违法违规行为；对发现的普遍性、倾向性和苗头性问题提前发出预警，防止苗头性问题转化为趋势性问题、局部性问题演变为全局性问题等。但审计内生的震慑作用具有一定的局限性，而审计法规则通过自身的确定性和规范性，保障了审计的预测功能在一定期间的连续性，从而达到审计监督应有的效果。

（四）强制作用

法是由国家制定或认可，并由国家强制力保证实施的行为规范。审计法规作为国家法律体系的重要组成部分，同样具有强制作用。强制作用是审计法规发挥指引作用、评价作用和预测作用的基础，也是审计履行其经济监督职能、经济评价职能和经济鉴证职能这三大职能的根本保障。例如，《审计法》第四十七条规定：“被审计单位违反本法规定，拒绝、拖延提供与审计事项有关的资料的，或者提供的资料不真实、不完整的，或者拒绝、阻碍检查、调查、核实有关情况的，由审计机关责令改正，可以通报批评，给予警告；拒不改正的，依法追究法律责任。”《审计法》第五十七条规定：“审计人员滥用职权、徇私舞弊、玩忽职守或者泄露、向他人非法提供所知悉的国家秘密、工作秘密、商业秘密、个人隐私和个人信息的，依法给予处分；构成犯罪的，依法追究刑事责任。”以上两项条款分别对被审计单位和审计人员违反审计法规的行为作出了明确的惩罚性规定。如果审计法规不具备强制作用，那么上述条款将丧失其约束力，审计法规将无法起到指引自己行为、评价他人行为以及预测相互行为的作用，审计活动的效率和效果也将得不到有效保证。

二、社会作用

审计法规的社会作用是指法对社会关系的影响，具体可以分为四个部分：经济监督作用、风险防控作用、资源调配作用和社会治理作用。

（一）经济监督作用

审计法规的经济监督作用是指在审计法规的规范和引导下，审计机关能够依法对经济活动的真实性、合法性和效益性进行监察和督促。党的十八大以来，党中央高度重视发挥审计在党和国家监督体系中的重要作用，大力推进审计全覆盖，习近平总书记在二十届中央审计委员会第一次会议上也指出："在强国建设、民族复兴新征程上，审计担负重要使命，要立足经济监督定位，聚焦主责主业，更好发挥审计在推进党的自我革命中的独特作用。"审计监督首先是经济监督。《国家审计准则》第六条规定："审计机关的主要工作目标是通过监督被审计单位财政收支、财务收支以及有关经济活动的真实性、合法性、效益性，维护国家经济安全，推进民主法治，促进廉政建设，保障国家经济和社会健康发展。真实性是指反映财政收支、财务收支以及有关经济活动的信息与实际情况相符合的程度。合法性是指财政收支、财务收支以及有关经济活动遵守法律、法规或者规章的情况。效益性是指财政收支、财务收支以及有关经济活动实现的经济效益、社会效益和环境效益。"因此，审计要在党和国家事业发展全局中发挥好"经济体检"的作用，必须从法律根源上牢牢把握经济监督这个定位，聚焦财政财务收支真实合法效益这一主责主业，种好"责任田"，干好"分内事"，着力揭示违反财经纪律问题，切实保障党和国家大政方针在财经领域的贯彻落实。

（二）风险防控作用

审计法规的风险防控作用为审计及时发现问题、揭示潜在风险、督促审计整改提供了坚实的法律基础。审计作为"经济体检"，不仅为了查病，更为了"治已病、防未病"。要想发挥好审计"防未病"的作用，就需要保证审计工作成果的有效落地，通过审计整改踏踏实实做好审计工作的"下半篇文章"。审计整改意味着不仅要及早发现问题，更要主动分析问题、自觉纠正问题，将审计关口前移，提前进行风险预防。《审计法》第五十二条规定："被审计单位应当按照规定时间整改审计查出的问题，将整改情况报告审计机关，同时向本级人民政府或者有关主管机关、单位报告，并按照规定向社会公布。各级人民政府和有关主管机关、单位应当督促被审计单位整改审计查出的问题。审计机关应当对被审计单位整改情况进行跟踪检查。审计结果以及整改情况应当作为考核、任免、奖惩领导干部和制定政策、完善制度的重要参考；拒不整改或者整改时弄虚作假的，依法追究法律责任。"《审计法》健全了审计结果及其整改情况的运用机制，推动了审计整改工作制度化、规范化，有助于审计人员及时发现"苗头性"问题，提出整改意见，进而建立风险防范的长效机制。

此外，《关于完善审计制度若干重大问题的框架意见》中提出："完善审计结果运用机制。建立健全审计与组织人事、纪检监察、公安、检察以及其他有关主管单位的工作协调机制，把审计监督与党管干部、纪律检查、追责问责结合起来，把审计结果及整改情况作为考核、任免、奖惩领导干部的重要依据。”通过将纪检监察的“政治体检”和审计的“经济体检”有效结合，同时联合其他相关部门形成监督合力，审计法规能够有效促进审计总结发案规律和风险隐患，更好地堵塞漏洞、防止问题反复发生，进而让审计充分发挥在防范化解重大风险、维护国家财政经济安全方面的重要作用。

（三）资源调配作用

资源是人类社会发展的基础，而资源配置的合理与否直接影响着社会的稳定与繁荣。审计法规通过全面的经济监督、动态的风险防范，由内而外地优化了对审计资源以及社会资源的配置。一方面，审计法规对内保障了审计资源的有效配置。例如，《国家审计准则》第三十条规定：“审计机关在调查审计需求和可行性研究过程中，从下列方面对初选审计项目进行评估，以确定备选审计项目及其优先顺序：（1）项目重要程度，评估在国家经济和社会发展中的重要性、政府行政首长和相关领导机关及公众关注程度、资金和资产规模等；（2）项目风险水平，评估项目规模、管理和控制状况等；（3）审计预期效果；（4）审计频率和覆盖面；（5）项目对审计资源的要求。”另一方面，审计法规对外促进了社会资源的优化配置。例如，《审计法》明确将国有资源、国有资产以及关系国家利益和公共利益的重大公共工程项目等纳入审计范围，明确了政策措施落实情况审计、领导干部自然资源资产离任审计的法律地位，注重发挥审计在优化资源配置中的作用。

（四）社会治理作用

党的十八届三中全会提出：“全面深化改革的总目标是完善和发展中国特色社会主义制度，推进国家治理体系和治理能力现代化。”审计法规的社会治理作用主要体现在审计法规通过赋予审计法治力量，实现审计功能和法律功能的有机结合，从而推动民主法治的发展，实现国家治理体系和治理能力现代化的目标。国家治理需要解决的问题是公共权力如何实现有效的配置与运行。公共权力的有效配置与运行需要各个机构分别履行决策、执行和监督的职责。2015 年印发的《关于实行审计全覆盖的实施意见》中指出：“对公共资金、国有资产、国有资源和领导干部履行经济责任情况实行审计全覆盖。”审计监督作为独立的国家法治监督体系，其主要作用为监督决策执行机构决策的履行情况，并将决策履行情况反映给决策机构，以便决策机构及时调整决策，并对决策履行情况给予恰当的奖惩建议，审计法规将相关审计规定以法的形式确立下来，有助于审计监督职能的有效发挥。

审计法规的社会治理作用主要体现在以下两个方面：第一，实现审计的全面监督。2021 年修正的《审计法》在总则中增加规定：“坚持中国共产党对审计工作的领导，构建集中统一、全面覆盖、权威高效的审计监督体系。”同时，根据党中央的决策部署，扩大审计监督范围，推进审计全覆盖，从而为强化审计监督，完善审计制度提供法治保障。审计就是依法对公民赋予政府的权力的执行情况进行监督，而审计法规为审计监督提供了法律依据，从而能够达到保护公民利益和保障公民权力的目的。第二，推动廉洁政府建设。2014 年国务院出台的《国务院关于加强审计工作的意见》指出，要强化审计的监督作用，促进依法行政、依法办事、切实维护法律尊严；对审计发现的重大违法违纪问题，要查深查透查实，促进廉洁政府建设。在现代国家治理体系中，政府的定位逐渐由以政府为中心转变为以人民为中心。审计通过其自身的专业性和强制性收集到高质量的信息，审计机关及审计人员的专业知识与工作经验帮助其对收集的信息进行高质量的分析。同时，审计法规规定专门的问责机制以及审计公告制度，向社会公众公开审计机关的审计结果与审计意见，提高审计的透明度，实现促进廉洁政府建设、社会公众参与国家治理的目标。

第四节　审计法规前沿研究

随着我国生态文明建设、可持续发展和高质量发展的深入推进，环境与社会责任问题日益受到关注。2020 年 9 月，我国明确了 2030 年前实现“碳达峰”和 2060 年前实现“碳中和”的“双碳”目标。作为推动经济向绿色低碳发展的重要驱动力，ESG 评估了企业在环境（Environmental）、社会（Social）和治理（Governance）三个方面实现利益相关者价值和履行责任的情况，这与经济高质量发展的需求和“创新、协调、绿色、开放、共享”的新发展理念高度契合。因此，开展 ESG 审计顺应了时代要求，也是企业更全面地识别企业风险、挖掘潜在改进和创新机会、适应市场和社会期望的必经之路。

一、ESG 审计概述

（一）ESG 审计的定义

ESG 审计是一种针对企业在环境、社会和治理方面表现进行的审计，旨在评估企业在这些方面的管理状况、风险控制和绩效水平。ESG 为企业提供了整合环境、社会责任和公司治理的综合框架和量化评价体系，为投资者提供了关于企业可持续发展能力和潜力的定量绩效指标。

（二）ESG 审计的目标和工作流程

1. ESG 审计的目标

（1）评估企业在环境、社会和治理方面的管理状况和对风险的控制能力。

（2）分析企业的 ESG 绩效表现，为企业改善 ESG 表现提供建议。

（3）提高企业在 ESG 方面的透明度和可信度，增强投资者和其他利益相关者的信心。

2. ESG 审计的工作流程

（1）确定审计范围，根据企业的业务特点和 ESG 的表现，确定需要审计的领域和指标。

（2）通过问卷调查、文件审查、现场观察等方式进行企业在环境、社会和治理方面的数据收集。

（3）对收集到的数据进行整理和分析，评估企业在 ESG 方面的表现。

（4）根据数据的分析结果，编制 ESG 审计报告，提出改善的建议。

（5）向企业反馈审计报告，并定期跟踪企业的 ESG 改善的进展。

（三）ESG 审计的主要内容和指标

1. ESG 审计的主要内容

（1）环境方面，评估企业在能源消耗、碳排放、废弃物处理等方面的表现，以及企业采取的环保政策和措施。

（2）社会方面，分析企业在员工福利、社会责任、消费者保护等方面的表现。

（3）治理方面，评估企业在治理结构、风险管理、道德与合规等方面的表现。

2. ESG 审计的指标

（1）环境保护指标，如单位收入能耗、单位收入碳排放、废弃物回收率等。

（2）社会责任指标，如员工对福利的满意度、社会责任报告的质量、消费者的满意度等。

（3）公司治理指标，如董事会独立性、风险控制能力、合规管理的效果等。

（四）ESG 审计与传统审计的比较

第一，在审计对象的范围方面，传统审计主要关注企业的财务报表，侧重于财务信息的真实性和合规性；ESG 审计则扩展了审计的范围，涵盖环境、社会和治理等 ESG 方面的信息，关注企业在可持续性方面的表现。

第二，在信息披露和透明度方面，对于传统审计而言，企业主要通过财务报表披露财务状况，信息相对较为标准化；而随着 ESG 信息逐渐成为企业决策的一部分，ESG 审计则重点关注企业在环境、社会和治理方面的信息披露和透明度，以确保这些信息的准确性和可信度。

第三，在风险识别和管理方面，传统审计主要关注财务风险和内部控制，强调财务报表的真实性；在 ESG 审计中，风险识别扩展到了企业在环境、社会和治理方面的可持续性风险，涵盖更广泛的业务和社会层面。

第四，二者利益相关者的关注点也各有侧重。传统审计主要关注投资者和债权人等财务利益相关者；考虑到 ESG 的广泛社会影响，ESG 审计将关注的利益相关者扩展到了更广泛的社会群体，包括员工、社区、政府和环保组织等。

二、ESG 审计相关法律法规

关于 ESG 信息披露的立法进程，各国的推进时间以及程度有所差异。总体来看，相关立法大多是以导向性为主的法律规定，辅以监管法律文件，且均未形成完备的 ESG 信息披露法律框架。截至目前，我国并未出台关于 ESG 信息披露的专门法规，有关 ESG 信息披露的法律规定散见于有关环保、公司、劳动、竞争等基础法规，以及交易所及地方政府发布的规定，具体如表 1－2 所示。

表 1－2　　ESG 信息披露相关法律法规

<table>
<tr><th>层次</th><th>时间</th><th>发布机构</th><th>政策文件</th></tr>
<tr><td rowspan="4">基础法规</td><td>2013. 07</td><td rowspan="4">全国人民代表大会常务委员会</td><td>《中华人民共和国劳动合同法》</td></tr>
<tr><td>2015. 01</td><td>《中华人民共和国环境保护法》</td></tr>
<tr><td>2019. 04</td><td>《中华人民共和国反不正当竞争法》</td></tr>
<tr><td>2024. 07</td><td>《中华人民共和国公司法》</td></tr>
<tr><td rowspan="3">部委指导意见</td><td>2016. 08</td><td>中国人民银行、财政部等七部委</td><td>《关于构建绿色金融体系的指导意见》</td></tr>
<tr><td>2018. 03</td><td>中国人民银行</td><td>《落实〈关于构建绿色金融体系的指导意见〉的分工方案》</td></tr>
<tr><td>2021. 05</td><td>中华人民共和国生态环境部</td><td>《关于印发〈环境信息依法披露制度改革方案〉的通知》</td></tr>
<tr><td rowspan="8">监管政策要求</td><td>2018. 09</td><td rowspan="3">中国证券监督管理委员会</td><td>《上市公司治理准则》</td></tr>
<tr><td>2021. 06</td><td>《公开发行证券的公司信息披露内容与格式准则第 2 号——年度报告的内容与格式（2021 年修订）》</td></tr>
<tr><td>2022. 05</td><td>《上市公司投资者关系管理工作指引》</td></tr>
<tr><td>2008. 05</td><td rowspan="3">上海证券交易所</td><td>《关于加强上市公司社会责任承担工作暨发布〈上海证券交易所上市公司环境信息披露指引〉的通知》</td></tr>
<tr><td>2023. 12</td><td>《上海证券交易所上市公司自律监管指引第 1 号——规范运作》</td></tr>
<tr><td>2024. 04</td><td>《上海证券交易所科创板股票上市规则》</td></tr>
<tr><td>2006. 09</td><td rowspan="2">深圳证券交易所</td><td>《深圳证券交易所上市公司社会责任指引》</td></tr>
<tr><td>2023. 12</td><td>《深圳证券交易所上市公司自律监管指引第 1 号——主板上市公司规范运作》</td></tr>
</table>

（一）ESG 信息披露的基础法规

目前，我国企业 ESG 信息披露的基本原则由以下这四项法律设定，在此基础上辅以各部门发布的文件，共同构成了我国 ESG 信息披露的法律体系。

2015 年 1 月 1 日生效的《中华人民共和国环境保护法》，确定了保护环境优先、预防污染为主的原则，并规定一切单位和个人都有保护环境的义务。

2013 年 7 月 1 日修订生效的《中华人民共和国劳动合同法》，包含了合法、公平、平等自愿、协商一致、诚实信用的原则，并要求劳动单位制定并完善劳动制度以保障劳动者享有劳动权利、履行劳动义务。

2019 年 4 月 23 日修订生效的《中华人民共和国反不正当竞争法》要求经营者承担社会责任，在生产经营活动中，不得违反法律规定，不得采取扰乱市场竞争秩序，损害其他经营者或者消费者的合法权益的行为。

2024 年 7 月 1 日实施的《公司法》，要求公司在遵守法律法规的基础上，充分考虑公司职工、消费者等利益相关者的利益以及生态环境保护等社会公共利益，并鼓励公司发布社会责任报告。

（二）ESG 信息披露的部委指导意见

2016 年 8 月 31 日，中国人民银行、财政部等七部委联合印发了《关于构建绿色金融体系的指导意见》。该文件明确了支持绿色投资的重要作用，鼓励经济向绿色化转型，完善绿色债券界定标准，积极支持符合条件的绿色企业上市融资和再融资，逐步建立和完善上市公司和发债企业强制性环境信息披露制度。

2018 年 3 月 20 日，中国人民银行出台《落实〈关于构建绿色金融体系的指导意见〉的分工方案》，为绿色金融体系建设确定了时间表和路线图。

2021 年 5 月 24 日，中华人民共和国生态环境部发布《关于印发〈环境信息依法披露制度改革方案〉的通知》，该通知设定了“2025 年目标”，要求环境信息强制性披露制度基本形成，并提出了建立健全环境信息依法强制性披露规范要求、建立环境信息依法强制性披露协同管理机制、健全环境信息依法强制性披露监督机制和加强环境信息披露法治建设四大主要任务。

2021 年 12 月 11 日，生态环境部发布了《企业环境信息依法披露管理办法》，鼓励企业主动公开环境信息，包括排放数据和环境治理措施。首先，《企业环境信息依法披露管理办法》中明确了披露主体，重点关注环境影响大、公众关注度高的企业，要求重点排污单位、实施强制性清洁生产审核的企业、符合规定情形的上市公司、发债企业等主体应当依法披露环境信息。其次，在披露内容和时限方面，要求企业按照《企业环境信息依法披露格式准则》编制年度环境信息依法披露报告和临时环境信息依法披露报告，并分别在规定的时限内上传至企业环境信息依法披露系统。对于年度环境信息依法披露报告，要求重点排污单位披露企业环境管理信息，污染物产生、治理与排放信息，碳排放信息等八类信息；要求实施强制性清洁生产审核的企业在披露八类信息的基础上，披露实施强制性清洁生产审核的原因、实施情况、评估与验收结果等信息；要求符合规定情形的上市公司、发债企业在披露八类信息的基础上，披露融资所投项目的应对气候变化、生态环境保护等信息。

（三）ESG 信息披露的监管政策要求

1. 中国证监会规定

2018 年 9 月 30 日，中国证监会修订《上市公司治理准则》，首次确立了 ESG 信息披露的基本框架，增加了“利益相关者、环境保护与社会责任”章节，其中第 95 条明确规定，上市公司应当依照法律法规和有关部门要求披露环境信息、社会责任以及公司治理相关信息。

2021 年 6 月 28 日，中国证监会公布《公开发行证券的公司信息披露内容与格式准则第 2 号——年度报告的内容与格式（2021 年修订）》和《公开发行证券的公司信息披露内容与格式准则第 3 号——半年度报告的内容与格式（2021 年修订）》，将“公司治理”整理为独立章节，体系化地对公司披露 ESG 信息作出了规定，并鼓励公司主动披露积极履行环境保护、社会责任的工作情况。

2022 年 4 月 11 日，中国证监会发布《上市公司投资者关系管理工作指引》，其中将“公司的环境保护、社会责任和公司治理信息”列为上市公司与投资者沟通的主要内容，要求上市公司召开投资者说明会，对 ESG 信息披露事项进行说明。

2. 上海证券交易所规定

2008 年 5 月 14 日，上海证券交易所（以下简称“上交所”）发布的《关于加强上市公司社会责任承担工作暨发布〈上海证券交易所上市公司环境信息披露指引〉的通知》，较为全面地细化了上市公司应该披露的涉及环境保护和可持续发展的相关事项，此后，上交所不断更新文件，逐步完善了在主板和科创板的上市公司对于环境保护、扶贫工作、公司治理等方面的信息披露制度，为上市公司提供了通用的信息披露标准。

2024 年 4 月 30 日，上交所发布《上海证券交易所科创板股票上市规则》规定：“上市公司应当在年度报告中披露履行社会责任的情况，并视情况编制和披露社会责任报告、可持续发展报告、环境责任报告等文件。出现违背社会重大事项时应当充分评估潜在影响并及时披露，说明原因和解决方案。”

2023 年 12 月 15 日，上交所修订的《上海证券交易所上市公司自律监管指引第 1 号——规范运作》规定：“在本所上市的‘上证公司治理板块’样本公司、境内外同时上市的公司及金融类公司，应当在年度报告披露的同时披露履行社会责任的报告，并鼓励其他有条件的上市公司，在年度报告披露的同时披露社会责任等非财务报告。”

3. 深圳证券交易所规定

2006 年 9 月 25 日，深圳证券交易所（以下简称“深交所”）发布的《深圳证券交易所上市公司社会责任指引》，要求上市公司在追求经济效益、保护股东利益的同时，积极保护债权人、职工等利益相关方的合法权益，积极从事环境保护、社区建设等公益事业，完善公司治理结构，鼓励自愿披露公司社会责任报告。

2023 年 12 月 15 日，深交所修订的《深圳证券交易所上市公司自律监管指引第 1 号——主板上市公司规范运作》，要求公司在年度报告中披露社会责任履行情况，纳入“深证 100 指数”的上市公司单独披露社会责任报告；鼓励其他公司披露社会责任报告，并将“是否主动披露环境、社会责任和公司治理（ESG 信息披露）履行情况，报告内容是否充实、完整”作为信息披露工作的考核内容，形成了 ESG 信息披露的基本框架。

三、ESG 审计的风险与挑战

（一）ESG 审计面临的挑战

1. 缺乏统一的标准

目前，针对 ESG 审计，尚未出台官方的审计准则进行统一规范，这使得各审计机构的审计结果可能存在较大差异。

2. 专业技能的匮乏

ESG 审计作为审计领域的新业务，对审计人员的专业技能提出了较高要求，不仅需要具备财务、审计等基本的专业知识和技能，还需要了解环境保护、社会责任、公司治理等多个领域的相关情况。

3. 信息披露不充分

目前，许多企业在 ESG 信息披露方面的实践仍处在起步阶段，这为 ESG 审计工作的开展带来了困难。一些企业甚至还可能存在隐瞒信息、提供虚假数据等行为，导致审计机构难以获取充分、准确的信息。

（二）ESG 审计工作的机遇

1. 政策的支持

随着政府对 ESG 审计工作的重视，许多政策都对 ESG 审计给予了支持。如上交所、深交所等监管机构要求符合条件的企业强制披露 ESG 信息，并鼓励其他企业主动披露，这为 ESG 审计工作的发展提供了机遇。

2. 企业的需求

ESG 作为企业向投资者提供关于其可持续发展能力的指标，许多企业都开始关注自己的 ESG 实践情况，期望借助 ESG 审计来提升企业形象和市场竞争力。此外，一些投资者也将 ESG 审计作为评估企业价值的重要指标，这也为 ESG 审计的发展提供了动力。

3. 技术的发展

随着信息技术的发展，ESG 审计在数据收集、处理和分析方面得到了更多的支持。例如，大数据、人工智能等技术可以帮助审计机构更全面、更准确地收集和分析 ESG 数据。

（三）ESG 审计的发展趋势

1. 标准化和规范化

伴随 ESG 审计的广泛应用，预计我国将陆续发布更多标准和准则，以规范 ESG 审计的流程和评估标准。审计机构将进一步深化合作，促进 ESG 审计标准的标准化和规范化。

2. 专业技能的提升

随着对 ESG 审计需求的不断增长，预计我国将见证更多审计人员接受专业培训和认证，以提升其在 ESG 领域的专业技能水平。审计机构将加强与多领域的合作，提升在 ESG 方面的专业能力。

3. 信息披露的强化

随着投资者对 ESG 信息的日益关注，企业预计将进一步加强在 ESG 信息披露方面的努力，以提高透明度、竞争力和企业形象。同时，政府和监管机构将强化对信息披露的监管，推动披露标准的提升。

思政研习

新质生产力与审计法规体系

新质生产力是指创新起主导作用，摆脱传统经济增长方式、生产力发展路径，具有高科技、高效能、高质量特征，符合新发展理念的先进生产力质态。习近平总书记关于新质生产力的重要论述源于对马克思主义生产力理论的继承与创新，源于对党解放和发展生产力的探索与总结，也源于新时代新征程使命任务和社会经济发展的现状要求。

2023 年 9 月 7 日，习近平总书记在黑龙江主持召开新时代推动东北全面振兴座谈会。在座谈会上，总书记首次提出“新质生产力”，并强调：“积极培育新能源、新材料、先进制造、电子信息等战略性新兴产业，积极培育未来产业，加快形成新质生产力，增强发展新动能。”

2023 年 12 月 12 日，中央经济工作会议再次强调：“要以科技创新推动产业创新，特别是以颠覆性技术和前沿技术催生新产业、新模式、新动能，发展新质生产力。”

2024 年 1 月 31 日，习近平总书记在中共中央政治局第十一次集体学习时强调：“新质生产力由技术革命性突破、生产要素创新性配置、产业深度转型升级而催生，以劳动者、劳动资料、劳动对象及其优化组合的跃升为基本内涵，以全要素生产率大幅提升为核心标志，特点是创新，关键在质优，本质是先进生产力。”

2024 年 3 月 5 日，习近平总书记在参加十四届全国人大二次会议江苏代表团审议时指出："发展新质生产力不是忽视、放弃传统产业，要防止一哄而上、泡沫化，也不要搞一种模式。各地要坚持从实际出发，先立后破、因地制宜、分类指导，根据本地的资源禀赋、产业基础、科研条件等，有选择地推动新产业、新模式、新动能发展，用新技术改造提升传统产业，积极促进产业高端化、智能化、绿色化。"

研讨主题：根据以上习近平总书记关于新质生产力的一系列论述，讨论如何更好地将新质生产力的发展要求融入审计法规体系中，确保审计工作的针对性和有效性。面对新型经济业态和科技创新领域的快速发展，审计法规体系应如何进行适应性调整和创新。

案例分析

案例背景：

LSKJ 股份有限公司（以下简称"LSKJ"）成立于 2005 年 9 月 20 日，经营范围包括生产光纤收发器、IP 交换机、光端机以及销售自产产品等。

1. 连续三年年度报告存在虚假记载

2017 年至 2019 年，LSKJ 通过虚增银行存款、虚构销售业务、虚构研发支出、虚列运费支出方式，虚增收入、资产和利润，累计虚增销售收入共计 81092. 26 万元，虚增利润总额共计 8848. 32 万元，导致其公告的 2017 年至 2019 年年度报告披露的财务数据存在虚假记载。

（1）虚构购销业务，虚增收入、资产和利润。根据设立意图、人员关系、财务管理、员工工资等方面的证据，甲公司等 10 家公司均由 LSKJ 实际控制人谭某、赵某实际控制，属于关联方。LSKJ 在 2017 年至 2019 年年报和 2020 年 4 月 29 日《向不特定合格投资者公开发行股票说明书》（以下简称《公开发行说明书》）中对其与甲公司等 10 家公司的关联公司未披露或披露不准确。LSKJ 通过上述未如实披露的关联方以及外部客户、供应商虚构无实际生产、无实物流转的采购销售循环业务，在采购、生产、销售、物流运输、财务记账等各个环节实施全链条造假。

（2）虚构研发业务和研发支出，虚增资产和研发费用。2017 年至 2019 年，LSKJ 均采取合作研发方式，主要研发服务供应商为 LSKJ 关联方甲公司。经查，LSKJ 存在自身不具备实际研发能力、项目研发人员及验收专家未实际参与研发和验收工作、研发成果未与生产对接、伪造现场应对中介机构走访、编造研发资料应对全国股转公司审查问询等情况，无真实研发业务。

（3）虚列运费支出。LSKJ 对外销售的货物均由 LSKJ 安排运输并承担运费，由其唯一物流乙公司负责承运。经查，乙公司从未实际向 LSKJ 提供过物流运输服务，LSKJ 也未实际发生运费支出，所有发出货物均为虚假。根据 LSKJ 财务账簿，2017 年至 2019 年，LSKJ 虚列对乙公司的运费支出共计 4146. 75 万元。

LSKJ 时任董事长兼总经理 A 某、时任董事 B 某组织实施 LSKJ 信息披露违法和欺诈发行行为。时任监事 C 某知悉参与 LSKJ 信息披露违法和欺诈发行行为。时任监事 D 某部分参与虚假购销业务及参与财务造假，LSKJ 员工制作的虚假合同由 D 某初审并加盖私刻的对方单位公章。时任副总经理 E 某在 B 某的授意下参与部分虚假研发活动，包括确定研究方向，提交公开发行材料后补充制作虚假研发材料等。时任董事会秘书 F 某作为 LSKJ 董事会秘书，长期默许公司其他人员在虚假的出库单、收料单上加盖其名章，参与 B 某召集的商议造假的会议。

2. 相关中介机构未勤勉尽责

HL 证券股份有限公司、ZXC 会计师事务所、TY 律师事务所、KY 资产评估有限公司为 LSKJ 提供相关证券服务，未按业务规则审慎核查，出具的报告存在虚假记载。其中，ZXC 会计师事务所在为 LSKJ 的 2017 年至 2019 年年度财务报表和 2020 年公开发行股票事项提供审计服务的过程中，执行与营业收入相关的风险评估、内部控制、银行存款、应收账款、主营业务收入、研发支出等实质性审计程序时，存在重大缺陷，未获取充分、适当的审计证据，未保持职业怀疑，导致其未能发现 LSKJ 严重财务造假行为，进而导致其最终出具的 2017 年度至 2019 年度审计报告、《公开发行说明书》中披露的审计机构关于 2017 年度至 2019 年度审计声明文件均存在虚假记载。

讨论问题：

（1）对于 LSKJ 的财务造假行为，相关责任人应承担什么样的法律责任？如何确保法律责任的追究到位？请结合相关的审计法规，从法人主体、会计造假责任人、配合造假人和中介机构的角度出发进行论述。

（2）针对此类财务造假案件，监管部门应采取哪些措施来加强监管和防范类似事件的发生？

（3）中国证券监督管理委员会对该案件相关责任人的处罚体现了审计法规体系的什么作用？请举例说明。

思考题

1. 什么是审计法规？我国审计法规体系框架是怎样的？
2. 审计法规分为几个层次？各层次之间的关系是怎样的？
3. 为什么审计法规体系对于保障审计工作的规范性和公正性至关重要？请举例说明。
4. 审计法规有什么作用？请结合相关的法律法规说明。
5. 随着社会经济环境的变化，审计法规体系可能会面临哪些新的挑战？

第二章　审计法律责任问题

学习目标

1. 了解审计法律责任的含义及如何区分会计责任和审计责任。
2. 熟悉审计法律责任的理论基础。
3. 熟悉审计法律责任的影响因素。
4. 了解审计法律责任的制度体系。
5. 了解审计法律责任的前沿研究。

引　例

厄特马斯公司案例——有关第三者责任的最经典判决

弗雷德斯特公司主营橡胶进口与销售，由于营运资金需求较大，经常向银行和金融机构贷款，厄特马斯公司系弗雷德斯特公司的债权人之一。1923 年，道奇会计师事务所接受委托对弗雷德斯特公司进行年度审计之后，对当年的资产负债表发表了无保留审计意见。厄特马斯公司在参考道奇会计师事务所出具的无保留审计意见之后，作出弗雷德斯特公司发放贷款的决策，金额共计 16.5 万美元。然而，在 1925 年 1 月，弗雷德斯特公司宣告破产。厄特马斯公司无法收回本金和利息，因此起诉道奇会计师事务所，指控该会计师事务所存在审计过失和欺诈行为。

此案例历经多次审判，法院作出的判决都驳回了原告对被告的欺诈指控，即认为道奇会计师事务所不对厄特马斯公司承担赔偿责任。理由是道奇会计师事务所仅对弗雷德斯特公司承担违约责任，而对于没有合同关系的厄特马斯公司不用承担侵权赔偿责任，即对第三者不承担审计法律责任。

在案例判决过程中，多个法官对此发表看法。

纽约地方法院的法官认为，只有当道奇会计师事务所对厄特马斯公司负有审计法律责任并对其造成利益损害时，厄特马斯公司提出的控诉才合理。然而，如果认为道奇会计师事务所的责任范围包括参考弗雷德斯特公司资产负债表的所有人，就等同于道奇会计师事务所对全世界都负有审计法律责任，因为所有人都可能依赖被审计单位的资产负债表作出决策，这显然是不公平的。

纽约最高法院的法官麦克阿维则持相反观点，他认为会计师事务所应当独立客观地执行审计工作，并对出具的审计意见负责，正是出于对会计师事务所的独立性与专业性的信任，银行等机构才会基于无保留审计意见作出发放贷款的决策。因此，这些机构有权要求会计师事务所在执行审计工作时，保持合理谨慎的专业精神。

纽约最高法院的法官芬奇表示，道奇会计师事务所事前并不清楚原告厄特马斯公司将会参考他们出具的无保留审计意见作出发放 16.5 万美元的贷款决策，如果原告可以事前告知的话，会计师事务所就可以估计他们应当负担的审计法律责任，并以此判断审计工作应当付出的努力程度。换言之，由于会计师事务所事前并不知情，那么也就不用对原告承担赔偿责任。

事实上，弗雷德斯特公司在 1923 年年底便已经资不抵债，报表中 100 万美元的净资产存在虚构销售收入和应收账款的情况。在审计过程中，道奇会计师事务所对弗雷德斯特公司 12 月虚构的 70 万美元的销售收入没有实施充分适当的审计程序，便出具了无保留意见的审计报告。

厄特马斯公司案例发生于 20 世纪 30 年代初，该案主审法官卡多佐在作出道奇会计师事务不对无合同关系的第三人承担赔偿责任的判决时，其中一个考量便是当时注册会计师正处于兴起之时，如果判处导致该职业群体需要承担过大的审计法律责任，可能会影响该行业的发展。

第一节 审计法律责任概述

改革开放以来，我国资本市场蓬勃发展，市场体制日益健全，市场体量不断增大，企业投融资渠道多元发展，社会公众参与程度不断提升，利益相关者范围也不断扩大。为了加强市场监管、保证资本市场信息质量、保障利益相关者的合法权益，注册会计师和会计师事务所数量不断增加。然而，随着注册会计师行业不断发展，注册会计师审计失职、发表不恰当审计意见的情况时有发生，利益相关者由此遭受损失，注册会计师应当承担的责任范围却一直没有明确的标准。

一、审计法律责任的含义

审计法律责任是指审计人员或审计机构在执行业务过程中因未能履行职责导致相关方

遭受损失而需要承担的法律后果。狭义上，它主要包括对委托人（被审计单位）因违约或侵权造成的损失承担责任；广义上，还包括对依赖审计报告的第三方（如股东、债权人、投资者等）以及因违反法律法规而需承担的行政责任和刑事责任。

蒋尧明（2010）认为注册会计师审计责任是注册会计师执业过程中应当履行的一种职业责任，其中的职业责任是指注册会计师按照审计准则的规定执行审计程序发表审计意见出具审计报告而对他人财产造成损失应当承担的法律责任。

刘更新和蔡利（2010）基于审计的外部性、公共产品属性和信息分布的不对称性，认为这些特性有可能引起市场失灵，政府需要采取措施规范审计行为，审计师应当对存在显性契约关系的审计委托人和存在隐性契约关系的其他审计报告使用者负有责任。

二、对第三人审计法律责任的演变

注册会计师从事审计业务发表审计意见形成审计报告，可能会由于故意或过失导致不当审计意见影响客户或第三人的投资决策，注册会计师也可能因此承担审计法律责任，其中，对客户的审计责任在审计委托合同中可清晰体现，故在实务界和理论界并无争议，然而，涉及第三人的审计法律责任却一直未有定论。对第三人审计法律责任的界定一直随时间、需求、地区等因素不断变化（郭丹，2010），总的来讲，对第三人审计法律责任可分为合同责任、已知第三人、可预见第三人等范围。

（一）合同责任

合同责任是指在合同当事人之间，因为合同的签订和履行而产生的法律责任。在审计层面，合同责任通常涉及审计机构和被审计单位之间的责任关系。通俗地说，合同责任就是在双方达成协议之后，如果一方没有按照合同的约定履行自己的义务，导致另一方受到损失，违约方就需要承担相应的赔偿责任。例如，如果一家审计机构与一家企业签订了审计合同，合同规定审计机构应在规定时间内完成审计并提交报告，那么审计机构就有责任按时、按质完成工作。

综上所述，合同责任在审计中起着关键作用，它不仅确保了审计服务的质量和可靠性，也保障了被审计单位和相关利益方的合法权益。在签订审计合同时，明确各方的权利和义务，有助于减少纠纷和争议，提升审计工作的规范性和可信度。

（二）由“合同责任”向“已知第三人”的责任扩张

“已知第三人”是指那些在合同签订时或合同履行过程中，已经明确会受到合同履行结果影响的第三方。换言之，这些第三方虽然不是合同的签订者，但他们与合同有关的利益是明确的。例如，如果一家公司签订了一份合同，请一家审计机构提供审计服务，双方就是合同的当事人。然而，如果审计报告的使用者包括公司的股东、债权人或潜在投资者，这些人虽然没有直接参与合同，但他们将会依赖审计报告作出重要决策。这些股东、债权人或投资者就是已知第三人。在这种情况下，如果审计机构因为疏忽或错误导致审计报告不准确，而这些已知第三人因此遭受损失，那么审计公司的责任可能不仅限于合同另一方公司，还会扩展到这些已知第三人。这种责任扩展的意义在于：它提高了审计公司的责任感和专业标准，因为他们不仅需要考虑对合同对方负责，还要对所有可能受影响的第三人负责，从而确保审计工作的质量和可靠性。这种扩展有助于保护更多相关方的利益，确保市场的公平和透明。

（三）由“已知第三人”向“可预见第三人”的责任扩张

在审计中，责任由“已知第三人”向“可预见第三人”扩张是指审计机构的责任不仅限于那些在合同签订或履行时已经明确知道的第三方，还包括那些可合理预见到会受到审计结果影响的第三方。“可预见第三人”是指那些在合同签订时或履约过程中，虽然未明确出现，但可合理预见到会因合同履行结果而受到影响的第三方。这些人或机构虽然不是合同的直接参与者，但他们的利益可能会因合同的履行而受到影响。在审计层面，这意味着审计机构在进行审计工作时，不仅需要对合同的直接当事人负责，还需要考虑那些可能依赖审计结果作出决策的第三方。例如，除了公司的股东和债权人外，还可能包括潜在的投资者、监管机构甚至客户。如果一家审计机构为某企业出具了审计机构，除了企业本身和明确的利益相关者（如已知的股东和债权人）外，潜在的投资者也会依赖这份审计报告作出投资决策。虽然这些投资者在审计合同签订时可能并未明确提及，但他们的存在是可以预见的。因此，审计机构在出具审计报告时，必须考虑到这些可预见第三人的利益。这种责任扩张的重要性在于：它促使审计公司提高其专业性和谨慎性，以确保审计报告的准确性和可靠性，从而保护更广泛的利益相关方。这不仅有助于维护市场的公平和透明，也有助于增强公众对审计工作的信任。

（四）由“可预见第三人”向“已知第三人”的责任收缩

由“可预见第三人”向“已知第三人”的责任收缩是指审计机构的责任仅限于在合同签订时或履行过程中，已经明确会受到合同履行结果影响的第三方。在审计层面，这意味着审计机构在进行审计工作时，只需对那些明确的、已知的第三方负责，而不再对那些仅仅是可合理预见可能受影响的第三方承担责任。例如，一家审计机构为某企业出具的审计报告，只需要对该企业和已知的股东或债权人负责，而不需要对潜在的投资者或其他未明确的第三方负责。这种责任收缩的重要性在于：它可以明确审计机构的责任范围，避免过度扩展责任而导致的不确定性和法律风险。在这种情况下，审计机构可以更加专注于对已知第三人的责任，确保为这些利益相关方提供高质量、准确的审计服务。

三、会计责任与审计责任

会计责任和审计责任的法律性质存在差异，其定义以及可能产生的法律后果也有很大不同。会计责任是被审计单位按照企业会计准则的规定，建立健全有效的内部控制制度，编制真实公允的财务报表，保证会计信息真实有效、内容完整。审计责任是会计师事务所按照审计准则的规定，对被审计单位提供的财务报表执行审计程序，为其真实性、合法性提供合理保证。

显然，从定义来看，企业负责生产会计信息，会计师事务所负责鉴证会计信息，二者对会计信息都应承担相应的法律责任。审计失败对投资者造成的损失，注册会计师应当就与责任范围相当的部分承担法律责任，然而，投资者不会考虑企业与注册会计师各自承担的法律责任大小，只关心谁能赔偿其损失，便向谁索赔，这也就是“深口袋”现象。因此，厘清会计责任和审计责任，有利于保护注册会计师合法权益、保障注册会计师行业健康发展。

证监会在《关于厘清会计责任和审计责任合理界定注册会计师的民事责任的建议》提到：“我会在日常监管及执法过程中，严格区分会计责任和审计责任，判定会计责任以是否违反《企业会计准则》等会计制度为依据，判定审计责任以是否违反《中国注册会计师执业准则》等执业规则为基准，不以上市公司等主体信息披露虚假的会计责任而直接‘倒推’审计机构的审计责任。”

四、相关法律法规与执业准则对审计责任认定的规定

《中华人民共和国证券法》（以下简称《证券法》）第五十六条规定：“禁止证券交易场所、证券公司、证券登记结算机构、证券服务机构及其从业人员、证券业协会、证券监督管理机构及其工作人员，在证券交易活动中作出虚假陈述或者信息误导。编造、传播虚假信息或者误导性信息，扰乱证券市场，给投资者造成损失的，应当依法承担赔偿责任。”从《证券法》规定来看，会计师事务所如果出具不符合实际的审计报告并给投资者造成损失的，应当依法承担赔偿责任。

2007 年，《最高人民法院关于审理涉及会计师事务所在审计业务活动中民事侵权赔偿案件的若干规定》（以下简称《若干规定》）第六条规定：“会计师事务所在审计业务活动中因过失出具不实报告，并给利害关系人造成损失的，人民法院应当根据其过失大小确定其赔偿责任。”2019 年 11 月，《全国法院民商事审判工作会议纪要》第六部分“关于证券纠纷案件的审理”规定：“在案件审理过程中，对于需要借助其他学科领域的专业知识进行职业判断的问题，要充分发挥专家证人的作用，使得案件的事实符合证券市场的基本常识和普遍认知或者认可的经验法则，责任承担与侵权行为及其主观过错程度相匹配。”这两条规定注重将会计师事务所应当承担的赔偿责任与其过失大小相匹配，更倾向于比例赔

偿责任。

2020 年 7 月，《全国法院审理债券纠纷案件座谈会纪要》第三十一条规定：“会计师事务所、律师事务所、信用评级机构、资产评估机构等债券服务机构的注意义务和应负责任范围，限于各自的工作范围和专业领域，其制作、出具的文件有虚假记载、误导性陈述或者重大遗漏，应当按照证券法及相关司法解释的规定，考量其是否尽到勤勉尽责义务，区分故意、过失等不同情况，分别确定其承担的法律责任。”此条规定增加了对会计师事务所是否勤勉尽责的判断，以此区分故意、过失等不同性质造成审计报告不符合实际的情况，这为华泽钴镍案中会计师事务所承担“全额连带责任”的判决提供了法律支撑。

第二节　审计法律责任的理论基础

一、委托代理理论

财产所有者不善经营，将资产的经营权交给职业经理人，由此财产的所有权和经营权分离，形成了股东和管理层两个角色，二者之间的契约关系实则就是第一层委托代理关系。由于股东不参与企业的日常经营决策，只能通过管理层编制的财务报告评价管理层受托责任的履行情况，但是管理层存在天然的信息优势，可能由于自利的原因，实际经营决策与股东利益产生冲突，但是可能通过粉饰财务报表来掩盖不当行为，由此股东产生审计需求。股东委托注册会计师或会计师事务所对管理层编制的财务报表执行审计程序，以获得真实客观的财务报表来评价管理层的履职情况，股东与注册会计师之间的合同契约关系就是第二层委托代理关系。当然，还有管理层和债权人之间的第三层委托代理关系，在此不赘述。

第二层委托代理关系，即股东委托注册会计师执行财务报表和其他事项审计业务，在此委托关系中，作为委托方的股东由于没有参与企业经营决策活动，也没有实际监督注册会计师的审计工作情况，存在天然信息劣势，由此产生代理成本，即注册会计师可能并未尽职尽责开展审计业务，甚至可能出于利益考虑与管理层合谋编制虚假的财务报告，给股东以及其他利益相关者带来损失。鉴于此，需要对注册会计师行为规范化、制度化，《公司法》《注册会计师法》《中国注册会计师审计准则》以及其他法律法规对注册会计师的审计服务提供了保证。当注册会计师违反相关法律法规以及准则的规定时，就需要为此承担相应的审计法律责任，包括对受害人进行经济赔偿等。

二、侵权责任理论

慕雅琦（2013）研究注册会计师审计侵权责任时提出，侵权责任是指行为人违反法律规定，侵犯他人合法权益并造成他人权益受损，行为人所必须承担的法律后果。注册会计师或会计师事务所的侵权责任便是违反审计准则等相关法律法规的规定，出具不符合事实的审计报告，导致投资者等利益相关者遭受财产损失，而应当承担的审计法律责任。

国内众多学者都认同以侵权责任来界定注册会计师的审计法律责任，因为《证券法》《公司法》等法律法规对会计师事务所等中介机构规定了法定义务，以侵权责任界定审计法律责任可以更好地反映会计师事务所主体出具审计报告的法定义务，也可以更好地保护第三方合法权益。

侵权责任主要的构成要件包括：行为主体适格、行为主体存在过错、存在违法行为、造成损害事实、存在因果关系。

（一）行为主体适格

行为主体适格反映了承担法律责任的主体，就审计法律责任的行为主体而言，可能包括：会计师事务所、注册会计师个人以及主任会计师、专家以及助理人员。其中，注册会计师对出具的审计报告负责，会计师事务所对所属范围的审计人员和审计报告负责，主任会计师对其签名的审计报告书负责，专家以及助理人员对其进行的审计工作负责。

（二）行为主体存在过错

过错是指在公司管理和经营过程中，公司董事、监事、高级管理人员及其他相关人员因未能尽到法律、法规、公司章程或股东会、董事会决议规定的职责和义务，导致公司或股东利益受到损害的行为。过错包括故意和过失两种情况。故意是指明知自己的行为会造成损害结果并希望或放任这种结果的发生；过失是指应当预见自己的行为可能造成损害结果，因为疏忽大意而未能预见或者已经预见但轻信能够避免。

在注册会计师层面，过错主要指的是在执行审计、鉴证或其他专业服务过程中，因未能遵循相关法律法规、职业道德和执业标准，导致服务对象或其他相关方利益受损的行为。具体包括以下几种情况：第一，专业疏忽。注册会计师未能按照审计准则或相关法规进行充分、适当的审计程序，导致审计报告中存在重大错报或遗漏。例如，未能识别财务报表中的重大错误或欺诈行为。第二，未尽审慎职责。注册会计师在执行审计或鉴证工作时，未能尽到合理的注意义务或审慎职责。例如，未能充分调查和验证重要财务数据，导致审计意见不准确。第三，违反职业道德。注册会计师在执业过程中违反职业道德和行为规范。例如，与客户或第三方存在利益冲突，影响独立性和客观性。第四，失职行为。注册会计师未能按照约定的职责和义务履行工作。例如，未能按时提交审计报告或未能及时发现和报告财务问题。

（三）存在违法行为

存在违法行为强调行为的发生，与行为主体存在过错实则密不可分，行为主体存在过错是一种心理状态，而存在违法行为是心理状态的外在表现。只有真正发生了违法行为，行为人才需要承担违法责任。对审计法律责任而言，违法行为可能表现为泄露被审计单位机密信息、出具虚假审计报告等。

（四）造成损害事实

造成损害事实也是承担相应法律责任的条件之一，是指行为人的违法行为客观上对受害人造成了不利后果，包括人身、财产、精神等方面的损害。就审计法律责任而言，造成损害事实是指受害人由于参考经审计的财务报告作出相关决策并且已确定遭受了利益损失。

（五）存在因果关系

存在因果关系是指行为与结果之间存在直接联系，即某一行为直接导致了某一结果的发生。在审计法律责任的角度，因果关系指审计人员或审计机构的行为（如疏忽、失职或违规操作）与相关方遭受损失之间存在直接联系。要认定审计法律责任，必须证明审计人员的过错行为导致了相关方的损失，并且这种损失是由于审计人员未能履行其专业职责而直接引起的。

三、审计期望差距理论

1978 年，美国的科恩报告首次提出审计期望差距理论，并于 1998 年正式阐述该理论的构成要素。审计期望差距是指审计需求方对审计人员执业的预期效果与审计人员实际工作之间的差距，即由两个要素构成，审计人员的执业行为和审计需求方对审计工作的期望行为。

赵保卿（2002）基于“深口袋”现象分析可能的原因并借此提出了审计期望差距。如图 2－1 所示，在审计需求方看来，法定审计应当保证财务报告的准确性，而当他们因受财务报告不准确的信息误导遭受损失时，便起诉注册会计师以及会计师事务所以期得到补偿。由于经济事项本身的不确定性和注册会计师时间成本等审计固有局限性的原因，导致公众期望（审计委托方等信息使用者）与业界期望（审计工作执行者）之间形成差异，并且赵保卿（2002）认为这种审计期望差异是客观永久存在的，只能缓慢地逐渐缩小，不可能完全弥合。

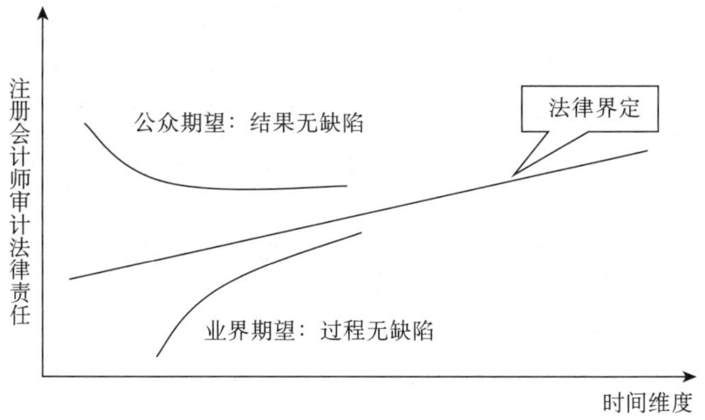

图 2－1 审计期望差距

第三节 审计法律责任的影响因素

一、社会需求

美国著名会计学家利特尔顿认为，每一项专业都是首先基于社会需求而产生，然后才有了该项专业领域的专家，即专业因客观需求而生，不受主观意愿所影响。回顾审计的发展史，可以清楚地认识到，正是经营权和所有权两权分离，为了满足股东监督评价管理层编制的财务报表的需求，才产生了审计需求。从社会对审计需求的变化，可以将审计责任的演变总结为三个阶段：第一阶段重在揭弊查错，第二阶段着重保证财务报表的真实公允，第三阶段则是前两阶段并重，既要揭弊查错，还要保障真实公允（蒋尧明，2010）。

（一）以揭弊查错为主要审计责任

第一阶段就是审计诞生初期，股东不善管理，便雇用管理人代为经营公司，而由于大部分股东缺乏财务管理知识，无法判断管理层编制的账项记录是否准确，无法判断管理层是否较好地履行其受托责任，便产生了审计需求，而由于早期公司之间交易简单，因此，审计师的主要审计责任就是揭弊查错。

（二）以保证财务报表的真实公允为主要审计责任

随着时间的推移，资本市场发展逐渐成熟，出现了股份制企业和上市公司，带来的显著变化就是利益相关者的变化，审计报告的需求方不再局限于早期的个别股东，而是包括了股东、债权人、银行、其他金融机构、社会公众等，并且公司交易也变得更加复杂，信息需求也不再局限于传统的会计信息，还包括企业盈利能力、偿债能力、成长能力等，此时，审计师基于成本效益等因素的考虑，不再仔细审查账项记录的错误与否，而是更加关注财务报表的真实性、公允性，以满足审计报告使用者对高质量财务报表的需求。

（三）以保证财务报表的真实公允与揭弊查错并重为主要审计责任

由于审计师更加注重财务报表的真实公允，而忽略了部分会计信息的正确与否，会计信息造假的案例时有发生，遭受损失的投资者开始呼吁审计师承担起揭弊查错的责任，为此，1988 年美国注册会计师协会（American Institute of Certified Public Accountants，AICPA）发布的《审计准则公告》规定注册会计师的主要责任包括验证财务报表的真实公允和揭弊查错，这也促进了风险导向审计的产生。

从审计责任的三个阶段可以看出，需求决定供给，社会需求的变化带来了审计责任的变化。2016 年 12 月 23 日，财政部批准发布了由审计准则委员会通过的《中国注册会计师审计准则第 1504 号——在审计报告中沟通关键审计事项》，其中新增的关键审计事项就是社会需求的变化引起的，起因便是原来的审计报告过于模板化，信息含量较少，社会公众呼吁更具信息含量的审计内容，而注册会计师也因此要对关键审计事项的披露承担相应的审计法律责任。

二、审计能力

审计能力是审计师执行审计程序、发表审计意见、出具审计报告、满足社会需求的能力（蒋尧明，2010）。审计师作为审计服务的供给方，其审计能力直接决定了审计师执行的审计程序以及为此承担的审计法律责任。影响审计能力的因素主要包括：审计技术、审计人员专业素养、审计时间、审计费用等，种种因素综合影响着审计师的审计能力，进而影响着审计师可执行的审计程序以及为此承担的审计法律责任。

（一）审计技术

审计技术的局限性决定了注册会计师可以执行的审计程序，影响可获取的审计证据的质量，进而影响审计报告的质量，也影响着注册会计师应承担的审计法律责任。再结合审计的固有限制，意味着审计报告只能是高水平的合理保证，经审计的财务报表也只能做到相对的真实有效，那么，注册会计师应当承担的审计法律责任也必然是有限的。

（二）审计人员专业素养

审计人员专业素养直观体现审计人员的审计能力，当社会需求发生变化时，审计人员的专业素养决定着审计工作的质量。例如，当经济责任审计、自然资产资源离任审计等新兴审计需求出现时，审计人员的专业素养客观上限制了审计人员提供审计报告的质量，这与满足委托者需求的审计报告质量之间存在期望差距。

（三）审计费用

审计费用的确定与审计法律责任密切相关，影响审计费用的因素主要包括企业的规模、审计的复杂性以及潜在的法律责任风险。企业规模越大、业务越复杂，审计所需投入的时间和资源就越多，审计费用也相应增加。同时，法律责任的风险也直接影响审计费用。如果企业所在行业或其自身具有较高的法律风险，审计机构需要更加谨慎和全面地进行审计，这会增加审计成本。

此外，审计机构的声誉和专业水平也对审计费用有重大影响。知名审计机构通常具有更高的收费标准，因为他们具备更强的专业能力和风险应对能力，能够在高法律责任风险的情况下提供更可靠的审计服务。因此，企业在选择审计机构时，不仅要考虑费用问题，还需考虑审计机构的声誉和专业水平，以确保审计质量和法律合规性。

最后，审计费用还受到审计范围和深度的影响。全面而深入的审计工作需要更高的成本，因为审计师需要进行更详细的数据分析和验证工作。这种详细审计有助于发现潜在问题，降低法律风险。然而，这也意味着更高的审计费用。企业应在审计费用和审计质量之间找到平衡点，确保既能满足法律合规要求，又能合理控制审计成本。

三、案例判决

蒋尧明（2010）认为，案例判决和会计审计准则是确定审计法律责任的直接依据。美国著名会计学家迈克尔·查特菲尔德认为，国家法律、法庭判决和会计职业团体等对美国和英国的审计发展产生了重要影响。

从国外来看，审计行业诞生初期，注册会计师一般不涉及民事责任，只有在违约和舞弊情况下才需要对投资者负责。1925 年的厄特马斯公司案是注册会计师审计法律责任的开端。之后，注册会计师审计法律责任对第三人的界定在“合同责任”、“已知第三人”、“可预见第三人”范围之间随着社会的需求不断变化，而这些变化的背后都有着一个个经典案例的推动，表明法律法庭的判决对注册会计师审计法律责任的界定产生了重要影响。

国内亦是如此，2021 年 ST 中安科技案的判决结果表明，会计师事务所也存在承担比例连带责任的可能，这意味着注册会计师审计法律责任的界定更加关注责任与义务相匹配，表明“深口袋”现象无法再像以往那般猖獗，有利于维护注册会计师的合法权益。而同年华泽钴镍案的终审判决结果再次说明，注册会计师应当按照审计准则的规定合法合规地执行审计程序，获取充分适当的审计证据以出具高质量的审计报告，否则必将因为虚假陈述而承担“全额连带责任”，该案例又是对部分注册会计师因私人利益违反执业要求敲响的警钟。由此可见，案例判决对于注册会计师应承担的审计法律责任的判定具有重要的指导作用。

第四节 审计法律责任类型

一、民事责任

民事责任又称民事法律责任，是指由于违反民事法律或者合同约定，或者侵害了他人合法权益所应当承担的法律后果。民事责任通常包括停止侵害，排除妨碍，消除危险，返还财产，恢复原状，继续履行，赔偿损失，支付违约金，消除影响、恢复名誉以及赔礼道歉等。民事责任可以分为违约责任和侵权责任两种，其中，违约责任是指合同当事人不履行合同义务或者履行合同义务不符合约定时，依法产生的法律责任；侵权责任是指民事主体因实施侵权行为而应承担的民事法律后果。

《注册会计师法》第三十九条规定："会计师事务所违反本法第二十条、第二十一条规定的，由省级以上人民政府财政部门给予警告，没收违法所得，可以并处违法所得一倍以上五倍以下的罚款；情节严重的，并可以由省级以上人民政府财政部门暂停其经营业务或者予以撤销。注册会计师违反本法第二十条、第二十一条规定的，由省级以上人民政府财政部门给予警告；情节严重的，可以由省级以上人民政府财政部门暂停其执行业务或者吊销注册会计师证书。"《注册会计师法》第四十二条规定："会计师事务所违反本法规定，给委托人、其他利害关系人造成损失的，应当依法承担赔偿责任。"从《注册会计师法》来看，当注册会计师违反第二十一条规定，又对利害关系人权益造成损失的，应当依法承担赔偿责任。

《证券法》第一百六十三条规定："证券服务机构为证券的发行、上市、交易等证券业务活动制作、出具审计报告以及其他鉴证报告、资产评估报告、财务顾问报告、资信评级报告或者法律意见等文件，应当勤勉尽责，对所依据的文件资料内容的真实性、准确性、完整性进行核查和验证。其制作、出具的文件有虚假记载、误导性陈述或者重大遗漏，给他人造成损失的，应当与委托人承担赔偿责任，但是能够证明自己没有过错的除外。"由此看来，会计师事务所在未履行勤勉尽责义务给利害关系人造成损失的，应当承担赔偿责任。

二、行政责任

行政责任又称行政法律责任，是指因违反行政法律、法规所应承担的法律责任。行政责任可分为行政处分和行政处罚两种，其中，行政处分主要是对国家工作人员及由国家机关委派到企事业单位任职的人员的行政违法行为，由所在单位或者其上级主管机关所给予的一种制裁性处理，行政处分的种类包括警告、记过、降级、降职、撤职、开除等；行政处罚是指国家行政机关对构成行政违法行为的公民、法人或者其他组织实施的制裁，行政处罚包括警告、罚款、没收违法所得、没收非法财物、责令停产停业、暂扣或者吊销许可证、暂扣或者吊销执照、行政拘留以及法律行政法规规定的其他行政处罚。注册会计师或会计师事务所主要涉及的便是行政处罚。

《证券法》第二百一十三条规定："证券服务机构违反本法第一百六十三条规定，未勤勉尽责，所制作、出具的文件有虚假记载、误导性陈述或者重大遗漏的，责令改正，没收业务收入，并处以业务收入一倍以上十倍以下的罚款，没有业务收入或者业务收入不足五十万元的，处以五十万元以上五百万元以下的罚款；情节严重的，并处暂停或者禁止从事证券服务业务。对直接负责的主管人员和其他直接责任人员给予警告，并处以二十万元以上二百万元以下的罚款。"从此条规定来看，会计师事务所可能承担的行政责任包括罚款、警告、停产停业等。此外，注册会计师的行政责任处罚还包括吊销注册会计师证书。

就注册会计师审计法律责任而言，有权对注册会计师或会计师事务进行行政处罚的单位不仅包括国家财政机关和审计机关，还包括证监会、国资委等部门，多个主体联合监督注册会计师的审计行为，确保注册会计师恪尽职守、尽职尽责、不折不扣地按照审计准则的规定执行审计程序发表审计意见，有利于提高审计质量、降低审计诉讼。

三、刑事责任

刑事责任又称刑事法律责任，是指行为人因犯罪行为所导致的，违反国家刑事法律而必须承担的惩罚性后果。这种惩罚性后果由司法机关通过特定的程序来确定。刑事责任通常是行为人的行为具有严重的社会危害性，且由国家机关进行追究，是所有法律责任中最严厉的一种，例如死刑、无期徒刑、有期徒刑等。

《中华人民共和国刑法》（以下简称《刑法》）第 229 条规定："承担资产评估、验资、验证、会计、审计、法律服务、保荐、安全评价、环境影响评价、环境监测等职责的中介组织的人员故意提供虚假证明文件，情节严重的，处五年以下有期徒刑或者拘役，并处罚金；有下列情形之一的，处五年以上十年以下有期徒刑，并处罚金：（1）提供与证券发行相关的虚假的资产评估、会计、审计、法律服务、保荐等证明文件，情节特别严重的；（2）提供与重大资产交易相关的虚假的资产评估、会计、审计等证明文件，情节特别严重的；（3）在涉及公共安全的重大工程、项目中提供虚假的安全评价、环境影响评价等证明文件，致使公共财产、国家和人民利益遭受特别重大损失的。有前款行为，同时索取他人财物或者非法收受他人财物构成犯罪的，依照处罚较重的规定定罪处罚。第一款规定的人员，严重不负责任，出具的证明文件有重大失实，造成严重后果的，处三年以下有期徒刑或者拘役，并处或者单处罚金。”此项规定涉及了注册会计师执业过程中可能出现的三种犯罪行为：提供虚假证明文件罪、商业贿赂罪和出具证明文件重大失实罪。一般而言，提供虚假证明文件罪和商业贿赂罪往往由于主观性而承受更加严重的刑事处罚，而出具证明文件重大失实罪相对较轻。

不管如何，刑事处罚是最为严重的处罚方式，对注册会计师的执业行为具有较强的监督和威慑作用，有利于保证审计的独立性、真实性和公允性，对于提高审计质量、出具高质量审计报告、维护市场稳定具有重要意义。

四、连带责任与比例责任

对于连带赔偿责任与比例赔偿责任，《中华人民共和国民法典》（以下简称《民法典》）《证券法》《公司法》等相关法律并没有明确规定，郭丹和徐瑶（2022）通过对相关案例的分析总结，认为连带赔偿责任是债务人对法院判决的债务均应该承担赔偿责任，具体地，债权人有权向任一债务人索赔全部或部分清偿责任，不分先后、不分比例，而某一债务人向债权人清偿之后，可以向其他债务人追偿，追偿比例可内部协商或通过法院判决决定。我国关于会计师事务所连带责任的发展可见相关法律法规或规范性文件，部分规定可参考下文。

2007 年 6 月，《若干规定》第五条规定，在按照执业准则、规则应当知道的情况下，会计师事务所还出具不实报告并且给利害关系人造成损失的，会计师事务所应当与被审计单位承担连带责任。此外，《若干规定》第六条规定：“会计师事务所在审计业务活动中因过失出具不实报告，并给利害关系人造成损失的，人民法院应当根据其过失大小确定其赔偿责任。”由此看来，如果会计师事务所不属于“明知”情况，仅是过失行为导致出具不实报告的，应当依法承担比例赔偿责任。

《公司法》第 257 条规定：“承担资产评估、验资或者验证的机构因其出具的评估结果、验资或者验证证明不实，给公司债权人造成损失的，除能够证明自己没有过错的外，在其评估或者证明不实的金额范围内承担赔偿责任。”

《证券法》第 163 条规定：“证券服务机构为证券的发行、上市、交易等证券业务活动制作、出具审计报告及其他鉴证报告、资产评估报告、财务顾问报告、资信评级报告或者法律意见书等文件，应当勤勉尽责，对所依据的文件资料内容的真实性、准确性、完整性进行核查和验证。其制作、出具的文件有虚假记载、误导性陈述或者重大遗漏，给他人造成损失的，应当与委托人承担连带赔偿责任，但是能够证明自己没有过错的除外。”

《民法典》第 1168 条规定：“二人以上共同实施侵权行为，造成他人损害的，应当承担连带责任。”

2020 年 7 月，《全国法院审理债券纠纷案件座谈会纪要》第一部分“关于案件审理的基本原则”中第 3 点规定：“坚持‘卖者尽责、买者自负’原则。对于债券欺诈发行、虚假陈述等侵权民事案件的审理，要立足法律和相关监管规则，依法确定发行人董事、监事、高级管理人员及其控股股东、实际控制人，以及增信机构，债券承销机构，信用评级机构、资产评估机构、会计师事务所、律师事务所等中介机构，受托管理人或者具有同等职责的机构等相关各方的权利、义务和责任，将责任承担与行为人的注意义务、注意能力和过错程度相结合。”从该座谈会纪要来看，法院主张权利与义务匹配，责任与过错程度相结合，倾向于比例赔偿责任的观点。

从以上相关法律法规及规范性文件可以看出，如今我国注册会计师可能承担的赔偿责任包括比例责任、连带责任、比例连带责任，但是在不同的法律规范中存在一定冲突，并没有统一的明确规定。

第五节 审计法律责任前沿研究

一、审计法律责任与审计质量

不同的法律制度赋予审计师不同的审计法律责任，影响着审计师出具的审计报告的质量高低。不完善的法律制度对高质量审计的供给与需求存在两种观点：强治理观与弱治理观。强治理观认为，当法律制度不健全时，大型事务所更能发挥治理作用，更能够帮助投资者，因为不健全的法律制度无法保护存在信息劣势的投资者，此时需要高质量的审计报告来保护投资者，降低代理成本（方军雄，2011）。而弱治理观认为，当法律制度不健全时，从供给角度来看，审计师受到的法律约束也更低，发挥的治理作用较小，因为审计师认为迎合管理层获得的收益可能大于法律惩罚成本（王兵等，2011）。

法律制度是否健全影响着企业所处法律环境的好坏，进而影响着审计质量的高低。傅绍正（2018）使用双重差分法研究会计师事务所转制对审计质量的影响，研究发现，会计师事务所转制之后，法律环境变好，审计质量显著提升。刘行健和王开田（2014）分别从转制政策出台和事务所实际转制两个层面检验会计师事务所转制对审计质量的影响，研究发现，在转制政策出台当年，各大会计师事务所审计客户的正向盈余管理程度均显著下降，说明审计质量得到显著提升。武恒光（2015）使用2010年至2012年发生的会计师事务所转制案例数据，研究法律制度与审计师独立性之间的关系，研究发现，会计师事务所转制带来的审计法律责任增加有利于提升审计师的独立性，并且在法律环境好的区域，会计师事务所转制与非标准无保留意见出具概率显著正相关，说明审计质量得到显著提升。刘更新和蔡利（2010）在研究法律规定和审计准则对审计质量的影响时，构建了法律标准不确定性下和审计准则影响下的审计师行为决策分析模型，模型表明，法律标准的不确定越大，审计师出具的审计报告质量水平越低，但是当审计准则的规定越接近法律标准时，审计报告质量水平会越高。

会计师事务所组织形式的不同，影响注册会计师承担的审计法律责任大小。早期的会计师事务所的组织形式是有限责任公司制，此种组织形式下，注册会计师主要承担行政责任，法律责任较轻。2010 年 7 月 21 日，财政部印发《关于推动大中型会计师事务所采用特殊普通合伙组织形式的暂行规定》，鼓励中型事务所转制为特殊普通合伙人制组织形式，要求大型事务所转制为特殊普通合伙人制组织形式。该会计师事务所组织形式转制政策的出台引发了众多学者的研究思考。刘启亮等（2015）基于签字审计师个体层面研究会计师事务所组织形式与审计质量的关系，研究发现，相较于有限责任制，审计法律责任更高的特殊普通合伙制提高了签字审计师个人的审计法律责任和风险，增加了审计师的违规成本，审计师更加谨慎和独立，出具非标审计意见的可能性更高，被审计单位的盈余管理水平更低，审计质量更高。韩维芳（2016）基于审计合伙人执业质量变化的角度研究评价特殊普通合伙制转变的影响，研究发现，特殊普通合伙制转变之后，合伙人的审计法律责任增加，审计合伙人的审计质量显著提高，并且在小所中作用更加显著。黄敬昌等（2017）基于市场感知的视角，实证研究了会计师事务所转制对审计质量的影响，研究发现，会计师事务所转制为特殊普通合伙人组织形式，显著提高了审计质量，并且结果显著于上市公司、国有企业以及法律制度环境较为薄弱的企业。

综上可知，大多数学者都认同审计法律责任与审计质量存在显著的正相关关系，即注册会计师承担的审计法律责任越大，出具的审计报告质量越高。

二、审计法律责任与审计费用

审计收费由审计师的审计成本和审计利润构成，而审计成本又由审计师的努力成本和预期未来损失构成，其中，预期未来损失是指审计师由于审计失误而可能承担的法律责任所带来的损失，其大小取决于审计师承担的法律责任的程度。余玉苗和刘颖斐（2003）构建了独立审计服务供需双方的审计收费决定模型，认为审计收费受信息披露要求、监管力度、审计法律责任的界定等因素的影响，并提出保证审计质量的根本办法是强化审计师的法律责任，而且追究过失责任的形式不能仅仅限于行政责任，必须确立以民事责任为核心的审计师法律责任体系。韦明翠和吴娅玲（2021）以 2010 年至 2019 年沪深 A 股上市公司为样本，考察公司诉讼、法律责任与审计定价之间的关系，实证结果表明，涉讼公司需要比未涉讼公司支付更多的审计费用，并且具有更大审计法律责任的合伙制会计师事务所的审计费用也更高。

沈辉和肖小凤（2013）基于会计师事务所组织形式由有限责任制转变为特殊普通合伙制的政策背景，考察审计法律责任对审计费用的影响，研究发现，转制为特殊普通合伙制加大了注册会计师的审计法律责任，注册会计师需要加大审计投入并且承担更高的审计风险，因此导致审计收费显著提高，并且大型事务所比小规模事务所的审计费用的提高比例更低。周中胜（2014）以国内四家具有 H 股审计资格并率先完成改制的会计师事务所为研究样本，实证研究会计师事务所对审计收费的影响，结果表明，会计师事务所转制显著提升了审计收费，并且主要表现在小客户市场上，对于大客户审计影响并不显著。

当然，也有学者认为事务所转制政策对审计定价没有显著性影响。李江涛等（2013）实证研究发现，事务所转制政策确实加大了注册会计师的审计法律责任，但是只有在不控制影响审计定价的系统性因素情况下，审计定价才有明显提升；而当使用双重差分模型控制系统性因素时，结果表明事务所转制政策与审计定价并没有明显关系。

思政研习

以审计精神立身、以创新规范立业、以自身建设立信

2023 年 5 月 23 日，习近平总书记在二十届中央审计委员会第一次会议上强调："在强国建设、民族复兴新征程上，审计担负重要使命，要立足经济监督定位，聚焦主责主业，更好发挥审计在推进党的自我革命中的独特作用。"审计人员应当深入学习贯彻习近平总书记关于审计工作的重要讲话和重要指示批示精神，进一步强化政治引领，以审计精神立身、以创新规范立业、以自身建设立信，以高质量审计服务保障我国经济社会高质量发展。为此，审计人员应当培养以下职业素养和品质。

一是勇于担当的社会责任。审计作为独立的第三方，承担着出具真实公允的审计报告的社会责任，对社会各利益相关者的经济决策起着非常重要的作用，影响着社会经济的健康发展和人们的切身利益，因此，作为审计人员，要勇于承担社会责任，敢担当，敢作为，敢审计。

二是客观公正的审计工作。客观公正是审计的立身之本，审计人员只有在执行审计工作时保证自身的客观公正，才能获取充分适当的审计证据，并以此给出正确的审计结论，出具高质量的审计报告，审计人员也能以此保护自身利益，避免承担不必要的审计法律责任。

三是遵纪守法的法治理念。审计工作的执行必须按照审计法的相关规定，严格遵纪守法，按章办事，审计人员应当保证自身的独立性，维护法律的权威性，远离利益的诱惑，才能出具可靠的审计报告，降低承担审计法律责任的风险。

为深入开展学习贯彻习近平新时代中国特色社会主义思想主题教育，全面贯彻党的二十大精神，审计人员应当注重培养"诚信为本，操守为重，实事求是，依法执业""把权力关进制度的笼子里"以及主动防范化解系统性金融风险等意识。

研讨主题：请探讨审计人员在“更好发挥审计在推进党的自我革命中的独特作用”中，如何在执行审计程序中做到“以审计精神立身、以创新规范立业、以自身建设立信”？

案例分析

案例1：ST中安科技案——首例会计师事务所承担“比例连带责任”

案例背景：

中安科股份有限公司（以下简称“ST中安”）主要提供智慧城市系统集成和安保综合运营服务，注册资金12亿余元，发展至今，已有员工11000余名，旗下汇聚多家境内外知名的系统集成企业、安保运营企业及安保智能产品制造企业。

2019年5月30日，ST中安收到证监会的《行政处罚决定书》（〔2019〕44、45、46号）和《市场禁入决定书》（〔2019〕7号）。经查，证监会认定ST中安存在以下违法事实：中安消技术系ST中安的子公司，作为涉案重大资产重组的相关方，中安消技术将“班班通”项目计入盈余预测，然而在“班班通”项目发生重大变化无法继续进行的情况下，中安消技术未及时重新提供《盈余预测报告》，导致中安消技术评估值虚增，同时2013年营业收入虚增5515万元，相应地造成ST中安披露的重大资产重组文件存在虚假陈述。对此，证监会处罚ST中安40万元，顶格处罚中安消技术60万元。

据《证券法》相关规定，如果上市公司被证监会判处违法信息披露，那么因此受到损失的投资者可以依法起诉索赔，包括投资差额、佣金、印花税和利息损失等。在此案中，索赔条件为：在2014年6月11日至2016年12月23日买入ST中安（600654）股票或债券，并且在2016年12月24日后卖出或继续持有该股票或债券的受损投资者。因此在ST中安收到证监会罚单之后，一些ST中安的适格投资者开始启动维权索赔。

2020年10月30日，ST中安发布关于收到《应诉通知书》的公告，据公告内容描述，截至公告日，ST中安收到上海金融法院发来的民事诉讼《应诉通知书》及相关法律文书合计1031例，上海金融法院已受理的原告诉ST中安证券虚假陈述责任纠纷案所涉诉讼请求金额合计约人民币4.68亿元。

其中一例诉讼纠纷案由一审原告李某和周某向上海金融法院提请诉讼，涉案金额737974.52元。2020年11月9日，ST中安收到上海金融法院的《民事判决书》，一审判决结果如下：

（1）被告中安科股份有限公司应于本判决生效之日起十日内向周向东支付投资差额损失人民币155538.88元，佣金和印花税人民币233.31元；

（2）被告中安科股份有限公司应于本判决生效之日起十日内向李淮川支付投资差额损失人民币72189元，印花税损失人民币72.19元；

(3) 被告中安消技术、招商证券、瑞华会计师事务所对被告中安科股份有限公司上述第一、二项付款义务承担连带责任；

(4) 驳回原告李某和周某的其余诉讼请求。

不过，招商证券、瑞华会计师事务所就上述判决向上海市高级人民法院提出上诉，要求撤销承担连带责任。

2021 年 5 月 14 日，ST 中安发布公告称，根据公司收到上海金融法院发来的相关民事诉讼《应诉通知书》及相关法律文书，其已受理相关原告诉 ST 中安证券虚假陈述责任纠纷案件合计 1725 例，所涉诉讼请求金额合计约为人民币 6.91 亿元。

2021 年 5 月 20 日，ST 中安发布公告称，上海市高级人民法院对中安科索赔案二审作出终审判决，除 ST 中安向投资者支付投资差额损失外，担任 ST 中安 2014 年度重大资产重组财务顾问和审计机构的招商证券和瑞华会计师事务所须对中安科的付款义务分别在 25% 和 15% 内承担连带责任。

上海市高级人民法院在作出终审判决时指出："(1) 根据重大资产重组中独立财务顾问的规范要求和职业标准，上市公司重大资产重组过程中独立财务顾问需对重组活动做审慎尽职调查，对上市公司申报文件的真实性、准确性、完整性进行充分校验。独立财务顾问出具的意见中采用其他证券服务机构或者人员的专业意见的，仍然应当予以审慎核查，并对利用其他证券服务机构或者人员的专业意见所形成的结论负责。对于重大资产重组中交易定价的公允性、盈利预测的可实现性等事项，独立财务顾问应当予以重点关注。结合本案事实，案涉重大资产重组交易中，招商证券未能举证证明其按照独立财务顾问的职业要求尽到勤勉尽责义务。招商证券在财务顾问报告中的专业意见，显然与事实情况不符，其在审核涉'班班通'项目相关材料并出具专业意见过程中存在过错，导致其出具的《独立财务顾问报告》中部分内容存在误导性陈述。对由此导致的投资者损失，招商证券应当依法承担连带赔偿责任。(2) 案涉重大资产重组交易中，瑞华会计师事务所未能举证证明其按照审计业务准则尽到勤勉尽责义务，导致其出具的审计报告中部分内容存在虚假陈述。对由此导致的投资者损失，瑞华会计师事务所应当依法承担连带赔偿责任。"

讨论问题：

(1) 瑞华会计师事务所对 ST 中安实施的审计程序是否符合审计准则的要求？

(2) 瑞华会计师事务所承担 15% 比例连带赔偿责任是否合理？

案例 2：华泽钴镍案——会计师事务所承担"全额连带责任"

案例背景：

华泽集团是一家拥有多元化业务的大型企业集团，其主要业务涵盖能源、环保、化工等多个领域。2014 年年初，华泽钴镍"借壳"聚友网络重组上市。2015 年年底，华泽钴镍被证监会立案调查，系华泽钴镍涉嫌信息披露不实等证券违法违规。2017 年 7 月，华泽钴镍收到《行政处罚及市场禁入事先告知书》，告知书内容包括：华泽钴镍在2013年、2014年及2015年上半年未及时披露、且未在相关年报中披露关联方非经营性占用资金及相关的关联交易；华泽钴镍将无效票据入账，2013年年报、2014年年报和2015年半年报存在虚假记载等违法事实。

据此，证监会对华泽钴镍及相关责任人予以处罚，并且为上述重组提供保荐、财务顾问及相关审计服务的中介机构也相继收到证监会出具的行政处罚决定书。同样地，在证监会对华泽钴镍开出罚单之后，因华泽钴镍虚假陈述而遭受损失的投资者发起民事索赔，起诉对象包括华泽钴镍及中介机构。

据华泽钴镍发布的《关于收到成都市中级人民法院民事判决的公告》可知，一审结果为：成都中院判处华泽钴镍赔偿因虚假陈述而遭受损失的166名投资者4905.54万元，而作为中介机构的国信证券和瑞华会计师事务所分别承担40%、60%的连带赔偿责任。

对于一审结果，投资者周某并不满意，随后提出上诉，请求法院改判国信证券和瑞华会计师事务所承担100%连带赔偿责任。周某指出，在华泽钴镍虚假陈述的违法行为中，包括通过大量无效的复印票据侵占上市公司13亿元资金。作为重组保荐人，国信证券只要尽职尽责，复核票据原件，就能够发现问题。周某认为，国信证券对票据原件审查的责任和义务不属于其能力或者专业技术问题，而属于态度和意愿问题。因此，一审判决结果认定国信证券主要过错在于“疏忽大意”、在共同侵权中是“基于过失”，均与事实不符。国信证券等共同侵权人应该对投资者承担100%的连带赔偿责任。同理，瑞华会计师事务所亦应对该虚假陈述给投资者造成的损失承担全部连带责任。

对于周某的上诉，国信证券和瑞华会计师事务所表示反对意见。国信证券辩称，一审判决国信证券承担40%的连带赔偿责任，这是因为国信证券没有强有力的手段对华泽钴镍及其实际控制人的行为加以控制，系“基于过失”，所以，一审法院判决40%比例连带赔偿责任的做法正确。甚至，国信证券反驳道，一审判决确定分责比例的事实依据不尽充分，法律适用错误，导致对国信证券分责比例过高。国信证券认为按照一审判决依据“过错程度”进行分责，在上市公司及其实际控制人王应虎父子三人均应承担责任的情况下，国信证券无论基于何种过错分责，对于投资者损失所可能承担的责任也不应超过25%。瑞华会计师事务所则上诉主张其在本案中不应承担任何赔偿责任，认为一审判决其承担60%的连带赔偿责任，系适用法律错误。

针对国信证券、瑞华会计师事务所应当承担责任的比例范围如何确定的问题，四川省高院认为：“判断证券承销商、证券上市推荐人、专业中介服务机构是否应对上市公司虚假陈述行为给投资者造成的全部损失承担连带责任，关键是该机构对上市公司虚假陈述行为是否‘知道或者应当知道’；如果系‘知道或者应当知道’，则构成共同侵权，需承担连带责任。此为法定责任，不因任何情形而发生改变。作为专业的上市公司保荐人和审计机构，如果按照执业规则勤勉尽责，尽到必要的注意义务，华泽钴镍虚假陈述行为即应当被发现，其过错并非一般疏失，而当属重大过错，符合《最高人民法院关于审理证券市场因虚假陈述引发的民事赔偿案件的若干规定》第二十七条‘知道或者应当知道’的情形，构成共同侵权，需承担连带责任。”因此，法院给出最终审判，将中介机构的赔偿责任由此前的60%和40%分别提升至100%。

讨论问题：

（1）瑞华会计师事务所对华泽集团实施的审计程序是否符合审计准则的要求？

（2）瑞华会计师事务所承担100%比例连带赔偿责任是否合理？

思考题

1. 会计责任和审计责任的联系与区别是什么？
2. 全额比例连带责任和比例连带责任的联系与区别是什么？
3. 第三人审计法律责任的演变过程是什么？
4. 审计法律责任还存在哪些影响因素？
5. 审计法律责任还存在哪些研究方向？

第三章　国家审计法规与案例

学习目标

1. 熟悉国家审计基础。
2. 了解国家审计法规体系结构。
3. 熟悉《中华人民共和国审计法》。
4. 了解《中华人民共和国审计法实施条例》。
5. 了解《中华人民共和国国家审计准则》。
6. 掌握国家审计法律责任体系。

第一节　国家审计基础

一、国家审计的概念

国家审计是指由国家审计机关依法对公共资金、国有资产和国有资源的管理、分配和使用情况进行监督、审查和评价的活动。国家审计的主要目的是确保公共资源使用的合法性、真实性和有效性，维护国家财政经济秩序，促进廉政建设和经济社会健康发展。

具体来说，国家审计包括以下几个方面：

第一，审计主体。国家审计机关是国家审计的主体，主要包括各级政府审计部门，如审计署和地方各级审计机关。

第二，审计客体。国家审计的客体是被审计单位，主要包括各级政府部门、财政金融机构、国有企业以及其他使用公共资金的单位和个人。

第三，审计范围。国家审计的范围涵盖了公共资金、国有资产和国有资源的管理和使用情况，还包括领导干部履行经济责任、自然资源资产及生态保护责任等方面。

第四，审计内容。国家审计内容涉及财政收支、财务收支的真实性、合法性和效益性，审计人员应审查预算执行情况、决算草案编制情况、财政政策的执行效果等。

第五，审计程序。国家审计依照法定程序开展，包括审计计划、实施、报告、反馈和整改等环节，确保审计工作的规范性和科学性。

通过国家审计，可以有效监督和规范公共资源的使用，提升政府和国有企业的治理水平，保障公共利益，推动经济社会的可持续发展。

二、国家审计规范

国家审计规范是审计机关在组织实施审计工作和审计管理过程中应遵循的行为准则和标准。这些规范为审计机构和审计人员提供了具体的操作指南，确保审计活动的合法性、合规性和有效性，主要包括以下几个方面：

第一，审计法规。审计法规是指由国家立法机关或其授权机关制定的法律、法规和规章，包括《审计法》《审计法实施条例》等。这些法规为国家审计提供了法律依据，明确了审计机关的职责和权限，规范了审计相关主体的行为。

第二，审计准则。审计准则是对审计工作各个环节的具体要求和操作规范，包括审计计划、审计实施、审计报告和审计整改等方面的具体标准。例如，《国家审计准则》对审计工作的质量控制、审计证据的获取和评价等方面作出了详细规定。

第三，审计职业道德标准。审计职业道德标准是对审计人员职业行为的道德要求，包括独立性、客观性、公正性和保密性等方面。

第四，审计质量控制标准。审计质量控制标准是对审计工作质量的控制和管理要求，包括审计项目的计划、实施、监督和评价等方面的质量控制措施。这些标准旨在保证审计工作达到预期的质量水平，提升审计报告的可靠性和权威性。

通过严格遵循审计规范，审计机关和审计人员可以确保审计工作的合法性、合规性和高效性，提升国家审计的权威性和公信力。

三、国家审计职责

国家审计职责是国家审计机关在依法开展审计监督过程中所承担的具体任务和责任，其主要目的是确保公共资金、国有资产和国有资源的管理和使用合法、真实和有效。国家审计的审计职责主要包括以下几个方面：

第一，预算执行审计的审计职责。审计机关对各级政府的预算执行情况进行审计，审查预算编制的合理性、预算执行的合法性和预算资金使用的效益性，确保预算执行符合国家有关法律法规和政策要求。

第二，决算审计的审计职责。审计机关对各级政府和各部门的决算草案进行审计，核实决算数据的真实性和准确性，评估决算编制的规范性，确保决算报告反映的财政收支情况真实、完整。

第三，财政收支审计的审计职责。审计机关对国家各级财政收支情况进行审计，重点审查财政收入的合法性和财政支出的合理性、合规性及效益性，确保财政资金的管理和使用符合国家有关法律法规和政策规定。

第四，国有资产审计的审计职责。审计机关对国有企业和事业单位的国有资产管理和使用情况进行审计，核查国有资产的真实性、完整性和使用效益，防止国有资产的流失和浪费。

第五，公共资金审计的审计职责。审计机关对政府和公共机构管理和使用的公共资金进行审计，包括专项资金、社会保险基金、住房公积金等，确保公共资金的使用合法、合规和高效。

第六，领导干部经济责任审计的审计职责。审计机关对政府部门、国有企业和事业单位领导干部任职期间履行经济责任的情况进行审计，评估其在经济决策、财政管理和国有资产管理等方面的责任履行情况，促进廉政建设和依法行政。

第七，自然资源和生态环境审计的审计职责。审计机关对自然资源和生态环境保护情况进行审计，审查资源开发利用的合法性和生态环境保护措施的有效性，推动可持续发展和生态文明建设。

第八，重大政策措施贯彻落实情况审计的审计职责。审计机关对国家重大政策措施和重要决策部署的贯彻落实情况进行跟踪审计，评估政策措施实施的效果，提出改进建议，确保国家政策的有效执行。

第九，审计整改跟踪的审计职责。审计机关对审计发现问题的整改情况进行跟踪检查，督促被审计单位落实整改措施，确保审计整改工作到位，提升审计工作的实效性。

通过履行这些审计职责，国家审计机关可以有效监督和规范公共资源的管理和使用，提升政府和国有企业的治理水平，维护国家财政经济秩序，推动经济社会健康发展。

四、国家审计目标

国家审计目标是指国家审计机关在开展审计活动时所期望达到的基本目的和最终效果。这些目标旨在通过审计监督，保障公共资源的合法、合规和高效使用，促进经济社会健康发展，主要包括以下几个方面：

第一，维护国家财政经济秩序。审计机关通过审计监督，确保各级政府和相关部门严格按照法律法规和政策要求进行财政管理，防止和纠正财政违法违规行为，维护国家财政经济秩序的稳定和健康发展。

第二，提高财政资金使用效益。审计机关通过对预算执行、财政收支和专项资金使用情况的审计，评估财政资金的使用效果，提出改进建议，促进财政资金的合理配置和高效使用，提升公共资金的使用效益。

第三，促进廉政建设。审计机关通过对领导干部经济责任履行情况的审计，发现和揭示腐败问题和廉政风险，提出整改建议，促进领导干部廉洁从政，推动廉政建设，预防和打击腐败行为。

第四，保障公共利益。审计机关通过对公共资金、国有资产和国有资源的管理和使用情况进行监督，确保公共资源的管理和使用符合国家法律法规，维护公共利益，防止公共资源的流失和浪费。

第五，推动政策落实。审计机关通过对国家重大政策措施贯彻落实情况的跟踪审计，评估政策措施的执行效果，发现问题和不足，提出改进建议，确保国家政策的有效落实，促进政策目标的实现。

第六，促进经济社会可持续发展。审计机关通过对自然资源和生态环境保护情况的审计，审查资源开发利用的合法性和生态环境保护措施的有效性，提出改进建议，推动可持续发展和生态文明建设，保障经济社会的长期健康发展。

第七，提升治理能力。审计机关通过对政府和国有企业管理情况的审计，发现管理中的薄弱环节和问题，提出改进建议，推动政府和国有企业加强管理、提升治理能力，促进依法行政和科学决策。

第八，增强公共透明度。审计机关通过公开审计结果和审计报告，增强财政和公共资金使用的透明度，提高政府和公共部门的公信力，促进公众对政府和公共部门的监督和参与，提升公共管理的透明度和问责性。

第九，推动法治建设。审计机关通过审计监督，促进各级政府和相关部门依法行政，严格执行国家法律法规，推动法治政府建设，维护法律的权威和公信力。

国家审计的审计目标不仅涵盖了对具体财政收支和资源使用的监督，还强调了对廉政建设、政策落实、可持续发展和治理能力提升的促进作用。通过实现这些目标，国家审计能够有效发挥其在国家治理中的重要作用，推动经济社会的全面进步。

五、国家审计方式

国家审计方式是指国家审计机关在开展审计监督活动中所采用的方法和手段。这些审计方式旨在通过多种途径对被审计单位的财政收支、经济活动和管理行为进行全面审查，确保公共资源的合法、合规和高效使用，主要包括以下几种：

第一，同级审是指审计机关对本级政府及其部门的预算执行情况和决算草案进行审计监督。这种方式主要检查预算编制、预算执行和决算草案编制中的问题，提出改进建议，促进预算管理的完善和财政预算制度的改革。

第二，上审下是指上级审计机关对下级政府及其部门的预算执行情况和决算以及其他财政收支情况进行审计监督。上审下的目的是促进下级政府及其部门贯彻落实国家政策，规范管理和依法使用资金，确保财政收支的真实性、合法性和效益性。

第三，交叉审是由上级审计机关统一组织多个下级审计机关相互交叉进行审计。这种方式可以发挥“上审下”的优势，弥补上级审计机关力量不足的问题，同时避免“同级审”可能带来的地方保护主义和监督不力的问题。

第四，授权审计是指上级审计机关将其管辖范围内的某些审计事项授权给下级审计机关进行审计。授权审计的目的是整合审计资源，扩大审计覆盖面，提升审计效能。被授权的下级审计机关对授权审计项目的审计质量负责。

第五，全国性或区域性统一组织审计是由上级审计机关根据法定职责和管辖范围，统一组织下级审计机关在全国或特定区域内共同开展的审计项目。此类审计通过集中多个层级审计机关的力量，对重大事项进行审计，发挥审计监督的合力，提高审计工作的整体性和宏观性。

第六，专项审计是指针对特定事项或领域进行的审计，如专项资金使用审计、经济责任审计、环保审计等。专项审计深入具体领域，揭示特定问题，提出针对性建议，促进专项工作改进和提升。

第七，跟踪审计是对审计对象在一段时间内持续进行监督检查，特别是对重大项目、重要政策措施的实施过程和效果进行持续审计。跟踪审计旨在及时发现和纠正问题，确保重大项目和政策措施的顺利实施。

第八，现场审计是审计人员到被审计单位实地进行审计工作，直接查阅财务账目、实物资产和相关资料，与相关人员进行面对面交流，获取第一手审计证据。现场审计可以更直观地发现问题，提升审计工作的针对性和有效性。

第九，联网审计是利用信息技术手段，通过联网系统对被审计单位的财务数据和业务数据进行实时监控和分析。联网审计提高了审计工作的效率和准确性，能够及时发现和预防问题。

通过运用多种审计方式，国家审计机关能够全面、深入地监督和评价公共资源的管理和使用情况，确保审计工作的科学性、规范性和有效性，推动国家审计在国家治理中的重要作用。

六、国家审计管理体制

国家审计管理体制是指国家审计机关的组织结构、管理方式和运作机制。这一体制确保审计机关能够依法独立行使审计监督权，有效开展审计工作，维护国家财政经济秩序，主要包括以下几个方面：

第一，审计机关的隶属关系。国家审计机关是在宪法和法律框架下设立的独立监督机构。根据《宪法》和《审计法》的规定，国家审计机关由国务院设立，受国务院总理领导。同时，县级以上的地方各级人民政府设立审计机关，地方审计机关依照法律规定独立行使审计监督权，对本级人民政府和上一级审计机关负责。

第二，中央审计委员会。中央审计委员会是国家最高审计决策和协调机构，负责审议决定全国审计领域的重大事项。中央审计委员会的设立旨在加强党对审计工作的领导，确保审计工作的统一性和权威性。中央审计委员会办公室负责日常事务，具体落实中央审计委员会的决策部署。

第三，审计署。审计署是国家最高审计机关，直接受国务院总理领导，负责全国范围内的审计工作。审计署制定全国审计工作规划，组织实施重大审计项目，指导和监督地方审计机关的工作。审计署设有多个业务部门，负责不同领域的审计工作，如财政审计、金融审计、企业审计、资源环境审计等。

第四，地方审计机关。地方审计机关包括省级、市级和县级审计机关，分别受本级政府行政首长和上级审计机关的双重领导。地方审计机关按照国家和本级政府的要求，负责本行政区域内的审计工作，实施具体的审计项目，监督和评价公共资金、国有资产和国有资源的管理和使用情况。

第五，审计管理体制的四级架构。我国审计管理体制由中央、省、市、县四级审计机关构成。各级审计机关既有明确的职责分工，又有协调配合的工作机制。上级审计机关对下级审计机关的工作进行指导和监督，确保审计工作的一致性和有效性。

第六，审计工作机制。审计机关在开展审计工作时，遵循独立性、客观性、公正性和实事求是的原则。审计工作机制包括审计计划的制定、审计实施、审计报告的编制与审议、审计结果的公开和整改跟踪等环节，确保审计工作的科学性和规范性。

第七，审计结果公开和问责。审计结果公开是审计工作的透明化措施，有助于增强审计工作的公信力和社会监督。审计机关通过发布审计公告、审计报告等形式，向社会公开审计结果。同时，审计机关对审计发现的问题进行跟踪督查，确保问题得到整改落实，并依法追究相关责任人的责任。

通过完善的审计管理体制，国家审计机关能够有效发挥其监督职能，维护国家财政经济秩序，促进政府廉政建设和公共资源的合理、高效使用，推动国家治理体系和治理能力现代化。

七、国家审计报告

国家审计的审计报告是审计机关在完成审计工作后，针对审计对象的财务状况、管理行为和经济活动出具的正式书面文件。审计报告是审计结果的综合体现，是审计机关对被审计单位的财务真实性、合法性和效益性进行评价的主要依据。

审计报告的类型包括狭义审计报告和广义审计报告。狭义审计报告包括项目审计报告和专项审计调查报告，分别针对具体审计项目和特定事项或问题进行专项审计调查后出具。广义审计报告则包括审计组报告、审计机关报告、专题报告、综合报告和年度报告等，涵盖了从审计组内部报告到向社会公开的各类报告形式。

审计报告的内容主要包括审计背景和目的、审计程序和方法、审计发现、审计结论、审计建议和整改要求。审计背景和目的阐述审计的背景、目的和依据，包括审计的法律依据、审计范围和审计对象等。审计程序和方法详细描述审计过程中采用的审计程序和方法，包括审计计划的制定、审计证据的获取和分析等。审计发现部分详细列出了财务问题、管理问题和效益问题，包括财务数据的真实性、合法性问题，管理行为的合法性和规范性问题，资金使用的效益性问题等。审计结论是根据审计发现，对被审计单位的财务状况、管理行为和经济活动作出的综合评价，包括正面评价和负面评价。审计建议是针对审计发现的问题，提出的整改建议和改进措施，旨在帮助被审计单位完善管理、提高效率、规范财务行为。整改要求则明确了被审计单位需要采取的整改措施和整改期限，确保审计发现的问题得到有效解决。审计署对重大审计事项和审计结果进行综合评价，包括对审计发现的问题的处理意见和对被审计单位的总体评价。

审计报告具有法律效力，审计机关依法出具的审计报告对被审计单位具有约束力。被审计单位应当根据审计报告提出的整改要求，采取相应措施进行整改。审计报告是国家审计机关对公共资金、国有资产和国有资源管理情况进行监督的重要手段，通过揭示和纠正财务管理和经济活动中的问题，促进依法理财和规范管理。审计报告为各级政府和相关部门提供了客观、详实的财务和管理信息，帮助政府和相关部门进行科学决策和政策制定，提升治理能力。通过向社会公开审计报告，提高财政资金使用的透明度，增强公众对政府和公共部门的信任度，促进公众参与和监督。审计报告提出的整改建议和整改要求，推动被审计单位改进管理、提高效率、完善制度，促进审计成果的落实和审计工作的持续改进。

通过严格规范的审计报告制度，国家审计机关能够有效发挥审计监督作用，保障公共资源的合法、合规和高效使用，推动国家治理体系和治理能力现代化。

八、国家审计的分类

国家审计依据不同的标准可以划分为多种类型，每种类型在审计目标、审计内容和审计方式上有所不同。

根据审计内容的不同，国家审计可以分为以下几类：

第一类，国家重大政策措施贯彻落实情况审计。审计人员对国家重大政策措施的执行情况进行审计，评估政策措施的实施效果，确保政策得以有效贯彻落实。

第二类，公共资金审计。审计人员对政府部门和公共机构管理和使用的公共资金进行审计，确保资金使用的合法性、合规性和效益性。

第三类，国有资产审计。审计人员对国有企业和事业单位的国有资产管理和使用情况进行审计，防止国有资产的流失和浪费，确保资产管理的规范性和有效性。

第四类，国有资源审计。审计人员对国家所有的自然资源（如矿产、水资源、土地等）的管理和使用情况进行审计，促进资源的合理开发和利用，保护生态环境。

第五类，领导干部经济责任审计。审计人员对政府部门和国有企业领导干部任期内履行经济责任的情况进行审计，评估其在财务管理、资源利用等方面的业绩，促进廉政建设。

第六类，自然资源资产和生态环境审计。审计人员对自然资源资产管理和生态环境保护情况进行审计，评估资源开发利用的可持续性和环保措施的有效性。

根据审计目标的不同，国家审计可以分为以下几类：

第一类，财务审计。审计人员需审查和评价被审计单位财务报表的真实性和合法性，确保财务信息的准确性和可靠性。

第二类，合规性审计。审计人员应当检查被审计单位的经济活动和财务行为是否符合相关法律法规和政策规定，确保其依法依规运作。

第三类，绩效审计。审计人员应当评估被审计单位在资源利用和管理方面的效率、效果和经济性，促进公共资源的高效使用和管理优化。

根据审计实施时间的不同，国家审计可以分为以下几类：

第一类，事前审计。事前审计是指在经济活动和项目实施之前进行审计，预防和控制潜在风险，确保项目的合法性和可行性。

第二类，事中审计。事中审计是指在经济活动和项目实施过程中进行审计，实时监控和评估，及时发现和纠正问题。

第三类，事后审计。事后审计是指在经济活动和项目完成之后进行审计，全面评估项目的执行情况和效果，总结经验教训。

第四类，跟踪审计。跟踪审计是对特定事项进行连续多次审计，跟踪其整改和改进情况，确保问题得到彻底解决。

根据执行审计地点的不同，国家审计可以分为以下几类：

第一类，现场审计。审计人员到被审计单位实地开展审计工作，通过查阅资料、实地核查、与相关人员访谈等方式获取审计证据。

第二类，送达审计。被审计单位将相关财务资料和数据送交审计机关，由审计人员在审计机关内部进行审计。

第三类，联网审计。审计人员利用信息技术，通过网络系统对被审计单位的财务和业务数据进行实时监控和审计，提高审计工作的效率和准确性。

通过不同类型的审计，国家审计机关能够全面、系统地监督和评价公共资金、国有资产和国有资源的管理和使用情况，确保审计工作的科学性、规范性和有效性，推动国家治理体系和治理能力现代化。

第二节　国家审计法规概述

一、国家审计法规的概念

国家审计法规的概念可以从广义和狭义两个方面来理解。广义的国家审计法规是指所有与国家审计工作相关的法律、法规、规章及其他规范性文件的总和。它不仅包括专门针对审计活动的法律和法规，如《审计法》，还涵盖涉及审计工作的其他相关法律法规，例如《中华人民共和国预算法》《会计法》以及与审计相关的财政法规、反腐败法规等。广义的国家审计法规体系覆盖了国家审计工作的各个方面，为审计机关和审计人员提供了全面的法律依据和行为规范。狭义的国家审计法规是指直接规范国家审计活动和审计行为的法律、法规及规章，主要包括《审计法》《国家审计准则》《审计法实施条例》等。它们具体规定了国家审计的组织、职责、程序、方法、权利和义务，明确了审计机关和审计人员在执行审计任务时必须遵循的法律准则和行为规范，是国家审计工作的核心法律依据。通过广义和狭义的两方面理解国家审计法规，可以全面、准确地把握国家审计法规的内涵和外延，为更好地开展国家审计工作提供坚实的法律保障。

二、国家审计法规的特征

第一，国家意志性。国家审计法规是由国家立法机关或授权的行政机关制定和发布的，体现了国家对审计工作的意志和要求。它反映了国家对公共资金、国有资产和国有资源管理的重视和监管意图，是国家意志在审计领域的具体体现。

第二，法定性。国家审计法规具有法定效力，是依法进行审计监督的法律依据。审计机关及其审计人员、被审计单位及相关人员必须依法遵守这些法规。法定性确保了审计活动的合法性和规范性，保障了审计工作的权威性和独立性。

第三，强制性。国家审计法规具有强制执行力，任何违反审计法规的行为都将受到法律的制裁。审计机关在依法行使审计监督权时，对拒不执行审计决定、提供虚假信息等行为，可以依法采取强制措施，保障审计法规的执行和审计工作的顺利进行。

第四，普遍适用性。国家审计法规适用于全国范围内的各级审计机关和所有被审计单位，不受地域、部门和行业的限制。无论是中央政府部门还是地方政府机构，无论是国有企业还是公共事业单位，都必须遵守国家审计法规的规定，接受审计监督。

第五，规范性。国家审计法规对审计活动的各个环节和程序作出了详细规定，包括审计的计划、实施、报告和整改等方面，确保审计工作的科学性和规范性。通过明确的法律规范，保障审计工作的标准化和统一化，提升审计质量和效率。

第六，权威性。国家审计法规由国家最高权力机关或其授权机关制定和发布，具有较高的法律效力和权威性。审计机关依据这些法规开展审计工作，其审计结果和审计报告具有法律效力和公信力，对被审计单位具有约束力。

第七，独立性。国家审计法规保障审计机关依法独立行使审计监督权，不受其他行政机关、社会团体和个人的干涉。独立性特征确保了审计机关在履行职责时能够保持客观、公正，不受外界因素的影响，切实发挥审计监督作用。

三、国家审计法规的作用

国家审计法规的作用主要体现在以下方面：

第一，规范作用。国家审计法规对国家审计工作的具体操作、管理、监督等方面具有明确的规定和要求，确保国家审计工作的规范、严谨、高效。

第二，指导作用。国家审计法规对国家审计工作的开展具有指导性，为审计人员提供了明确的工作规范和依据，使审计工作更加科学、合理、规范。

第三，约束作用。国家审计法规具有较高的法律效力，对国家审计工作具有约束力，能够规范审计人员的行为，确保审计工作的质量和效率。

第四，保障作用。国家审计法规为审计人员提供了法律保障，使他们在开展国家审计工作时能够有效地维护自身的合法权益。

第五，监督作用。国家审计法规对国家审计工作的实施具有监督作用，能够有效地监督审计工作的开展情况，保证审计工作的质量和效率。

综上所述，国家审计法规具有规范、指导、约束、保障和监督作用，对国家审计工作的开展具有重要的指导和约束作用。

四、国家审计法规的体系结构

国家审计法规的体系结构由多个层次和类别的法律、法规、规章及规范性文件组成，以保障国家审计工作的合法性、独立性和有效性。

首先，国家审计法规体系包括宪法、法律和行政法规等最高层次的法律文件。宪法是国家审计的最高法律依据，《宪法》第九十一条和第一百零九条分别规定了国务院和地方各级人民政府设立审计机关，明确了审计机关的职责和独立性。《审计法》是国家审计工作的基本法律，具体规定了审计机关的职责、权限、审计程序和审计人员的行为规范。

其次，行政法规和部门规章构成了国家审计法规体系的中层结构。这些法规和规章由国务院和审计署等行政部门制定，细化了《审计法》的实施细则和操作标准。例如，《审计法实施条例》详细规定了审计机关在具体审计工作中的职责和权限，《国家审计准则》

则明确了审计程序、审计方法和审计报告的要求。

再次，在行政法规和部门规章之下，地方性法规和地方政府规章构成了国家审计法规体系的地方层次。各省、市、县根据国家法律法规，结合本地实际情况，制定地方性审计法规和规章，规范地方审计机关的审计工作。例如，各地可以制定地方审计条例或地方审计实施细则，对地方审计工作的具体程序和方法进行详细规定。

最后，国家审计法规体系还包括审计机关内部制定的审计规范性文件和操作指南。这些文件根据国家法律法规和行政规章，结合实际工作需要，对审计程序、方法和操作细节作出具体规定，指导审计人员在具体审计工作中的操作。例如，《审计机关审计档案管理规定》对审计证据的获取、记录和保存作出了具体要求，以确保审计工作规范有序进行。

通过完善的国家审计法规体系，国家审计机关能够依法独立行使审计监督权，确保审计工作的科学性、规范性和有效性，推动国家治理体系和治理能力现代化。这个体系不仅为审计工作提供了法律依据和操作规范，也为审计机关和审计人员提供了行为准则和职业道德标准，以确保审计工作的公正性和权威性。

第三节 国家审计基本法律

一、《审计法》的制定背景

《审计法》制定的背景可以追溯到改革开放初期。随着市场经济体制的逐步建立和发展，国家对公共资金、国有资产和国有资源的管理要求日益提高。为了规范审计行为，保障审计机关依法独立行使审计监督权，促进公共资金和国有资产的有效管理和使用，国家决定制定一部专门的审计法律。20 世纪 80 年代初期，审计制度逐步恢复和建立，1983 年国家审计署成立，标志着我国现代审计制度的初步形成。随着经济体制改革的深入，国家急需一部专门的法律来规范审计工作，提高审计工作的法律地位和权威性。

《审计法》于 1995 年 1 月 1 日正式施行，成为我国审计工作的基本法律。这部法律的实施，标志着我国审计工作进入了有法可依的新阶段。1994 年《审计法》的主要内容包括总则、审计机关和审计人员、审计程序、审计结果和处理、法律责任等五个部分，初步构建了我国审计法律体系的框架。此后，为了适应经济社会的发展和审计工作的新要求，审计法进行了多次修正。2006 年 2 月 28 日，第十届全国人大常委会第二十次会议通过了《关于修改〈中华人民共和国审计法〉的决定》，并于 2006 年 6 月 1 日起施行，这次修正主要是为了适应我国经济社会发展的需要，完善审计制度，提高审计效率和效果。2021 年

10 月 23 日，第十三届全国人大常委会第三十一次会议通过了《关于修改〈中华人民共和国审计法〉的决定》，并于 2022 年 1 月 1 日起施行，这次修正进一步完善了审计制度，强化了审计机关的独立性和权威性，增加了对重大政策措施落实情况和重点民生资金审计的内容，加强了审计结果运用和审计整改。

二、《审计法》的主要内容

第一章“总则”规定了审计法的立法宗旨、适用范围和基本原则，明确了审计机关的设置、职责和权限，强调审计机关依法独立行使审计监督权，不受其他行政机关、社会团体和个人的干涉。立法宗旨是维护国家财政经济秩序，促进廉政建设，保障公共资金和国有资产的管理和使用的合法性、真实性和效益性。

第二章“审计机关和审计人员”规定了审计机关的设置、职责和权限，以及审计人员的资格、职责和行为规范。审计机关包括国家审计署和地方各级审计机关，负责对国家财政收支、国有资产、国有资源的管理和使用情况进行审计监督。审计人员必须具备相应的专业知识和技能，遵守职业道德和行为规范，依法履行审计职责。

第三章“审计机关职责”规定了审计机关对各级政府和相关单位的预算执行、决算及其他财政收支情况的审计监督职责，包括中央和地方预算执行、国有企业和金融机构、公共投资项目、国有资源和公共资金、国际援助和贷款项目的审计。审计机关还负责对国家政策措施落实情况进行审计，对经济运行中发现的风险隐患及时报告，并对被审计单位和社会审计机构的工作进行监督和核查。

第四章“审计机关权限”规定了审计机关在执行审计时的各项权力，包括要求被审计单位提供财务、会计及相关资料，检查财务和管理资料、资产及信息系统的安全性，调查相关单位和个人并获取证明材料，以及查询被审计单位和相关人员的银行账户。审计机关有权制止和处理被审计单位违反规定的行为，必要时可封存相关资料和资产，暂停拨付违规款项。审计机关还可以向政府部门通报或向社会公布审计结果，必要时提请其他政府机关协助工作，确保审计工作的顺利进行。

第五章“审计程序”详细规定了审计工作的具体程序，包括审计计划的制定、审计实施、审计报告的编制和提交等。审计计划应当根据法律法规和国家政策制定，明确审计的目标、范围和方法。审计实施过程中，审计人员应当收集和分析审计证据，客观公正地评价被审计单位的财务状况和管理行为。审计报告应当真实、全面地反映审计结果，并提出改进建议。

第六章“法律责任”明确了违反审计法的法律后果，包括对审计机关和审计人员的违法行为的处罚措施，以保障审计法的权威性和执行力。对被审计单位和个人提供虚假资料、拒绝提供资料或者拒绝、阻碍审计工作的行为，依法追究法律责任。对审计机关和审计人员的失职、渎职行为，依法进行处罚，确保审计工作的公正性和权威性。

三、《审计法》的最新修正情况

随着经济社会的发展和国家治理现代化的推进，原有的《审计法》已不能完全适应新形势下审计工作的需要。为进一步加强审计监督，完善审计制度，提高审计工作的质量和效率，国家决定对《审计法》进行修正。特别是近年来，国家对领导干部经济责任、自然资源资产管理和生态环境保护等领域的审计需求不断增加，审计范围和内容需要进一步扩展和细化。

2021 年，《审计法》进行了重要修正，主要内容包括以下几方面：

第一，加强党对审计工作的领导，巩固和深化审计管理体制改革成果。此次修正在总则中明确规定坚持党对审计工作的领导，构建集中统一、全面覆盖、权威高效的审计监督体系。

第二，健全审计工作报告机制，更好发挥审计监督对人大监督的支持作用。此次修正明确规定，审计工作报告应当重点报告对预算执行及其绩效的审计情况，按照有关法律、行政法规的规定报告对国有资源、国有资产的审计情况。

第三，扩展审计监督范围，推进审计全覆盖。此次修正在原有规定的审计范围的基础上，将国有资源、国有资产、关系国家利益和公共利益的重大公共工程项目、国家重大经济社会政策措施贯彻落实情况等纳入审计范围，并明确领导干部自然资源资产离任审计的法律地位。

第四，优化审计监督手段，规范审计监督行为。此次修正，一方面，赋予审计机关履行职责必需的权限，为审计工作顺利开展提供必要的保障；另一方面，对加强审计机关自身建设、规范审计权力运行、强化对审计机关和审计人员的监督制约作出了一系列制度安排，构建了日臻完善的监督和制衡机制。

第五，强化审计查出问题整改，提升审计监督效能。此次修正明确了被审计单位对审计查出问题的整改责任以及各级人民政府、有关主管机关单位和审计机关对被审计单位整改情况的监督责任。同时，强化审计结果运用，规定审计结果以及整改情况应当作为考核、任免、奖惩领导干部和制定政策、完善制度的重要参考。

通过这些修正，《审计法》进一步完善了审计制度，提升了审计工作的科学性和规范性，确保审计工作在国家治理中发挥更大作用。

第四节　国家审计行政法规

国家审计行政法规是指由国务院及其相关部门依据《审计法》和其他法律法规，针对国家审计工作制定的具体行政管理条例和规章。这些法规旨在细化和补充《审计法》的规定，确保审计工作的规范化、制度化和科学化。

一、《审计法实施条例》

《审计法实施条例》是对《审计法》的具体补充和细化，旨在明确审计法各项条款的具体执行办法，确保审计法的有效实施。《审计法实施条例》详细规定了审计机关的职责和权限，包括对国家财政收支、国有资产、国有资源等的具体审计范围和内容。它规定了审计程序的具体操作步骤，包括审计计划的制定、审计实施、审计报告的编制和提交等。《审计法实施条例》还明确了审计人员的行为规范和职业道德要求，确保审计工作的公正性和独立性。此外，《审计法实施条例》规定了审计结果的处理方式和公开要求，增强了审计工作的透明度和社会监督力度。

二、《国家审计准则》

《国家审计准则》是审计署依据《审计法》及其实施条例制定的，旨在指导审计机关和审计人员在具体审计工作中的行为，确保审计工作的质量和效率。《国家审计准则》规定了审计证据的获取、记录和保存要求，确保审计结论的可靠性和有效性。它明确了审计工作底稿的编制和管理规范，确保审计工作的可追溯性和完整性。《国家审计准则》还细化了审计报告的编写和审核程序，确保审计报告的准确性和权威性。此外，《国家审计准则》规定了审计人员的培训和考核制度，提升了审计队伍的专业素质和业务能力。

三、《国家重大政策措施贯彻落实情况跟踪审计实施办法（试行）》

《国家重大政策措施贯彻落实情况跟踪审计实施办法（试行)》(以下简称《跟踪审计实施方法》) 旨在加强对国家重大政策措施贯彻落实情况的跟踪审计，确保政策措施的有效执行和落实。《跟踪审计实施方法》明确了跟踪审计的范围和重点，包括重大公共工程项目、重大财政支出项目等。它规定了跟踪审计的程序和方法，包括审计计划的制定、审计实施过程中的重点关注事项、审计报告的编制等。《跟踪审计实施方法》强调审计结果的反馈和整改跟踪，确保发现的问题得到及时整改和处理，从而保障国家政策的有效落实和经济社会的发展。

四、《党政主要领导干部和国有企事业单位主要领导人员经济责任审计规定》

《党政主要领导干部和国有企事业单位主要领导人员经济责任审计规定》（以下简称《经济责任审计规定》）旨在规范和加强对领导干部任期内经济责任的审计，促进领导干部廉洁从政、依法行政。《经济责任审计规定》详细规定了领导干部经济责任审计的范围和内容，包括领导干部在财政管理、国有资产管理、重大项目决策等方面的经济责任。它明确了审计程序和方法，包括审计计划的制定、审计实施、审计报告的编制和反馈等。《经济责任审计规定》还强调了审计结果的运用，明确审计结果应当作为考核、任免、奖惩领导干部的重要依据，确保审计工作的实效性和权威性。

通过上述国家审计行政法规，国家审计机关能够在法定框架内，规范和指导具体的审计工作，确保审计工作的科学性、规范性和有效性。行政法规不仅为审计工作提供了操作指南，也为审计机关和审计人员的行为提供了明确的标准和依据，保障了国家审计工作的顺利开展和审计目标的实现。

第五节　国家审计法律责任

国家审计法律责任是指审计机关、审计人员和被审计单位在审计过程中应当承担的法律责任。这些责任的设立旨在规范审计行为，确保审计工作的公正性、独立性和有效性，保障国家财政经济秩序的稳定。下面对国家审计法律责任进行详细阐述。

一、审计机关的法律责任

审计机关的职责由《宪法》《审计法》及其实施条例等法律法规明确规定。《宪法》第九十一条规定："国务院设立审计机关，对国务院各部门和地方各级政府的财政收支，对国家的财政金融机构和企业事业组织的财务收支，进行审计监督。"《审计法》进一步明确了审计机关的具体职责和权限，包括对国家财政收支、国有资产和国有资源的管理和使用情况进行审计监督。

在审计过程中，审计机关应当履行以下职责：制定年度审计计划，组织实施审计项目，依法获取审计证据，编制并提交审计报告，提出审计建议和整改要求，跟踪审计整改落实情况。《审计法》第三章"审计机关职责"详细规定了这些职责，确保审计工作依法、有序、有效进行。

审计机关未依法履行职责，将承担相应的法律责任。根据《审计法》第五十七条规定："审计人员滥用职权、徇私舞弊、玩忽职守或者泄露、向他人非法提供所知悉的国家秘密、工作秘密、商业秘密、个人隐私和个人信息的，依法给予处分；构成犯罪的，依法追究刑事责任。"具体来说，审计机关如果在审计过程中不履行应有的职责，导致重大问题未被及时发现和处理，将面临行政处罚甚至刑事追责。审计机关的渎职行为不仅损害审计工作的权威性和公信力，也对国家财政安全构成严重威胁。

二、审计人员的法律责任

审计人员应当严格按照《审计法》履行职责，保持独立性、公正性和职业操守。审计人员应当依法获取审计证据，客观、公正地编写审计报告，并对审计发现的问题提出整改建议。

审计人员如有违法行为，将承担相应的法律后果。根据《审计法》第五十七条规定："审计人员滥用职权、徇私舞弊、玩忽职守或者泄露、向他人非法提供所知悉的国家秘密、工作秘密、商业秘密、个人隐私和个人信息的，依法给予处分；构成犯罪的，依法追究刑事责任。"审计人员如有贪污腐败行为，根据《刑法》第三百八十三条规定，涉嫌贪污罪的，将依法追究刑事责任。贪污腐败行为包括接受贿赂、滥用职权谋取私利等。审计人员滥用职权进行报复或徇私舞弊的，根据《刑法》第三百九十七条规定，构成滥用职权罪的，依法追究刑事责任。滥用职权行为包括故意歪曲审计事实、恶意增加审计难度等。

审计人员的行为不仅代表个人，也代表国家审计机关的形象。任何违法行为都会对审计工作的权威性和独立性造成严重损害。因此，审计人员必须严格遵守职业道德规范和法律法规，确保审计工作的客观公正。

三、被审计单位的法律责任

被审计单位应当积极配合审计工作，提供真实、完整的资料和必要的工作条件。《审计法》第四十七条规定："被审计单位违反本法规定，拒绝、拖延提供与审计事项有关的资料的，或者提供的资料不真实、不完整的，或者拒绝、阻碍检查、调查、核实有关情况的，由审计机关责令改正，可以通报批评，给予警告；拒不改正的，依法追究法律责任。"拒绝、阻碍审计工作不仅违反了审计法的规定，也损害了审计工作的公正性和独立性。提供虚假信息不仅妨碍了审计工作的正常进行，还可能导致国家财产的损失和经济秩序的混乱。

被审计单位应当按照审计机关的要求，认真整改审计发现的问题。《审计法》第五十二条规定："被审计单位应当按照规定时间整改审计查出的问题，将整改情况报告审计机关，同时向本级人民政府或者有关主管机关、单位报告，并按照规定向社会公布。各级人民政府和有关主管机关、单位应当督促被审计单位整改审计查出的问题。审计机关应当对被审计单位整改情况进行跟踪检查。审计结果以及整改情况应当作为考核、任免、奖惩领导干部和制定政策、完善制度的重要参考；拒不整改或者整改时弄虚作假的，依法追究法律责任。"针对审计查出的问题，被审计单位应当及时有效地整改到位，确保审计工作的实效性，未能按要求整改的，将承担法律后果，严重者将追究刑事责任。

被审计单位的行为直接影响审计工作的质量和结果。积极配合审计工作，提供真实、完整的信息，是被审计单位的法定义务。任何妨碍审计工作的行为，不仅会被追究法律责任，也会影响被审计单位的信誉和形象。

通过这些法律法规，国家审计机关能够有效规范和监督审计工作的各个环节，确保审计工作的独立性、公正性和权威性，促进公共资源的有效管理和利用。明确国家审计法律责任、严格执行审计工作是保障审计工作顺利进行的基础，有利于维护国家经济秩序的稳定、保障国家经济高质量发展。

第六节 国家审计前沿研究

一、审计整改法规体系的完善与创新

审计整改法规体系的完善与创新，是提升国家审计效果的重要保障。1985 年 8 月，《国务院关于审计工作的暂行规定》首次明确了审计机关纠正被审计单位违反财政收支规定的职责。这一阶段，审计整改的基本框架初步形成，但具体实施细则较为模糊。1994 年 8 月，《审计法》经第八届全国人大常委会第九次会议通过，进一步明确了审计机关的职责、权限和审计程序，包括对被审计单位违规行为的纠正建议和处理提请。然而，尽管审计整改行为被正式纳入法律，但未出现“审计整改”一词，仅包括对违法行为的纠正。

2006 年第一次修正的《审计法》明确规定被审计单位必须执行审计机关的决定，这在一定程度上解决了审计整改被忽视的问题。这次修正强调了审计机关的权威性，规定被审计单位应当在规定期限内对审计发现的问题进行整改，并报告整改情况。为了确保这一要求的落实，审计机关有权对不执行或逾期执行审计决定的行为进行处罚。

2010 年 2 月，国务院颁布《审计法实施条例》，进一步细化了审计整改的具体时间和范围规定。《审计法实施条例》第四十二条规定：“被审计单位应当按照审计机关规定的期限和要求执行审计决定。”对拒不整改或整改不力的行为，审计机关有权对被审计单位和相关责任人进行处罚或再次责令限期改正。与此同时，《审计法实施条例》第五十四条规定：“被审计单位应当将审计决定执行情况书面报告审计机关。审计机关应当检查审计决定的执行情况。被审计单位不执行审计决定的，审计机关应当责令限期执行；逾期仍不执行的，审计机关可以申请人民法院强制执行，建议有关主管机关、单位对直接负责的主管人员和其他直接责任人员给予处分。”这些规定大大增强了审计整改的权威性和约束力。

2010 年 9 月，审计署发布《国家审计准则》，其中第一百六十三条规定：“审计机关应当建立审计整改检查机制，督促被审计单位和其他有关单位根据审计结果进行整改。”这条规定首次将“审计整改”一词纳入审计法规体系。《国家审计准则》第一百六十五条

规定："审计组在审计实施过程中，应当及时督促被审计单位整改审计发现的问题。审计机关在出具审计报告、作出审计决定后，应当在规定的时间内检查或者了解被审计单位和其他有关单位的整改情况。"这条规定要求审计机关应定期跟踪检查整改落实情况，确保审计整改真正落到实处。

近年来，审计整改进入稳步完善阶段。2014 年 10 月，国务院印发《关于加强审计工作的意见》，进一步推动了审计整改责任、督促检查和问责机制的完善。《关于加强审计工作的意见》第五部分"狠抓审计发现问题的整改落实"内容包括健全整改责任制、加强整改督促检查、严肃整改问责，要求被审计单位要及时整改和认真研究审计发现的问题，审计机关要建立整改检查跟踪机制，对整改不力、屡审屡犯的，要严格追责问责。2015 年 12 月，中共中央办公厅、国务院办公厅（以下简称"两办"）印发《关于完善审计制度若干重大问题的框架意见》，其中第二部分"主要任务"的第（七）条"完善审计结果运用机制"规定："有关部门和单位要加强督促和检查，推动抓好审计发现问题的整改。对整改不力、屡审屡犯的，要与被审计单位主要负责人进行约谈，严格追责问责。"该意见进一步明确了审计整改的责任主体，要求各级审计机关和被审计单位要切实担负起整改责任。

2019 年 7 月，两办印发《经济责任审计规定》，将审计整改情况正式列入领导干部经济责任审计的内容。《经济责任审计规定》第四十四条规定："各级党委和政府应当建立健全经济责任审计情况通报、责任追究、整改落实、结果公告等结果运用制度，将经济责任审计结果以及整改情况作为考核、任免、奖惩被审计领导干部的重要参考。"这一规定进一步强化了领导干部的审计整改责任，确保审计整改落实到位。

2021 年 7 月，两办印发《关于建立健全审计查出问题整改长效机制的意见》，为审计整改工作提供了制度遵循。该意见提出，要建立健全审计查出问题整改长效机制，明确审计整改的责任主体、整改要求和监督机制，确保审计整改常态化、长效化。该意见强调，审计机关要加强对整改情况的跟踪检查，督促整改责任落实到位，对拒不整改或整改不到位的行为，要严肃追责问责。

2021 年 10 月，第十三届全国人民代表大会常务委员会第三十一次会议通过了第二次修正的《审计法》。《审计法》明确规定，被审计单位应当按照规定时间整改审计查出的问题，将整改情况报告审计机关，同时向本级人民政府或者有关主管机关、单位报告，并按照规定向社会公布；同时，审计机关应当对被审计单位整改情况进行跟踪检查，审计结果以及整改情况应当作为考核、任免、奖惩领导干部和制定政策、完善制度的重要参考；被审计单位拒不整改或者整改时弄虚作假的，依法追究法律责任。

通过上述法规和文件的不断完善，审计整改机制逐渐成熟，有力保障了审计工作的实效性。这些法规和文件不仅明确了审计整改的责任主体和具体要求，还强化了审计整改的权威性和约束力，确保审计发现的问题能够得到及时有效的解决。随着审计整改机制的不断完善，国家审计工作在提高财政资金使用效率、规范国有资产管理、促进国家经济健康发展等方面发挥了重要作用。

二、研究型审计法规体系的完善与创新

研究型审计是一种通过深入研究审计对象及其环境，发现潜在问题并提出改进建议的审计方式，是新时代国家审计面临的重要前沿问题之一。研究型审计的推进，反映了国家审计在新时代所面临的新挑战和新任务，如复杂多变的经济环境、日益增多的审计对象和内容，以及对审计质量和效率的更高要求。国家审计法规在这一过程中发挥了重要作用，通过不断完善相关法律法规，为研究型审计的实施提供了法律保障和指导。

《审计法》是研究型审计的法律基础。2021 年修正的《审计法》明确了审计机关的职责和权限，并对审计工作的规范化、制度化提出了更高要求，进一步拓宽了审计监督对象，涵盖国有资源、国有资产、重大公共工程项目、决算草案、政策措施落实情况、领导干部、自然资源资产等，这为研究型审计提供了广阔的舞台。

研究型审计的理论框架和方法在国家审计法规中得到了进一步明确和细化。2021 年 1 月，审计署发布《关于印发全国审计机关 2021 年度工作要点的通知》，提出要积极推进研究型审计，推动审计工作提质增效。该通知强调，审计机关要加强对重大政策、重大项目、重大资金的研究性审计，深入分析政策实施效果、项目执行情况和资金使用绩效，提出改进建议。这一要求反映了国家审计在新时代面临的新任务，即通过研究型审计更好地服务于国家治理和经济社会发展。

在实际操作中，研究型审计要求审计人员不仅要熟悉相关政策和法规，还需要深入了解经济决策的背景和战略意图，确保审计工作更有针对性和深度。审计人员需要通过广泛收集数据、深入分析研究，揭示潜在问题，并提出切实可行的改进建议。例如，在对重大公共工程项目进行审计时，审计人员需要深入研究项目的立项背景、资金来源和使用情况、项目进度和质量等，从多个维度评估项目的效益和风险，确保公共资源的高效利用。

为了提升研究型审计的效率和效果，国家审计法规也对审计技术和方法进行了创新和改进。2020 年 9 月，财政部发布《关于推进会计师事务所函证数字化相关工作的指导意见》，旨在通过信息化手段提升审计工作的效率和质量。该指导意见提出，要利用大数据、云计算等现代信息技术，构建智能化审计平台，提升审计工作的自动化和智能化水平。这为研究型审计提供了有力的技术支持，使审计人员能够更加高效地获取和分析数据，揭示隐藏的问题和风险。

研究型审计在提升国家审计的效率和效果，推动审计事业发展方面具有重要作用。通过深入研究和分析，研究型审计能够揭示传统审计方法难以发现的问题，提出具有前瞻性和针对性的改进建议，推动政策和项目的优化和完善。例如，在公共政策评估中，研究型审计能够系统评估政策的实施效果，发现政策执行中的不足和问题，提出改进建议，促进

政策的科学化和精细化管理。

综上所述，研究型审计法规体系的完善与创新，是国家审计在新时代面临的新挑战和新任务的重要反映。通过不断完善《审计法》等法律法规，国家审计在研究型审计方面取得了显著进展。这些法规不仅为研究型审计的实施提供了法律保障，也为提升审计工作的质量和效率提供了有力支持。研究型审计通过深入研究和分析，提出改进建议，推动政策和项目的优化和完善，提升了国家审计的效率和效果，推动了审计事业的发展。

三、涉外审计法规体系的完善与创新

涉外审计是指审计机关依据法律、法规和政策规定，对涉外领域的国家重大政策措施贯彻落实情况、国有企业和国有金融机构的境外国有资产投资运营管理情况等进行审计。涉外审计在新时代所面临的新挑战和新任务，包括复杂多变的国际环境、跨国审计资源的协调、境外审计的法律适用和执行等问题，这对国家审计的法规体系提出了更高的要求。

为了应对这些挑战，国家不断完善涉外审计的法规体系。首先，《审计法》对涉外审计进行了基本规定。2021 年修正的《审计法》明确了审计机关对国有企业境外国有资产的审计监督职责，扩大了审计范围，覆盖了国有资源、国有资产、重大公共工程项目等。这一修正为涉外审计提供了法律基础，确保审计机关依法对境外资产进行监督。

为进一步细化和规范涉外审计，国务院及相关部门发布了一系列法规和政策文件。2011 年，国务院发布《中央企业境外国有资产监督管理暂行办法》，明确了中央企业境外国有资产的监督管理职责和具体要求。该办法规定，中央企业应当建立健全境外国有资产管理制度，确保资产安全和保值增值，审计机关对中央企业境外国有资产的管理和使用情况进行审计监督。这一规定为涉外审计的具体实施提供了指导，确保审计工作有法可依、有章可循。

涉外审计的实施还涉及一系列国际法规和标准。审计署依据《国际审计准则》（International Standards on Auditing，ISA）制定了《国家审计准则》，并于 2010 年 9 月发布。这一准则首次将涉外审计纳入其中，明确了涉外审计的程序、方法和要求。根据该准则，审计机关在进行涉外审计时，应当充分考虑国际法规和标准，确保审计工作符合国际惯例和要求。通过这些准则和标准，涉外审计的规范性和科学性得到了有效保障。

数字化审计技术的应用也是涉外审计创新的重要方向。审计人员应当学习利用大数据、云计算等现代信息技术，通过信息化手段提升涉外审计工作的自动化和智能化水平，更加高效地获取和分析数据。远程审计作为数字化审计的重要组成部分，在涉外审计中得到了广泛应用。2020 年 9 月，财政部以“财会函〔2020〕第 8 号”对政协十三届全国委员会第三次会议的《关于在上市公司中实施远程联网审计的提案》进行了答复，该答复函明确了在上市公司实施远程联网审计的相关要求，表明财政部将与时俱进加强对包括信息系统审计或与远程联网审计有关的审计理论、准则、技术的研究与指导，提高上市公司和会计师事务所信息化水平，加快监管制度、配套制度和复合型人才建设。这一政策为远程审计的推广奠定了基础，确保涉外审计工作能够克服地域限制，提升审计效率和效果。

综上所述，涉外审计法规体系的完善与创新，是国家审计在新时代面临的新挑战和新任务的重要反映。通过不断完善《审计法》《中央企业境外国有资产监督管理暂行办法》《国家审计准则》等法律法规，国家审计在涉外审计方面取得了显著进展。这些法规不仅为涉外审计的实施提供了法律保障，也为涉外审计工作制定了审计标准，有利于提高涉外审计工作效率，出具高质量的涉外审计报告。涉外审计通过揭示境外国有资产管理中的潜在问题和风险，提出改进建议，保障境外资产的安全和保值增值，体现了国家审计的权威性和有效性，推动了审计事业的发展。

思政研习

习近平论审计监督

2013 年 1 月 22 日，习近平总书记在十八届中央纪委二次全会上的讲话中指出："抓好党风廉政建设和反腐败斗争，必须全党动手。各级党委对职责范围内的党风廉政建设负有全面领导责任，党委主要负责人是第一责任人。要坚持和完善反腐败领导体制和工作机制，发挥好纪检、监察、司法、审计等机关和部门的职能作用，共同推进党风廉政建设和反腐败斗争。"

2013 年 11 月 12 日，习近平总书记在《中共中央关于全面深化改革若干重大问题的决定》中指出："加强和改进对主要领导干部行使权力的制约和监督，加强行政监察和审计监督。"健全严格的财务预算、核准和审计制度，着力控制"三公"经费支出和楼堂馆所建设。

2014 年 9 月 5 日，习近平总书记在庆祝全国人民代表大会成立 60 周年大会上的讲话中指出："要加强党纪监督、行政监察、审计监督、司法监督和国家机关内部各种形式的纪律监督。"

2014 年 10 月 20 日，习近平总书记在关于《中共中央关于全面推进依法治国若干重大问题的决定》的说明中指出："加强对政府内部权力的制约，是强化对行政权力制约的重点。对财政资金分配使用、国有资产监管、政府投资、政府采购、公共资源转让、公共工程建设等权力集中的部门和岗位实行分事行权、分岗设权、分级授权，定期轮岗，强化内部流程控制，防止权力滥用。完善政府内部层级监督和专门监督，改进上级机关对下级机关的监督，建立常态化监督制度。"该决定还强调："重点推进财政预算、公共资源配置、重大建设项目批准和实施、社会公益事业建设等领域的政府信息公开。"这些措施都有很强的针对性，也同党的十八届三中全会精神一脉相承，对法治政府建设十分紧要。

2015 年 7 月 1 日，习近平总书记在中央全面深化改革领导小组第十四次会议上的讲话中指出："开展领导干部自然资源资产离任审计试点，主要目标是探索并逐步形成一套比较成熟、符合实际的审计规范，明确审计对象、审计内容、审计评价标准、审计责任界定、审计结果运用等，推动领导干部守法守纪、守规尽责，促进自然资源资产节约集约利用和生态环境安全。要紧紧围绕领导干部责任，积极探索离任审计与任中审计、与领导干部经济责任审计以及其他专业审计相结合的组织形式，发挥好审计监督作用。"

2015 年 10 月 15 日，习近平总书记在中央政治局常委会听取十八届中央第七轮巡视情况汇报时的讲话中指出："巡视监督要与纪检监督、组织监督、审计监督、社会监督和行业监管有效结合，综合用好批评教育、组织处理、纪律处分等处理方式。纪检机关、组织部门要及时跟进，分清问题性质，不合适的要交流，造成重大损失的要免职，违纪违法的要依法依纪处理，所有问题都要有个明确说法。"

2017 年 10 月 18 日，习近平总书记在中国共产党第十九次全国代表大会上的报告中指出："改革审计管理体制，完善统计体制。构建党统一指挥、全面覆盖、权威高效的监督体系，把党内监督同国家机关监督、民主监督、司法监督、群众监督、舆论监督贯通起来，增强监督合力。"

2018 年 5 月 23 日，习近平总书记在中央审计委员会第一次会议上的讲话中指出："改革审计管理体制，组建中央审计委员会，是加强党对审计工作领导的重大举措。要落实党中央对审计工作的部署要求，加强全国审计工作统筹，优化审计资源配置，做到应审尽审、凡审必严、严肃问责，努力构建集中统一、全面覆盖、权威高效的审计监督体系，更好发挥审计在党和国家监督体系中的重要作用。"

2020 年 1 月 2 日，习近平总书记对审计工作作出重要指示："指出审计机关认真贯彻落实党中央决策部署，依法履职尽责，扎实勤勉工作，在推动党中央政令畅通、助力打好三大攻坚战、维护财经秩序、保障和改善民生、推进党风廉政建设等方面发挥了重要作用。审计是党和国家监督体系的重要组成部分。审计机关要在党中央统一领导下，适应新时代新要求，紧紧围绕党和国家工作大局，全面履行职责，坚持依法审计，完善体制机制，为推进国家治理体系和治理能力现代化作出更大贡献。"

2020 年 1 月 13 日，习近平总书记在十九届中纪委四次全会上发表重要讲话指出："要加强对各级'一把手'的监督检查，完善任职回避、定期轮岗、离任审计等制度，用好批评和自我批评武器。"习近平还强调："要以党内监督为主导，推动人大监督、民主监督、行政监督、司法监督、审计监督、财会监督、统计监督、群众监督、舆论监督有机贯通、相互协调。"

2021 年 6 月 7 日至 9 日，习近平总书记在青海考察期间的重要讲话中指出："各级党委特别是主要负责同志要承担起政治责任，统筹抓好财政、税收、审计等工作，严肃财经纪律，把各方面资金管好用好，切实防范金融风险，严格执行党中央关于财经工作的方针政策和工作部署，把过紧日子的要求落到实处。”

2021 年 8 月 30 日，习近平总书记主持召开中央全面深化改革委员会第二十一次会议并发表重要讲话指出：“要加强对贯彻新发展理念、构建新发展格局、推动高质量发展情况的统计监督，重点监测评价国家重大发展战略实施情况、重大风险挑战应对成效、人民群众反映突出问题解决情况等。要推动统计监督和纪律监督、组织监督、巡视监督、审计监督等统筹衔接，加强工作协调和统计监督结果运用，提升监督效能。”

2023 年 5 月 23 日，习近平总书记在二十届中央审计委员会第一次会议上的讲话中指出：“过去 5 年，审计工作在党中央集中统一领导下，主动服务党和国家事业发展大局，不断总结中国特色社会主义审计事业发展规律，守正创新、积极探索，走出了一条契合中国国情的审计新路子，新时代治国理政在审计领域取得重要制度成果。”习近平总书记总结我国审计新路子为以下几方面：一是深入推进审计管理体制改革，党中央对审计工作的集中统一领导不断细化实化制度化；二是对中国特色社会主义审计事业的规律性认识不断深化；三是审计服务党和国家大局的主动性更强、契合性更高，独特监督作用更加彰显；四是审计整改总体格局初步成型，审计成果运用贯通协同更加顺畅、权威、高效。

研讨主题：基于习近平总书记关于审计监督的重要论述，探讨提升我国国家审计效率和效果的策略。

案例分析

案例背景：

2014 年，审计署组织开展了土地领域专项审计。这次土地专项审计的审计范围一直覆盖到县级，主要针对 2008 年至 2013 年五年内的土地出让金收支、土地征收、储备、供应、整治、耕地保护及土地执法情况进行审计，所涉机关包括财政、国土资源、住建、发改委、林业、农业等在内的多个系统。审计署的 18 个特派办全程参与。

某审计组负责对 S 市土地供应的合法合规性进行审计。审计过程中，审计人员调取了 S 市国土局近 6 年来的土地供应台账、土地利用总体规划等基础资料。初步统计，S 市 6 年间共供应土地 2000 多宗，面积上万公顷，土地证登记数据、注销数据和变更数据达数万条。审计人员利用 SQL Server 数据库对土地供应数据按用地单位进行分类汇总，按供应面积进行降序排列，并重点关注其中的民营企业。其中，一家名为 D 公司的房地产开发企业进入了审计人员的视野。

审计人员查到，S 市 2008 年以来向 D 公司供应了 6 宗土地，其中 5 宗为挂牌出让，1 宗为协议出让。协议出让土地发生在 2012 年，是一块面积 10 公顷的住宅用地。国土资源部和监察部 2004 年联合下发《国土资源部、监察部关于继续开展经营性土地使用权招标拍卖挂牌出让情况执法监察工作的通知》，要求从 2004 年 8 月 31 日起，所有经营性的土地一律都要公开竞价出让。住宅用地是经营性用地的一种，应该以公开竞价出让。对此，S 市政府相关负责人解释说，当时市政府拓宽道路，占用了 D 公司的部分土地，就向 D 公司进行了补偿，但审计人员通过查阅地籍变更数据确定，D 公司通过 2 公顷的工业用地置换得到相同面积的住宅用地。按照工业用地和住宅用地的基准地价测算，仅这一块地，D 公司获取不当利益就高达 1200 多万元。

审计人员围绕土地供应过程中的问题疑点，创新方法，内查外调，最终查实 S 市副市长违规插手土地供应，并收受巨额贿赂。相关证据被审计署移送纪检监察部门。2015 年，S 市副市长被纪委“双规”。2017 年，法院公开审理此案，S 市副市长因受贿罪被判处有期徒刑 10 年，罚金 200 万元，其受贿所得财物及其孳息被依法追缴，上缴国库。与此同时，S 市国土部门涉案人员被依纪依法处理，D 公司违法所得也被依法追回。

讨论问题：

（1）为什么要对土地领域进行专项审计？

（2）我国出台了哪些与土地领域专项审计相关的法律法规？

（3）案例中的审计人员在土地领域专项审计中使用了哪些审计方法？

思考题

1. 什么是国家审计？国家审计与注册会计师审计有何区别？
2. 什么是国家审计法规？国家审计法规的特征是什么？
3. 《审计法》修正的背景是什么？
4. 《审计法》修正的主要内容包括哪些？
5. 《国家审计准则》发挥了哪些作用？
6. 我国国家审计法规经历了哪些发展阶段？

第四章　内部审计法规与案例

学习目标

1. 了解内部审计的基础知识。
2. 熟悉我国内部审计法规体系。
3. 熟悉《企业内部控制基本规范》的主要内容。
4. 熟悉《第 1101 号——内部审计基本准则》的主要内容。
5. 熟悉《第 1201 号——内部审计人员职业道德规范》的主要内容。
6. 了解内部审计前沿研究。

第一节　内部审计基础

一、内部审计的含义

（一）内部审计诞生的背景

21 世纪初，安然和世通等公司财务丑闻的爆发震惊了全球资本市场。这些企业尽管拥有相对完善的制度规范和较高的技术支持，但仍然发生了如此大规模的财务造假。这一事件不仅暴露了公司治理和内部控制体系中的重大缺陷，也揭示了外部审计在预防和发现财务舞弊方面的不足。这促使全球企业和监管机构重新审视内部审计的重要性，推动内部审计职能的强化和发展。随着全球化进程的加快，跨国公司和金融机构在运营中面临的风险日益复杂，内部审计的需求也随之增长。2002 年，美国通过《萨班斯—奥克斯利法案》（Sarbanes - Oxley Act），进一步强调了内部审计在企业治理中的关键作用，要求上市公司加强内部控制和审计机制，以提升财务报告的透明度和可靠性。

在中国，随着市场经济的发展和企业规模的扩大，内部审计的重要性也日益凸显。中国企业在引入西方管理理念和实践的过程中，逐步认识到内部审计在提升公司治理水平、规范财务行为和防范经营风险方面的作用。特别是进入 21 世纪后，中国的证券市场和金融体系逐步完善，企业面临的监管要求和市场竞争压力不断增加，内部审计作为企业内部控制和风险管理的重要手段，受到了广泛关注。中国政府和监管机构也通过一系列政策和法规，推动内部审计的制度化和规范化发展。

（二）内部审计的定义

根据《中国内部审计准则》，内部审计是一种独立、客观的确认和咨询活动。它通过运用系统、规范的方法，审查和评价组织的业务活动、内部控制和风险管理的适当性和有效性，以促进组织完善治理、增加价值和实现目标。内部审计在平衡公司股东与管理层的受托责任关系中扮演着中间角色，既要面对来自股东的期待和压力，又要在管理层面前保持独立客观的立场。2013 年，中国内部审计协会发布的《中国内部审计准则》首次明确了内部审计在提升公司治理和促进价值增值方面的重要作用，进一步规范了内部审计的定义和范围。

（三）内部审计重点关注的内部控制

内部审计的核心任务之一是审查和评价组织的内部控制系统。内部控制系统由五个要素组成：控制环境、风险评估、控制活动、信息与沟通以及监控。控制环境指组织的整体态度、意识和行动，包括公司治理结构、管理风格和员工的道德素质。风险评估是识别和分析可能影响组织目标实现的风险，包括内外部环境的变化。控制活动涉及制定并执行各项政策和程序，以确保管理指令得到执行，并防止和发现错误或舞弊。信息与沟通则是指内部控制系统中有关信息的生成、捕获和传递，以支持员工履行职责。监控是对内部控制系统运行效果的持续监控和定期评估，确保其有效性。内部控制的三大目标包括：确保企业运营的效率和效果（经营目标），确保财务报告的可靠性、及时性和透明性（财务报告目标），以及确保企业的运营和行为符合相关法律法规和内部政策（合规目标）。

（四）内部审计的职能

内部审计的职能已从传统的“监督和评价”扩展到“确认和咨询”。通过发挥“确认”职能，内部审计能够帮助公司识别风险，防范舞弊，提高财务报告质量，增强内部控制的有效性，从而为公司创造价值，有效抑制管理层的不当行为。通过发挥“咨询”职能，内部审计可以就风险管理、内部控制等方面向管理层提出修改建议，帮助公司优化流程、控制成本、提升业绩，从而提升公司价值。2018 年修订的《审计署关于内部审计工作的规定》进一步明确了内部审计的职责范围和权限，除了传统的合规性审计，还要更多关注公司战略目标的实现情况和重大决策的效果。这无疑延展了内部审计的职能范围，也对内部审计履职提出了新的要求。在新技术时代背景下，内部审计部门需要积极拥抱数字化转型。2018 年发布的《审计署关于加强内部审计工作业务指导和监督的意见》明确指出："内部审计机构应积极推广大数据审计工作模式等先进审计技术方法，推动提高内部审计人员运用信息化技术查核问题、评价判断和分析问题的能力，促进提高内部审计工作效率和质量。"内部审计借助新技术提高了效率和质量，同时为企业提供了前瞻性的风险管理建议，使其在企业价值创造中扮演了更加关键的角色。

二、内部审计的作用

内部控制是企业保障资产安全和运营效率的关键手段，涵盖内部财务管理、风险控制和合规监察等方面。内部审计通过对内控体系进行独立评估和检查，能够发现企业内部控制的弱点，并提出改进建议，帮助企业建立和完善内部控制制度，从而保障企业的资产安全和有效性。内部审计可以全面评估企业内部各项控制制度的合理性与有效性，主要针对企业的财务制度、风险管理制度、内部监控制度和合规制度等方面，借此可以及时发现存在的风险点和制度缺陷。这有助于企业建立更加完善的内控体系，提高内部控制的有效性和可靠性。内部审计能够帮助企业发现和纠正内部控制的漏洞和弱点。通过全面审查和评估，内部审计能够识别出存在的问题和漏洞，并及时提出相应的纠正措施和改进建议，从而提高内部控制的可靠性和稳定性。此外，内部审计还可以促进企业内部控制机制的不断完善。通过全面评估和审查企业内部控制，内部审计能够发现问题和风险，提出改进建议和措施，帮助企业逐步完善内部控制机制，保障企业的资产安全和有效性。

内部审计作为企业内部控制的关键环节，对促进企业降本增效发挥着至关重要的作用。通过对企业经营活动的细致审查，深入分析财务和运营流程，内部审计能够精准识别成本节约的潜在机会，提升资源利用效率。这一过程有助于管理层获取关键的业务洞察，从而作出更加明智的决策，优化资源配置，减少不必要的开支。内部审计还间接发挥着威慑作用，在履行监管和评估职能时，内部审计从经济层面约束企业的成本费用，遏制企业所有者和管理者可能的自利行为，引导员工在日常工作中更加重视成本控制和提升工作绩效，确保组织资源的有效利用和价值的最大化。此外，通过对企业各项业务活动的审计，内部审计能够发现并提出运营中的问题和改进空间，促进企业在成本管理和盈利能力上的持续进步。

在企业管理实践中，内部审计正逐渐被认识到其在风险管理中的核心作用。尽管部分管理人员可能因过分关注短期经济效益而未能充分认识到审计的重要性，但内部审计的有效实施对于早期识别风险、采取预防措施至关重要。内审人员可以根据内部审计结果，推断企业经济发展状况以及未来的发展形势，这有助于企业制定更加科学的紧急预案和风险防控策略，确保在面对不确定性时能够迅速调整，降低风险不可控性。随着大数据技术的融入，内部审计的深度和广度均得到了显著扩展。内审人员可以利用先进的数据分析工具，了解企业经济管理活动的轨迹，根据数据和信息的分析与探讨，更好地发现潜在的风险问题，从而为企业决策者提供及时、准确的风险预警。内部审计所提供的这种前瞻性风险管理能力，有助于企业避免潜在的损失，确保长期的稳定发展。

总的来说，内部审计在企业管理中发挥着至关重要的作用。它不仅帮助企业建立和完善内部控制体系，保障资产安全和运营效率，还通过发现和纠正内部控制漏洞，促进企业的成本管理和盈利能力提升。同时，内部审计在风险管理中也起到了核心作用，为企业的长期稳定发展提供了有力保障。

三、内部审计的管理体制

内部审计的管理体制是指企业内部审计部门的组织架构、管理模式及其与企业其他部门和管理层的关系。这一体制的设计直接影响着内部审计的独立性、客观性和有效性。一个完善的内部审计管理体制应包括以下几个方面：

第一，内部审计应具有相对独立性。为了保证内部审计的客观性和公正性，内部审计部门应当直接向企业的最高管理层或董事会报告，尤其是向审计委员会或独立董事报告，而不是向企业的财务部门或其他业务部门报告。这种设置能够避免内部审计受到业务部门或财务部门的干预，确保其独立性和客观性。

第二，内部审计的组织架构应当明确。内部审计部门应有清晰的组织结构，包括设立专门的内部审计机构，配备足够的审计人员，并明确各级人员的职责和权限。内部审计部门的领导应由具备专业资质和丰富经验的审计人员担任，并直接向审计委员会或董事会汇报工作。

第三，内部审计应当有完善的审计计划和程序。内部审计部门应根据企业的经营目标和风险状况，制订年度审计计划，并报审计委员会或董事会批准。在执行过程中，内部审计人员应严格按照审计计划和程序进行工作，并确保审计工作记录的完整性和准确性。

第四，内部审计应具备充分的资源和支持。企业应为内部审计部门提供必要的资源和支持，包括人力资源、财务资源和技术支持，以确保内部审计工作能够顺利进行。内部审计人员应具备专业的审计知识和技能，并且应定期参加培训和继续教育，不断提升专业能力和水平。

第五，内部审计的结果应得到充分的重视和反馈。内部审计部门完成审计工作后，应及时向审计委员会或董事会提交审计报告，详细说明审计发现的问题和改进建议。企业管理层应认真对待内部审计报告中的问题和建议，及时采取相应的整改措施，并将整改结果反馈给内部审计部门和审计委员会。

四、内部审计的运行模式

一般来说，内部审计在企业中的运行包括设立独立的内部审计部门，通常由内部审计委员会负责监督和指导。内部审计委员会是由董事会下设的专门委员会，职责包括审议和批准年度审计计划，监督审计实施过程，审阅和评估审计报告，确保审计发现的问题得到及时整改，并定期向董事会汇报工作情况。内部审计部门在内部审计委员会的指导下，按照既定的审计计划和程序开展审计工作，通过独立、客观的审查和评价，提升企业的内部控制和风险管理水平。

在上市公司和非上市公司中，内部审计的机构设计和运行模式存在差异。上市公司通常要求设立独立的内部审计部门，并由内部审计委员会直接监督。根据《企业内部控制基本规范》，上市公司必须确保内部审计的独立性和客观性，并定期进行内部控制审计，以满足监管要求和股东的期望。上市公司必须设立审计委员会，审计委员会至少包括一名具备财务和会计背景的独立董事，以监督内部审计的工作和财务报告的质量。非上市公司在内部审计的机构设置和运行模式上较为灵活，视企业规模和管理需求而定。中小型非上市企业可能会将内部审计职能整合在财务部门或其他管理部门，而不设专门的内部审计委员会。这类企业的内部审计主要关注运营效率和成本控制，而不是满足外部监管的要求。

五、内部审计的发展趋势

内部审计在企业战略导向下的发展趋势，是企业在复杂多变的外部环境中，为实现长远目标而采取的一种主动适应和塑造环境的行为。这一理念强调的不仅是“正确地做事”，更重要的是“做正确的事”。在战略导向内部审计的框架下，内部审计不再局限于财务部门，而是跨越部门界限，与所有职能部门形成紧密联系和协同作业。战略导向内部审计是基于企业战略目标开展的一系列审计工作，其核心在于将审计工作的出发点与企业的长远目标相匹配。通过内部控制实时掌握企业内外环境的变化趋势，及时从战略性和系统性两个方面调整审计内容和方式，以确保企业的生产经营活动能够满足战略目标的需求。此外，战略导向内部审计还有助于解决内部审计独立性不足的问题。通过将内部审计的目标与企业战略目标对齐，可以减少被审计部门的抵触情绪，减少审计过程中的摩擦，有效缓解企业所有者和管理者之间的目标差异和信息不对称所产生的矛盾。这不仅促使被审计单位积极主动地接受审计，还能主动要求审计以解决自身遇到的困难，从而帮助内部审计顺利开展，实现增加组织价值的终极目标。

随着 21 世纪互联网技术的飞速发展，内部审计工作已经从传统的审计模式转向信息化、自动化的新阶段。互联网技术的广泛应用使得内部审计人员能够远程采集数据，并通过非现场审计系统、云审计平台以及大数据审计系统等信息化工具，实施持续的监控和分析。这种转变催生了非现场审计、联网审计、持续审计和大数据审计等新型审计方式，极大地提高了审计工作的效率和准确性。在数字经济时代，大数据、人工智能、物联网等前沿技术的迅速发展和广泛应用，进一步推动了内部审计的数智化转型。数智化导向的内部审计强调数据驱动和智能分析，能够更高效地识别企业面临的风险，为管理层决策提供科学依据。通过实时监控和自动化流程，内部审计能够及时发现并响应各种异常情况，提高审计质量。数智化导向的内部审计不仅提升了审计工作的质量和效率，还帮助企业更好地适应复杂多变的市场环境，实现可持续发展。随着技术的不断进步，内部审计将继续向着更加智能化、自动化的方向发展，为组织的价值创造和风险管理提供更加有力的支持。

第二节 内部审计法规概述

一、内部审计法规的概念

内部审计法规是指由国家、行业组织或企业自身制定的，用于指导和规范企业内部审计活动的法律、准则、规章和政策。这些法规旨在确保内部审计的独立性、客观性和专业性，从而提升企业治理水平和风险管理能力。内部审计法规不仅涵盖了企业在审计过程中应遵循的基本原则和操作流程，还规定了审计机构的组织架构和审计人员的行为准则。

内部审计法规的主要目的是为内部审计活动提供系统的框架和标准，确保审计过程的规范化和透明化。通过明确内部审计的职责和权限，这些法规有助于提升审计工作的效率和效果，并确保审计结果的准确性和可靠性。同时，内部审计法规还强调审计工作的独立性和客观性，防止审计人员受到企业内部管理层的干扰，确保审计工作的公正性和权威性。

二、内部审计法规的特征

内部审计法规具有以下几个特征：

第一，独立性。内部审计法规强调审计机构和审计人员的独立性。内部审计部门应当直接向董事会或审计委员会报告，而不是向管理层或业务部门报告。这种独立性确保了审计工作的客观性和公正性，避免审计结果受到管理层的影响。

第二，系统性。内部审计法规提供了系统的审计框架和操作流程，涵盖了审计计划的制定、审计实施、审计报告和结果反馈等各个环节。这种系统性有助于审计工作的一致性和规范性，确保审计过程的全面性和严谨性。

第三，专业性。内部审计法规规定了审计人员应具备的专业知识和技能，包括财务审计、运营审计、合规审计和风险管理等方面的内容。这些法规还要求审计人员保持职业道德和行为准则，确保审计工作的高质量和专业性。

三、内部审计法规的作用

内部审计法规在企业治理和管理中发挥着重要作用。

首先，它们为内部审计提供了法律和操作依据，确保审计工作的合法性和合规性。通过明确审计职责和权限，内部审计法规帮助企业建立健全审计制度，提升内部控制和风险管理水平。

其次，内部审计法规通过规范审计流程和方法，提升审计工作的效率和效果。审计人员依据这些法规开展工作，可以系统、全面地审查企业的各项业务活动和内部控制措施，及时发现和解决潜在问题，防范财务舞弊和管理漏洞。

最后，内部审计法规促进了企业管理的透明度和公正性。通过对审计报告的规范要求，内部审计结果能够客观、准确地反映企业的经营状况和管理水平，为董事会和管理层提供决策支持。审计报告中的改进建议有助于企业优化管理流程，提升经营效率，实现可持续发展。

四、内部审计法规的体系结构

内部审计法规的体系结构通常包括国家法律、行业准则和企业内部规章三个层次。国家法律是内部审计活动的基本依据，规定了内部审计的职责、权限和操作规范，为审计工作提供了法律保障。行业准则则由相关行业组织或专业协会制定，旨在规范行业内企业的审计行为，提升审计工作的标准化和专业化水平。企业内部规章是根据国家法律和行业准则，结合企业自身特点制定的具体操作规程和政策。它们详细规定了企业内部审计的组织架构、审计计划的制定和实施、审计报告的编制和反馈等内容。这些内部规章帮助企业将国家法律和行业准则的要求落到实处，确保审计工作的有效性和针对性。

总体来看，内部审计法规体系结构的建立和完善，有助于规范企业内部审计活动，提高审计工作的质量和效率，促进企业的良性发展。通过明确职责和流程，提供操作指南，内部审计法规为企业的内部控制和风险管理提供了坚实的制度保障。

第三节　内部审计基本法律

一、内部审计基本法律的含义

内部审计基本法律是指由国家立法机关制定和颁布的，专门用于规范和指导企业内部审计活动的法律法规。这些法律法规构成了内部审计的法律基础和制度框架，确保内部审计的独立性、客观性和专业性，从而提升企业的治理水平、风险管理能力和运营效率。内部审计基本法律通常包括《审计法》《会计法》和《公司法》等，它们为企业内部审计活动提供了明确的法律依据和操作指南。

内部审计基本法律的主要目的是为内部审计活动提供法律保障，确保审计过程的规范性和结果的可靠性。通过明确内部审计的职责、权限和操作程序，这些法律法规保障了审计工作的独立性和客观性，防止审计人员受到企业内部管理层的干扰。此外，这些法律法规还规定了审计机构的组织架构和审计人员的行为准则，确保内部审计在企业管理中发挥有效作用。

内部审计基本法律的重要性还体现在它为企业建立健全内部审计制度提供了法律依据。这些法律要求企业根据实际情况，制定符合自身特点的内部审计制度和程序，确保审计工作依法合规进行。通过依法开展内部审计活动，企业能够及时发现和解决内部控制中的问题，防范风险，提高管理效率，实现可持续发展。内部审计基本法律的不断完善，有助于企业在复杂多变的市场环境中保持竞争优势，确保其经营活动的合法性和合规性。

二、《审计法》涉及内部审计的相关内容

《审计法》构成了我国审计监督工作的基本法律框架，对指导和规范审计监督工作起到了至关重要的作用。内部审计作为国家审计监督体系的重要组成部分，在《审计法》中有一定的体现。2006 年修正的《审计法》首次纳入了关于内部审计的规定，要求属于审计机关审计监督对象的单位必须依法建立健全内部审计制度，并接受审计机关的业务指导和监督。

值得注意的是，2019 年 3 月公布的《中华人民共和国审计法（修订草案征求意见稿）》中特别增加了“第六章内部审计和社会审计”，主要涉及内部审计制度与内部审计机构的建立健全。这一举措表明国家有意从法律层面提高内部审计地位，进一步规范内部审计法律制度。但由于内部审计组织建设的复杂性等多重因素，最终 2021 年修正的《审计法》并没有保留草案中的相关内容。《审计法》将有关内部审计的规定调整至第三十二条：“被审计单位应当加强对内部审计工作的领导，按照国家有关规定建立健全内部审计制度。审计机关应当对被审计单位的内部审计工作进行业务指导和监督。”

此外，《审计法》首次从立法上为国家审计、社会审计和内部审计之间的有机协作提供了法律依据，为内部审计的实质性组织管理提供了法律依据，强化了审计机关对内部审计的规范性要求。但《审计法》服务的主要对象依旧是国家审计，内部审计仍未形成独立的法律体系，内部审计法的建立健全还需要进一步研究和完善。

《审计法》明确了内部审计的重要性，并对其制度建设提出了具体要求。内部审计制度的建立不仅是为了遵守法律规定，更是为了提升单位管理水平和内部控制效果。虽然最终《审计法》未将内部审计单独成章，但第三十二条的规定依然为内部审计的开展提供了法律依据和业务指导。内部审计作为审计监督体系的重要组成部分，需在法律框架内不断完善和提升其独立性和专业性，以便更好地发挥其在风险管理和控制中的作用。

三、《会计法》涉及内部审计的相关内容

《会计法》对内部审计的规定主要针对各类型企业，要求公司应当明确内部审计的制度与程序。《会计法》第二十五条明确规定：“各单位应当建立、健全本单位内部会计监督制度，并纳入本单位内部控制管理制度。单位内部会计监督制度应当符合下列要求：（1）记账人员与经济业务事项和会计事项的审批人员、经办人员、财物保管人员的职责权限应当明确，并相互分离、相互制约；（2）重大对外投资、资产处置、资金调度和其他重要经济业务事项的决策和执行的相互监督、相互制约程序应当明确；（3）财产清查的范围、期限和组织程序应当明确；（4）对会计资料定期进行内部审计的办法和程序应当明确；（5）国务院财政部门规定的其他要求。”

2024 年 6 月 28 日修正的《会计法》在维持基本制度不变的同时，重点解决会计工作中的突出问题，进一步加强财会监督，其中有关内部审计的表述有所修改。第三章会计监督第二十七条改为第二十五条，并在“各单位应当建立、健全本单位内部会计监督制度”后增加“并纳入本单位内部控制管理制度”。这一修改将内部审计明确纳入内部控制体系，强调了内部审计在内部控制体系中的重要地位，为内部审计工作的顺利开展提供了法律支持。

《会计法》不仅对内部审计制度提出了明确要求，还凸显了其在内部控制体系中的重要性。通过建立健全内部会计监督制度，企业可以有效提升财务管理的透明度和准确性，切实提高会计信息质量，降低财务风险。修正后的《会计法》也明确将内部审计纳入企业内部控制体系，进一步强化了内部审计在企业内部管理中的地位，促使企业在制度设计和执行中更加重视内部审计的作用，确保各项经济业务的合法性和合规性。

四、《公司法》涉及内部审计的相关内容

《公司法》是企业开展各项经济活动的法律规范，也是企业建立内部审计制度的依据。内部审计作为公司治理中的重要部分，在《公司法》中应占据重要位置。然而，在 2018 年之前的《公司法》版本中，内部审计均未被明确提及。即便是 2018 年修正的《公司法》对内部审计的提及也仅限于与注册会计师审计相关的内容，并未涉及内部审计的具体内容。这种状况导致内部审计在企业治理结构中的作用不明，存在规定上地位较低、而理论上功能较高的架空现象，使得内部审计在实际操作中难以形成系统化、规范化的操作体系。

2023 年第十四届全国人大常委会第七次会议修订了《公司法》，此次修订标志着《公司法》的重大进步，特别是对内部审计在企业治理中作用的重视。修订后的《公司法》较之以往有着非常大的变化，尤其强调了内部审计在企业治理中的重要性，要求企业建立健全内部审计制度，加强对企业财务和业务活动的监督和检查。这些规定为企业内部审计

的开展提供了法律依据和指导方向。《公司法》引入审计委员会制度，对于一般企业而言无疑是重大的制度变革。审计委员会作为董事会下属的一个独立且专业的机构，主要承担企业审计工作的沟通、监督和核查职责，显著增强了企业内部审计的独立性。

《公司法》的修订显著提升了内部审计在企业治理中的地位和作用。通过设立审计委员会，企业能够更好地实现内部审计的独立性和专业性，从而有效监督管理层的经营活动和决策过程。这一变革不仅有助于提升企业的治理水平和透明度，也为内部审计提供了更为明确的法律依据和操作指导。审计委员会的设立，使得内部审计在企业管理中有了更加独立和权威的地位，有助于推动内部审计工作的系统化和规范化发展。

第四节　内部审计行政法规

一、内部审计行政法规概述

内部审计行政法规是由国家行政机关制定的，用于规范和指导企业和公共部门内部审计活动的法规和规章制度。这些法规和规章制度对内部审计的实施、组织管理、程序和方法等方面作出了具体规定，确保内部审计活动的有效性和规范性。内部审计行政法规在弥补国家基本法律不足、细化操作流程、明确职责权限等方面发挥了重要作用。

内部审计行政法规的主要作用是细化和补充国家基本法律的规定，提供更具体、更具操作性的指导。这些法规通常涵盖内部审计的组织建设、审计程序、审计方法、审计报告和结果运用等多个方面，确保内部审计工作在法律框架内高效、规范地进行。例如，内部审计行政法规可能会规定内部审计部门的设立要求、审计人员的资格条件、审计工作的标准流程、审计结果的处理和反馈机制等。

此外，内部审计行政法规还强调了内部审计在风险管理和内部控制中的关键作用。通过明确内部审计的职责和权限，这些法规确保内部审计能够独立、客观地开展工作，及时发现和解决企业和公共部门管理中的问题，提升内部控制和风险管理水平。

内部审计行政法规还注重与国际标准接轨，提高内部审计的专业化和国际化水平。随着全球经济一体化和企业跨国经营的发展，国内的内部审计实践需要与国际审计准则相一致，以提升企业的国际竞争力和合规性。因此，内部审计行政法规在制定过程中需要参考国际内部审计标准和最佳实践，推动国内内部审计的持续改进和创新。

通过这些行政法规的实施，企业和公共部门能够在具体操作层面上有效落实内部审计的要求，确保内部审计在治理和管理中发挥积极作用。这些法规不仅为内部审计提供了详细的操作指南，也为其独立性和权威性提供了法律保障，确保内部审计在企业和公共部门治理中的重要地位和作用得到充分发挥。

二、《企业内部控制基本规范》

《企业内部控制基本规范》于2008年由财政部、证监会、审计署、银监会、保监会联合发布。该规范对我国企业内部控制体系进行了系统性规定，旨在提高企业的经营管理水平和风险防范能力，促进企业的可持续发展，维护社会主义市场经济秩序和社会公众利益。

《企业内部控制基本规范》分为七章五十条，分别为总则、内部环境、风险评估、控制活动、信息与沟通、内部监督和附则。这些章节详细规定了企业内部控制的基本要求和操作标准，确保企业在建立和实施内部控制过程中有据可循。

（一）总则

总则明确了《企业内部控制基本规范》的目的和适用范围，强调企业应当依法建立健全内部控制制度，涵盖所有业务活动。总则指出，内部控制是由企业董事会、监事会、经理层和全体员工共同实施的，旨在实现控制目标的过程。内部控制的目标包括保证企业经营管理合法合规、资产安全、财务报告及相关信息真实完整，提高经营效率和效果，促进企业实现发展战略。

（二）内部环境

内部环境是企业内部控制的基础，涵盖企业治理结构、机构设置及权责分配、内部审计、人力资源政策、企业文化等方面。企业应当根据国家有关法律法规和企业章程，建立规范的公司治理结构和议事规则，形成科学有效的职责分工和制衡机制。董事会负责内部控制的建立健全和有效实施，监事会对董事会进行监督，经理层负责内部控制的日常运行。此外，企业应当在董事会下设立审计委员会，负责审查企业内部控制，监督其有效实施。

（三）风险评估

风险评估是指企业及时识别、系统分析经营活动中与实现内部控制目标相关的风险，并合理确定风险应对策略的过程。企业应当全面系统地收集相关信息，及时进行风险评估，识别内部和外部风险。内部风险因素包括人力资源、管理、创新、财务、安全等方面，外部风险因素包括经济、法律、社会、科技、自然环境等方面。企业应采用定性与定量相结合的方法，分析和排序风险，确定优先控制的风险，并根据风险承受度，权衡风险与收益，确定风险应对策略。

（四）控制活动

控制活动是指企业根据风险评估结果，采用相应的控制措施，将风险控制在可承受范围之内。控制措施包括不相容职务分离控制、授权审批控制、会计系统控制、财产保护控制、预算控制、运营分析控制和绩效考评控制等。企业应全面系统地分析业务流程中的不相容职务，实施相应的分离措施，形成相互制约的工作机制。企业还应根据常规授权和特别授权的规定，明确各岗位办理业务和事项的权限范围、审批程序和相应责任。

（五）信息与沟通

信息与沟通是指企业及时、准确地收集、传递与内部控制相关的信息，确保信息在企业内部和企业与外部之间进行有效沟通。企业应建立信息与沟通制度，明确内部控制相关信息的收集、处理和传递程序，提高信息的有用性。企业可以通过内部和外部渠道获取信息，确保信息及时传递给董事会、监事会和经理层。企业还应利用信息技术促进信息的集成与共享，建立反舞弊机制和举报投诉制度，确保内部控制的有效运行。

（六）内部监督

内部监督是指企业对内部控制建立与实施情况进行监督检查，评价内部控制的有效性，发现内部控制缺陷并及时改进。企业应根据《企业内部控制基本规范》及其配套办法，制定内部控制监督制度，明确内部审计机构和其他内部机构的职责权限，规范监督的程序、方法和要求。内部监督包括日常监督和专项监督，企业应对监督过程中发现的内部控制缺陷进行整改，并定期进行自我评价，出具内部控制自我评价报告。

三、《企业内部控制配套指引》

《企业内部控制配套指引》于2010年由财政部、证监会、审计署、银监会、保监会联合发布。该配套指引包括18项《企业内部控制应用指引》以及《企业内部控制评价指引》和《企业内部控制审计指引》，连同此前发布的《企业内部控制基本规范》，标志着适应我国企业实际情况、融合国际先进经验的中国企业内部控制规范体系基本建成。

（一）企业内部控制应用指引

《企业内部控制应用指引》详细描述了内部控制在不同业务和管理活动中的具体应用，旨在帮助企业将内部控制理念融入日常经营管理中。其主要内容包括以下几部分：

1. 内部环境

《企业内部控制应用指引》强调公司治理结构、企业文化和社会责任等方面的控制要求。良好的内部环境是实施有效内部控制的基础。企业应建立规范的治理结构，明确董事会、监事会和经理层的职责权限，形成相互制约、相互监督的机制。同时，企业应注重文化建设，培育积极向上的企业文化和社会责任感，确保员工在日常工作中遵守职业道德和公司制度。

2. 风险评估

企业应建立风险评估机制，识别和分析内外部环境变化带来的风险，并制定相应的风险应对策略。风险评估应包括经营风险、财务风险、法律风险和市场风险等。通过定期风险评估，企业可以提前发现潜在问题，采取预防措施，降低风险对企业经营的负面影响。

3. 控制活动

控制活动是内部控制系统的重要组成部分，企业应通过不相容职务分离控制、授权审批控制、会计系统控制等具体措施，确保业务活动的合法合规和有效性。例如，不相容职务分离控制要求将审批、执行和监督职能分离，以避免权力过于集中；授权审批控制要求明确各级管理人员的审批权限和程序，确保重大事项经过集体决策和批准；会计系统控制要求建立健全的财务管理制度，确保会计信息的真实完整。

4. 信息与沟通

《企业内部控制应用指引》强调企业应建立信息与沟通制度，确保内部控制相关信息的及时、准确传递。信息与沟通不仅包括内部管理层之间的信息交流，还包括企业与外部利益相关者之间的信息传递。通过有效的信息与沟通机制，企业可以及时掌握经营情况，发现问题并采取相应措施，确保内部控制的有效运行。

5. 内部监督

内部监督是企业对内部控制实施情况进行监督检查的重要手段。企业应制定内部控制监督制度，明确内部审计机构和其他监督机构的职责权限，定期对内部控制的有效性进行监督和评价。通过日常监督和专项监督，企业可以发现内部控制的缺陷和问题，及时进行整改，确保内部控制体系的持续改进和完善。

（二）企业内部控制评价指引

《企业内部控制评价指引》旨在规范企业对内部控制设计与运行情况的全面评价。其主要内容包括以下几部分：

1. 总则

企业应根据《企业内部控制基本规范》，制定内部控制评价办法，并对评价报告的真实性负责。《企业内部控制评价指引》明确了企业应定期对内部控制进行自我评价，并将评价结果用于指导内部控制的改进和完善。

2. 评价内容

审计人员应该围绕内部环境、风险评估、控制活动、信息与沟通、内部监督等五大要素，对企业内部控制的设计与运行情况进行全面评价。评价内容应包括各要素的设计合理性和运行有效性，确保内部控制体系能够实现其设定的目标。

3. 评价程序

企业应按照评价办法制定工作方案，组成评价工作组，通过现场测试、分析控制缺陷、汇总评价结果等程序，完成内部控制评价。评价工作组应包括各职能部门的专业人员，确保评价的全面性和客观性。

4. 缺陷认定

内部控制缺陷分为设计缺陷和运行缺陷，并按影响程度分为重大缺陷、重要缺陷和一般缺陷。企业应根据实际情况确定具体的认定标准，对发现的缺陷进行分类处理，确保问题得到及时解决。

5. 评价报告

企业应编制内部控制评价报告，披露评价过程、缺陷认定及整改情况等内容，确保报告的真实性和完整性。评价报告应提交给企业管理层和董事会审阅，并根据评价结果制定改进措施，推动内部控制的持续改进和完善。

（三）企业内部控制审计指引

《企业内部控制审计指引》对注册会计师执行企业内部控制审计业务提出了具体要求，旨在确保内部控制审计的质量和效果。其主要内容包括以下几部分：

1. 总则

总则明确了内部控制审计的定义和注册会计师的责任，要求注册会计师获取充分、适当的证据以发表审计意见。内部控制审计的主要目标是评价企业内部控制的有效性，识别和报告内部控制的重大缺陷，确保企业经营管理的合法性、合规性和有效性。

2. 计划审计工作

注册会计师需要恰当地计划审计工作，配备专业团队，并对助理人员进行督导。同时，注册会计师应评估与企业相关的风险、法律法规、组织结构等事项，制订详细的审计计划。审计计划应包括审计目标、审计范围、审计方法和时间安排等，确保审计工作的有效开展。

3. 实施审计工作

注册会计师应采用自上而下的方法进行审计，包括测试企业层面和业务层面的控制，并综合运用多种审计方法获取证据。具体方法包括现场测试、数据分析、访谈等。注册会计师需要确保获取的审计证据具有充分性和适当性，以支持其审计结论和意见。

4. 评价控制缺陷

注册会计师应根据控制缺陷的成因和影响程度，将控制缺陷划分为重大缺陷、重要缺陷和一般缺陷，并评价这些缺陷对内部控制有效性的影响。注册会计师应详细记录和报告发现的控制缺陷，并提出改进建议，帮助企业提高内部控制的有效性。对于重大缺陷和重要缺陷，注册会计师应特别关注其对财务报表和企业经营管理的影响。

5. 完成审计工作

注册会计师应获取企业签署的书面声明，确认企业对其内部控制系统的责任。同时，注册会计师需要对审计过程中识别的控制缺陷进行综合评价，形成审计意见并出具内部控制审计报告。审计报告应包括审计范围、审计方法、控制缺陷和改进建议等内容，确保审计工作的透明性和公正性。

四、相关部门发布的与内部审计相关的其他行政法规

国资委作为国有企业出资人的代表，一直高度重视内部审计工作的发展，并发布了一系列规章制度用于指导和规范中央企业的内部审计工作。2004 年国资委公布《中央企业内部审计管理暂行办法》明确了中央企业内部审计的职责、机构设置、人员配备和工作要求，旨在加强企业内部监督与风险控制。随后，2006 年国资委出台的《中央企业全面风险管理指引》指出，内部审计部门和董事会下设的审计委员会是企业风险管理的第三道防线。2020 年国资委印发的《关于深化中央企业内部审计监督工作的实施意见》对中央企业内部审计作出了全面部署。这一文件不仅成为中央企业开展内部审计工作的根本依据，还在内部审计领导、内部审计管理体制机制、内部审计运行机制以及内部审计工作重点等方面实现了创新与突破。

证监会主要从公司治理的视角对内部审计提出要求。2018 年证监会修订的《上市公司治理准则》指出，上市公司董事会应设立审计委员会，主要职责包括：（1）监督及评估外部审计工作，提议聘请或者更换外部审计机构；（2）监督及评估内部审计工作，负责内部审计与外部审计的协调；（3）审核公司的财务信息及其披露；（4）监督及评估公司的内部控制。2023 年证监会修订的《上市公司章程指引》规定：“公司实行内部审计制度，配备专职审计人员，对公司财务收支和经济活动进行内部审计监督。公司内部审计制度和审计人员的职责，应当经董事会批准后实施。审计负责人向董事会负责并报告工作。”

2018 年 1 月，审计署相继公布了《审计署关于内部审计工作的规定》和《审计署关于加强内部审计工作业务指导和监督的意见》，进一步强化了对内部审计工作的业务指导和监督责任，内部审计工作开启了新的篇章。《审计署关于内部审计工作的规定》旨在加强和规范内部审计工作，提升其质量和作用。该规定明确了内部审计的定义及其在国家机关、事业单位、社会团体和国有企业中的适用范围，强调内部审计应独立、客观、公正地监督和评价单位的财务收支、经济活动、内部控制和风险管理情况。单位需建立健全内部审计制度，保障内部审计机构和人员的独立性，提供必要的经费和人力支持。内部审计机构具有广泛的职责和权限，包括审计财政收支、重大决策执行情况、固定资产投资项目等。单位应定期听取内部审计工作汇报，落实整改措施，并与纪检监察、巡视巡察等监督力量协作。审计机关负责对内部审计工作进行业务指导和监督，推动单位建立健全内部审

计制度。《审计署关于加强内部审计工作业务指导和监督的意见》旨在提高内部审计质量和水平，强化单位内部管理和风险防范，推进国家治理体系和治理能力现代化。该文件要求审计机关加强对被审计单位内部审计工作的业务指导和监督，建立健全指导监督机制、资料备案及成果运用机制，并强调与主管部门的协作。该文件指出，要科学安排审计计划，突出重点领域，重视问题整改，提升内部审计人员的业务能力，推广大数据审计技术。此外，通过日常监督、结合审计项目监督以及专项检查，审计机关应确保被审计单位建立健全内部审计制度，提高内部审计工作质量和效能。

第五节 内部审计准则

一、《中国内部审计准则》概述

《中国内部审计准则》是指导和规范中国境内各类组织内部审计活动的基本规范，旨在提升内部审计的质量和效能，确保内部审计工作在组织治理、风险管理和内部控制等方面发挥应有的作用。《中国内部审计准则》不仅是各类企业、政府机关以及其他单位的内部审计人员在进行内部审计工作时所应遵循的原则，更是衡量内部审计工作质量的尺度和准绳。

自 2003 年首次发布以来，《中国内部审计准则》经历了多次修订和完善。2012 年开始，中国内部审计协会对原准则体系进行了系统修订，并于 2013 年发布了修订后的内部准则体系。该准则不仅重新定义了内部审计的概念，而且解决了以往准则中内容交叉、程序重复和效能不足等问题，这标志着中国的内部审计准则体系走向成熟，并逐步与国际内部审计准则接轨。中国内部审计协会于 2023 年再次修订了内部审计基本准则，进一步加强了内部审计工作的规范性和指导性，确保内部审计在新时期能够更好地适应组织治理和风险管理的需求。

目前，《中国内部审计准则》由内部审计基本准则、内部审计人员职业道德规范、内部审计具体准则和内部审计实务指南构成。内部审计基本准则规定了内部审计机构和人员进行内部审计时应当遵循的基本规范；内部审计人员职业道德规范涵盖了内部审计人员工作与日常行为的规范性准则，是从事内部审计工作的人员必须遵守的最低要求；内部审计具体准则详细阐述了内部审计人员和审计机构在具体审计活动中的行为标准；内部审计实务指南旨在为内部审计人员提供业务上的指导和帮助，以提高审计工作的质量和效率。

这些组成部分相互衔接，共同构成了一个全面、系统的内部审计规范体系。通过该体系，内部审计工作得以更加规范和高效地进行，推动了内部审计在中国的稳步发展和国际接轨。

二、新修订的《第 1101 号——内部审计基本准则》

为了适应新时期内部审计的发展要求，中国内部审计协会对《第 1101 号——内部审计基本准则》进行了修订，自 2023 年 7 月 1 日起施行。此次修订旨在进一步增强内部审计基本准则在内部审计准则体系中的统领性和指导性，更好地发挥其作用。自 2003 年发布《内部审计基本准则》以来，内部审计的内外部环境、审计对象以及审计内容发生了很大变化，特别是党的十八大以来，党中央国务院高度重视内部审计工作，相关法律法规陆续修订出台，对内部审计工作提出了新的更高的要求。因此，有必要适应新时期内部审计的发展要求及时对基本准则进行修订完善，以确保其科学性、适用性和前瞻性。

此次修订的重点内容包括以下几个方面：首先，准则突出了党对内部审计工作的全面领导，修改相关条款的表述，将“董事会”统一修改为“党委（党组）、董事会（或者主要负责人）”。其次，准则删除了原有的“三日送达审计通知书”的规定，以适应内部审计信息化的发展和审计工作的灵活性。此外，准则增加了数字化环境对内部审计工作的影响的相关规定，强调内部审计人员应关注数字化环境对内部审计理念、组织方式、技术方法以及审计管理产生的全面而深刻的影响。准则还增加了有关审计档案管理的规定，以确保审计工作的规范性和完整性。为了提高审计报告的逻辑性和可读性，准则将审计报告的内容顺序进行了调整。最后，新修订的准则增加了推动审计整改的相关规定，强调内部审计推动审计整改的重要性。

《第 1101 号——内部审计基本准则》的主要内容包括以下几个部分：总则部分明确了内部审计的定义、适用范围和基本原则。一般准则部分强调了内部审计的独立性、职业道德和专业胜任能力。作业准则部分规定了内部审计的实施程序和方法，包括风险评估、重要性原则、审计计划、审计通知书、审计过程中的舞弊风险关注等。报告准则部分规定了审计报告的要求，包括审计概况、审计依据、审计评价、审计发现、审计意见和审计建议。内部管理准则部分强调了内部审计机构的组织结构、质量控制、人力资源计划、财务预算、激励约束机制以及审计整改的跟踪与落实。这些内容的修订和完善，旨在提升内部审计工作的质量和水平，充分发挥内部审计在组织治理中的重要作用。

《第 1101 号——内部审计基本准则》共分为六章，具体如下：

第一章“总则”包含第一条至第三条，阐明了内部审计基本准则的制定基础、内部审计的定义以及该准则的适用范围，为理解和应用该准则奠定了基础。

第二章“一般准则”包含第四条至第九条，提出了对内部审计机构和内部人员的基本要求，确保内部审计工作的专业性和独立性。

第三章“作业准则”包含第十条至第二十一条，详细说明了内部审计人员在审计过程中应遵循的具体操作流程，保障审计作业的规范性和有效性。

第四章“报告准则”从第二十二条至第二十五条，专注于审计报告的编制，强调报告质量和内容的规范性，以提升审计结果的透明度和可信度。

第五章“内部管理准则”从第二十六条至第三十四条，涵盖了对内部审计机构管理的相关规定，旨在加强内部审计部门的组织和管理能力。

第六章“附则”从第三十五条至第三十六条，提供了本准则的解释权归属及生效日期。

三、《第 1201 号——内部审计人员职业道德规范》

《第 1201 号——内部审计人员职业道德规范》是为了规范内部审计人员的职业行为，维护内部审计职业声誉而制定的基本准则。它明确了内部审计人员在开展内部审计工作中应当具备的职业品德、应当遵守的职业纪律和应当承担的职业责任。该规范旨在确保内部审计人员在工作中保持诚信、客观、公正的职业态度，从而提升内部审计工作的质量和公信力。同时，它为内部审计人员提供了行为准则，指导其在复杂的审计环境中作出专业的决策，避免可能损害国家利益、组织利益和内部审计职业声誉的行为。

《第 1201 号——内部审计人员职业道德规范》明确了内部审计人员应具备的职业道德，如诚信、客观性、专业胜任能力和保密义务；强调了内部审计人员应保持正直廉洁，不歪曲事实、不隐瞒问题；要求审计人员在职业判断中保持公正，不受偏见和利益冲突影响；规定了审计人员应具备的专业知识和技能，并通过后续教育保持和提升能力；强调了保密义务，防止信息泄露和不正当使用。该规范为内部审计人员提供了行为准则，确保其在审计工作中遵守职业道德，提高审计工作质量和公信力。

《第 1201 号——内部审计人员职业道德规范》作为内部审计人员职业行为的指导性文件，共分为七章二十一条，具体如下：

第一章“总则”包含第一条至第三条，阐述了内审职业道德规范的制定依据、相关定义和内审人员工作的根本规范。

第二章“一般原则”包含第四条至第八条，包含了内部审计人员应遵守的基本职业道德原则。

第三章“诚信正直”包含第九条至第十条，强调了内部审计人员在工作中应避免的不当行为。

第四章“客观性”包含第十一条至第十四条，提出了确保内部审计客观性的一系列措施。

第五章“专业胜任能力”包含第十五条至第十七条，描述了内部审计人员应具备的专业能力及其培养路径。

第六章“保密”包含第十八条至第十九条，对内审人员在信息保密方面的要求进行了规定。

第七章“附则”包含第二十条至第二十一条，提供了本准则的解释权归属及生效日期。

四、具体准则

内部审计具体准则是针对内部审计实务中具体流程和内容制定的规范性文件。这套准则共包括三类，分别为作业类、业务类和管理类，每个类别都有不同的聚焦点：

第一，作业类。作业类包含九个准则，构成了内部审计流程和技术操作的基础，涵盖了审计计划、审计通知书、审计证据、审计工作底稿、结果沟通、审计报告、后续审计、审计抽样和分析程序。

第二，业务类。业务类包含四个具体准则，为提高专业能力提供了一个切实可行的框架，包括内部控制审计、绩效审计、信息系统审计和对舞弊行为的检查与报告。

第三，管理类。管理类包含七个具体准则，重点关注内部审计的管理层面，涉及内部审计机构的管理、与董事会或最高管理层的关系、内部审计与外部审计的协调、利用外部专家服务、人际关系、内部审计质量控制、评价外部审计工作质量、审计档案工作和内部审计业务外包管理。

内部审计具体准则为内部审计人员和审计机构提供了一套全面的行为指南，旨在确保内部审计人员在执行审计任务时能够满足严格的职业标准。这些准则涵盖了作业执行、业务协调和管理控制等关键领域，构建了一个全面、系统的规范框架。内部审计具体准则不仅帮助内部审计人员在各种不同的审计场景中遵循最佳实践，而且促进了内部审计实务与组织战略控制的紧密结合。它们贯穿业务流程的各个关键环节，确保审计工作能够对企业的运营和治理产生积极的影响，推动企业朝着既定的战略目标稳步前进。

（一）《第 2101 号内部审计具体准则——审计计划》

该准则旨在规范内部审计计划的编制和执行，包括年度审计计划和项目审计方案。年度审计计划需结合组织的风险评估，考虑风险状况、管理需求和审计资源配置情况，制定具体审计项目及时间安排，并报经董事会或最高管理层批准。项目审计方案则需详细列明审计目标、范围、内容、程序、人员分工及时间安排，在审计项目实施前由审计项目负责人编制并报审计机构负责人批准。在执行过程中，若有必要，审计计划可按规定程序进行调整，并由审计机构负责人定期检查其执行情况。审计计划是内部审计活动的指引，确保审计工作有序开展。年度审计计划通过系统的风险评估，确定组织内部控制和风险管理中的关键审计领域，有助于提高审计的针对性和有效性。项目审计方案的详细制定，有利于保障具体审计项目的高效实施和审计资源的合理分配。该准则通过明确审计计划的编制和执行流程，确保内部审计活动有序进行，提升审计质量和效率，帮助组织识别和控制风险，保障组织目标的实现。

（二）《第 2102 号内部审计具体准则——审计通知书》

该准则规范了审计通知书的编制和送达，明确通知书应包括审计项目名称、被审计单位或人员、审计范围和内容、审计时间、所需资料及协助要求、审计组成员名单和内部审计机构印章及签发日期。审计通知书应在审计开始前三日送达被审计单位，特殊情况下可在实施审计时送达。必要时，审计通知书可抄送组织内部相关部门。审计通知书是审计工作正式启动的标志，提前通知被审计单位可以确保其为审计做好准备，并提供必要的协助。这种规范化的通知程序，有助于提高审计工作的透明度和协作性，减少审计过程中的摩擦和阻力。该准则通过规范审计通知书的内容和送达程序，确保审计工作透明、有序，促进被审计单位的理解和配合，提升审计效率和效果。

（三）《第 2103 号内部审计具体准则——审计证据》

该准则规范了审计证据的获取和处理方法，要求审计证据具备相关性、可靠性和充分性。审计证据的种类包括书面证据、实物证据、视听证据、电子证据、口头证据和环境证据。内部审计人员应依据审计目标获取不同种类的证据，并在审计工作底稿中完整、清晰地记录证据名称、来源、内容和时间。审计证据是支持审计结论、意见和建议的基础。通过多样化的取证手段，确保获取的证据真实可信且相关，有助于提升审计报告的质量和权威性。详细记录证据信息，确保审计过程透明可追溯，提高审计工作的可靠性。该准则通过明确审计证据的要求和处理方法，确保审计工作有据可依，提高审计报告的准确性和可靠性，增强审计结论的说服力和权威性。

（四）《第 2104 号内部审计具体准则——审计工作底稿》

该准则规范了审计工作底稿的编制和使用，明确底稿应包含被审计单位名称、审计事项及期间、审计程序记录、审计结论、意见和建议、审计人员及复核人员姓名和日期等内容。底稿应内容完整、记录清晰、结论明确，并建立分级复核制度，以保证审计质量。审计工作底稿是审计活动的详细记录，提供了审计过程的透明度和可追溯性。通过规范底稿编制和复核程序，确保审计工作每一步都有据可查，有助于提升审计质量和管理，确保审计结论和建议的可靠性。该准则通过规范审计工作底稿的编制和使用，提供审计活动的完整记录，便于审计质量的检查和评估，支持审计报告的编制，确保审计工作规范、透明。

（五）《第 2105 号内部审计具体准则——结果沟通》

该准则规范了内部审计结果的沟通程序，要求内部审计机构在审计报告正式提交前，与被审计单位和组织管理层就审计概况、审计依据、审计发现、审计结论、审计意见和审计建议进行讨论和交流。沟通可以通过书面或口头方式进行，并应将沟通的书面材料作为审计工作底稿保存。结果沟通是确保审计发现和建议得到理解和接受的重要环节。通过充分的沟通，审计机构可以获取被审计单位的反馈，确保审计结果的客观性和公正性，有助于增强审计结论的接受度和执行力。该准则通过规范审计结果的沟通程序，提高审计结果的透明度和公正性，促进被审计单位的理解和接受，确保审计建议得到有效落实。

（六）《第 2106 号内部审计具体准则——审计报告》

该准则规范了审计报告的编制、复核和报送，要求审计报告应包括审计概况、审计依据、审计发现、审计结论、审计意见和审计建议。审计报告应实事求是、要素齐全、逻辑清晰、简明扼要，并充分考虑审计项目的重要性和风险水平。审计报告应在审计实施结束后及时编制，并征求被审计单位的意见。审计报告是内部审计工作的最终成果，提供了审计过程中发现的问题和改进建议。通过规范报告的编制和复核程序，确保报告内容准确、全面，反映被审计单位的实际情况，有助于提升审计工作的透明度和可信度。该准则通过规范审计报告的编制和复核，提高审计报告的质量和权威性，确保审计结论和建议得到有效传达和执行，促进组织内部控制和风险管理的改进。

（七）《第 2107 号内部审计具体准则——后续审计》

该准则规范了后续审计活动，要求内部审计机构跟踪检查被审计单位对审计发现问题的纠正措施及改进效果。内部审计机构应在规定期限内或与被审计单位约定的期限内实施后续审计，编制后续审计方案，并根据纠正措施的落实情况编制后续审计报告。后续审计是确保审计发现问题得到有效整改的重要环节。通过定期检查和评价纠正措施的落实情况，审计机构可以确认问题是否得到解决，确保审计工作的持续改进和组织目标的实现。该准则通过规范后续审计活动，确保审计发现问题得到及时整改，提高审计工作的效果，促进组织内部控制和风险管理的持续改进。

（八）《第 2108 号内部审计具体准则——审计抽样》

该准则规范了内部审计人员运用审计抽样方法，要求根据审计目标确定抽样总体，选择合适的抽样方法，并确保选取的样本具有代表性。审计抽样应包括制定抽样方案、选取样本、审查样本、评价抽样结果等步骤，并根据抽样结果推断总体特征。审计抽样是提高审计效率和效果的重要手段。通过合理选择抽样方法和样本量，确保样本具有代表性，可以有效推断审计总体特征，减少审计工作量，提高审计结论的可靠性。该准则通过规范审计抽样方法，确保审计工作科学、合理，提高审计效率和效果，增强审计结论的可靠性和权威性。

（九）《第 2109 号内部审计具体准则——分析程序》

该准则规范了内部审计人员执行分析程序的行为，要求通过分析和比较信息之间的关系，发现潜在差异和漏洞。分析程序包括比较分析、比率分析、趋势分析等方法，审计人员应在审计计划、实施和终结阶段合理运用分析程序。分析程序是审计过程中识别异常和风险的重要工具。通过合理运用分析方法，可以发现业务活动中的潜在问题，提高审计工作的深度和广度，增强审计结论的准确性和及时性。该准则通过规范分析程序的执行，提高审计工作的效率和效果，确保审计结论的准确性和及时性，促进组织内部控制和风险管理的改进。

（十）《第 2201 号内部审计具体准则——内部控制审计》

该准则规范了内部控制审计的行为，要求审计机构对组织内部控制设计和运行的有效性进行审查和评价。审计内容包括内部环境、风险评估、控制活动、信息与沟通、内部监督等要素，重点关注重要业务单位、重大业务事项和高风险领域。内部控制审计是确保组织内部控制体系有效运行的重要手段。通过系统的审查和评价，识别和评估内部控制的缺陷和风险，提出改进建议，有助于提升组织的内部控制水平和风险管理能力。该准则通过规范内部控制审计活动，提高审计工作的深度和广度，确保内部控制体系的有效运行，促进组织目标的实现和风险的有效控制。

（十一）《第 2202 号内部审计具体准则——绩效审计》

该准则规范了绩效审计工作，要求审计机构对组织经营管理活动的经济性、效率性和效果性进行审查和评价。绩效审计内容包括资源取得、配置和使用的合法性、合理性和节约性，经营管理目标的实现程度，主要业务和管理活动的效率等。绩效审计通过评估组织资源使用和管理活动的有效性，帮助组织发现和改进不足，提升经营管理效能。通过系统的审查和评价，提出改进建议，有助于实现组织资源的最优配置和使用。该准则通过规范绩效审计活动，确保组织经营管理活动的经济性、效率性和效果性，提高组织的整体绩效，促进资源的有效利用和管理。

（十二）《第 2203 号内部审计具体准则——信息系统审计》

该准则规范了信息系统审计工作，要求审计机构对组织信息系统及其相关的信息技术内部控制和流程进行审查和评价。审计内容包括信息系统的可靠性、稳定性、安全性及数据处理的完整性和准确性，信息系统的开发、运行和维护等。信息系统审计是确保组织信息系统安全、稳定、可靠运行的重要手段。通过审查和评价信息系统的内部控制和流程，发现和改进信息系统中的问题，提升信息系统的管理水平和运行效果。该准则通过规范信息系统审计活动，确保组织信息系统的安全、稳定和高效运行，提高信息系统管理水平，促进组织信息技术战略目标的实现。

（十三）《第 2204 号内部审计具体准则——对舞弊行为进行检查和报告》

该准则规范了审计机构和审计人员在审计活动中对舞弊行为进行检查和报告的行为。舞弊行为包括收受贿赂、虚假交易、隐瞒交易事项等，审计人员需保持职业谨慎，运用适当的审计程序检查和报告舞弊行为。对舞弊行为的检查和报告是保护组织利益的重要环节。通过及时发现和报告舞弊行为，审计机构可以帮助组织防范和纠正不正当行为，维护组织的合法权益和声誉。该准则通过规范对舞弊行为的检查和报告，确保审计工作的公正性和有效性，保护组织利益，促进组织诚信和合法经营。

（十四）《第 2301 号内部审计具体准则——内部审计机构的管理》

该准则规范了内部审计机构的管理工作，要求内部审计机构制定内部审计章程，明确内部审计目标、职责和权限，并报经董事会或最高管理层批准。审计机构应建立合理、有效的组织结构，加强审计计划、人力资源、财务预算、组织协调和审计质量管理。内部审计机构的有效管理是确保审计工作高效开展的基础。企业通过制定内部审计章程和建立合理的组织结构，明确审计目标和职责，加强各项管理，有助于提升审计质量和效率。该准则通过规范内部审计机构的管理，确保审计工作的有序进行，提升审计质量和效率，促进组织治理水平的提升。

（十五）《第 2302 号内部审计具体准则——与董事会或者最高管理层的关系》

该准则规范了内部审计机构与董事会或最高管理层的关系，要求内部审计机构接受董事会或最高管理层的领导，并向其报告工作。内部审计机构应报请董事会或最高管理层批准审计工作事项，接受其业务委派，并定期提交工作报告和审计报告。与董事会或最高管理层的良好关系是确保内部审计独立性和有效性的关键。通过建立明确的报告和沟通机制，内部审计机构可以获取高层支持，提升审计工作的影响力和执行力。该准则通过规范内部审计机构与董事会或最高管理层的关系，确保审计工作的独立性和有效性，提升审计工作在组织中的地位和影响力。

（十六）《第 2303 号内部审计具体准则——内部审计与外部审计的协调》

该准则规范了内部审计与外部审计的协调工作，要求内部审计机构与社会审计组织和国家审计机关在审计工作中进行沟通与合作，以实现审计范围的充分覆盖，减少重复审计，提高审计效率，共享审计成果。内外部审计的协调可以提高审计资源的利用效率，减少重复工作，降低审计成本。通过定期交流和合作，内外部审计可以互相借鉴和学习，共同提升审计质量和效果。该准则通过规范内部审计与外部审计的协调，确保审计工作的全面性和高效性，提高审计质量，促进组织审计体系的完善。

（十七）《第 2304 号内部审计具体准则——利用外部专家服务》

该准则规范了内部审计机构利用外部专家服务的行为，要求根据实际需要聘请在某一领域具有专门技能、知识和经验的外部专家提供专业服务。外部专家应对其工作结果负责，内部审计机构应对利用外部专家服务结果形成的审计结论负责。利用外部专家服务是提升审计质量的重要手段。通过借助外部专家的专业知识和技能，审计机构可以弥补自身能力不足，确保审计工作的全面性和专业性。该准则通过规范外部专家服务的利用，确保审计工作的专业性和权威性，提高审计质量和效率，促进审计工作的全面和深入。

（十八）《第 2305 号内部审计具体准则——人际关系》

该准则规范了内部审计人员与组织内外相关机构和人员建立和保持良好人际关系的行为。内部审计人员需与管理层、被审计单位、内部各职能部门及外部相关机构保持良好的沟通，以促进审计工作的顺利开展和信息的有效交流。良好的人际关系是确保审计工作顺利进行的重要保障。通过建立信任和协作关系，审计人员可以获取更多支持和信息，提高审计效率和效果，确保审计结论和建议得到有效落实。该准则通过规范人际关系的处理，确保审计工作顺利、高效进行，提高审计效果，促进审计结论和建议的落实。

（十九）《第 2306 号内部审计具体准则——内部审计质量控制》

该准则规范了内部审计质量控制工作，要求内部审计机构建立和执行系统、有效的质量控制制度和程序，以保证内部审计质量符合审计准则的要求。质量控制包括内部审计机构质量控制和审计项目质量控制。质量控制是确保审计工作达到预期目标的重要手段。企业通过建立全面的质量控制制度和程序，监督和检查审计工作每个环节，确保审计结果的可靠性和有效性，提高了审计工作的整体质量。该准则通过规范内部审计质量控制工作，确保审计工作规范、有效，提升审计质量，促进组织内部控制和风险管理的改进。

（二十）《第 2307 号内部审计具体准则——评价外部审计工作质量》

该准则规范了内部审计机构对外部审计工作质量的评价，要求内部审计机构对外部审计工作过程及结果进行客观评价，合理利用外部审计成果。评价内容包括外部审计的独立性、专业胜任能力、职业谨慎性及其审计程序和方法的适当性。评价外部审计工作质量是确保外部审计成果可靠和有效利用的重要步骤。通过系统的评价，可以识别外部审计工作中的不足和改进点，确保外部审计结果的可信度和使用效果。该准则通过规范外部审计工作质量的评价，确保外部审计成果的可靠性，提高内部审计工作的效率和效果，促进内外部审计的协调与合作。

五、实务指南

(一)《第 3201 号内部审计实务指南——建设项目审计》

该实务指南旨在规范和指导内部审计机构对建设项目的审计工作，确保审计行为的合法性、适当性和有效性。该指南适用于各系统、各组织的内部审计机构，也可供会计师事务所和工程咨询机构参考。该指南的目标是通过审计，促进项目管理，提升项目绩效，确保项目投资的合法性和效益性。该指南涵盖了建设项目的所有阶段，包括投资立项、勘察设计、施工准备、施工过程和竣工验收等环节。在开展建设项目审计时，内部审计机构应结合项目的实际情况和内部审计资源状况，选择适当的审计方式，确保审计工作的全面性和有效性。审计工作应遵循事前、事中和事后审计相结合的原则，并注重与相关部门的协调与沟通。内部审计机构通过对建设项目全过程的监督和评价，确认其管理制度的健全性、执行效果的有效性以及项目投资的经济性、效率性和效果性，从而提升项目管理水平，确保项目目标的实现。内部审计人员在审计过程中，应获取充分、相关和可靠的审计证据，形成公正客观的审计结论，提出切实可行的审计建议，为项目管理决策提供有力支持。

(二)《内部审计实务指南第 2 号——物资采购审计》

该实务指南主要针对组织的物资采购活动进行全面的审计监督，以确保采购过程的规范性、公正性和经济性。该指南规定了物资采购审计的目标、范围、程序和方法，旨在通过审计，发现并纠正采购过程中存在的问题，降低采购风险，提升采购管理水平。物资采购审计涵盖采购计划的制定、供应商的选择、合同的签订与执行、物资的验收与支付等各个环节。审计人员在实施审计时，应遵循审计准则，获取充分、相关和可靠的审计证据，确保审计结论的客观性和公正性。通过对采购政策、采购程序和采购记录的审查，审计人员能够识别和评估采购活动中的风险，提出改进建议，帮助组织优化采购流程，提升采购效率和效益。同时，审计人员还应关注采购活动的合规性，确保采购行为符合相关法律法规和组织内部的规章制度，从而维护组织的合法权益，防范采购舞弊和腐败行为的发生。

(三)《第 3101 号内部审计实务指南——审计报告》

该实务指南详细规定了审计报告的编制、复核、报送和归档的各项要求，以提高审计报告的质量和使用价值。审计报告是内部审计工作的重要成果，反映了审计人员对被审计事项的独立、客观的评价意见。该指南明确了审计报告的基本要素，包括标题、收件人、正文、附件、签章和报告日期等，并提供了审计报告的参考格式。审计人员在编制审计报告时，应实事求是地反映审计发现的问题，客观公正地发表审计意见，确保审计报告内容的完整性和准确性。审计报告的正文部分应包括审计概况、审计依据、审计结论、审计发现、审计意见和审计建议等内容。审计概况部分介绍审计项目的基本情况和实施情况，审计依据部分说明审计所依据的相关法律法规和标准，审计结论部分对被审计事项作出总体评价，审计发现部分详细描述审计中发现的主要问题，审计意见部分提出具体的处理意见，审计建议部分提供改进和完善的建议。审计报告经审核无误后，应当以内部审计机构的名义送达被审计单位，并报送组织适当管理层，必要时可以抄送其他相关单位。

（四）《内部审计实务指南第 4 号——高校内部审计》

该实务指南专门针对高校的内部审计工作进行规范和指导，旨在提高高校内部审计的质量和效能，促进高校的规范管理和健康发展。高校内部审计具有其特殊性，涉及的审计内容广泛，包括财务收支、资产管理、教育经费使用、科研经费管理、内部控制和风险管理等。该指南规定了高校内部审计的审计目标、审计范围、审计内容和审计程序。审计目标包括评价高校各项经济活动和管理行为的合法性、合规性和有效性，揭示和纠正管理中存在的问题，提出改进建议，促进高校管理水平的提升。审计范围涵盖高校的各项经济活动和财务管理情况，审计内容包括财务收支的真实性、资产管理的规范性、教育经费和科研经费的使用效益、内部控制的健全性和风险管理的有效性。审计人员在实施高校内部审计时，应获取充分、相关和可靠的审计证据，确保审计结论的客观性和公正性。审计人员通过对高校内部审计的全面审查，识别和评估其中的风险，提出建设性意见，帮助高校优化管理，提高教育质量和办学效益。

（五）《第 3204 号内部审计实务指南——经济责任审计》

该实务指南是针对组织内部领导干部和相关人员的经济责任进行审计监督的指导文件。经济责任审计的目的是通过对领导干部任职期间履行经济责任情况的审计，评价其在经济决策、财务管理和内部控制等方面的绩效，促进领导干部依法履职、廉洁从政。该指南规定了经济责任审计的审计目标、审计范围、审计内容和审计程序。审计目标包括评价领导干部的经济责任履行情况，揭示经济管理中存在的问题，提出改进意见和建议，促进经济管理水平的提升。审计范围涵盖领导干部任职期间的经济活动和财务收支情况，审计内容包括经济决策的科学性、经济活动的合法性、财务管理的规范性和内部控制的有效性。审计人员在实施经济责任审计时，应遵循审计准则，获取充分、相关和可靠的审计证据，确保审计结论的客观性和公正性。审计人员通过对领导干部经济责任履行情况的全面审计，识别和评估其中的风险，提出建设性意见，促进组织的健康发展和领导干部的廉洁从政。

（六）《第 3205 号内部审计实务指南——信息系统审计》

该实务指南旨在规范和指导信息系统审计工作，确保信息系统的安全性、可靠性和有效性。信息系统审计是内部审计的重要组成部分，其目的是通过对信息系统的审计，评价信息系统的控制环境、风险管理和信息处理过程的适当性和有效性，确保信息系统的正常运行和信息的真实性、完整性和保密性。该指南规定了信息系统审计的目标、范围、程序和方法，涵盖信息系统的规划、开发、运行和维护等各个阶段。审计人员在实施信息系统审计时，应获取充分、相关和可靠的审计证据，确保审计结论的客观性和公正性。通过对信息系统控制环境的审查，审计人员能够识别和评估信息系统中的风险，提出改进建议，帮助组织优化信息系统管理，提升信息系统的安全性和效率。同时，审计人员还应关注信息系统的合规性，确保信息系统的运行符合相关法律法规和组织内部的规章制度，防范信息安全事件的发生，维护组织的信息资产安全。

第六节　内部审计前沿研究

一、合规视角下的内部审计前沿研究

“合规”一词本意为“遵守规则”。在企业监管领域，合规所指的“规则”最早源自巴塞尔银行监督委员会2005年发布的《合规与银行内部合规部门》中的定义，即遵循法律、监管规定、自律性组织制定的准则，以及适用于银行业务的行为准则。国际标准化组织在2014年发布的《合规管理体系指南》中进一步明确了“规”的边界，建议组织根据其规模、复杂性、结构和运营制定“合规义务”文件。

在合规内涵不断拓展的过程中，内部审计准则也在逐步扩展。除了对经营活动进行审计外，还需遵循相关法律法规和行业规定等。所谓“合”，即企业内部行为必须遵循法律、法规和外部监督制度的规定，以达到“内外一致”的目的。在企业成长过程中，面对各种风险，如宏观政策风险、技术风险、运营风险和财务风险时，合规审计既能及时发现风险，又能通过合规审查规避风险，防止企业蒙受不必要的损失。实质上，合规审计是一种事前的自我警告与纠正，以避免外部风险对公司带来的不良影响。合规导向的内部审计不仅基于财务性准则规范，还应根据法律法规、商业惯例、公司准则、国际条约和国际惯例进行合规审查。

我国于2017年发布了《合规管理体系指南（GB/T 35770—2017）》，为企业建立合规管理体系提供了初步指导。随后，国资委在2018年发布了《中央企业合规管理指引（试行）》和《企业境外经营合规管理指引》，对中央企业和境外经营活动提出了具体合规要求。2021年6月，最高人民检察院、司法部、财政部等九个部门联合发布了《关于建立

涉案企业合规第三方监督评估机制的指导意见（试行）》。2022 年，国资委公布了《中央企业合规管理办法》，新版《合规管理体系指南（GB/T 35770—2022）》取代了 2017 年的旧版，新指南更新了合规义务的定义，强化了合规治理原则，并与国际标准 ISO 37301：2021 保持一致，提升了合规管理体系的国际化和系统化水平。这一系列举措表明，中国的合规风险意识正在逐步提高，合规已从单一企业层面的自律行为，转变为国家层面的规范要求，企业合规将在未来企业发展中扮演更加关键的角色，帮助企业在全球市场中稳健运营。

内部审计在现代企业治理中扮演着越来越重要的角色，特别是在合规管理领域。合规管理不仅关乎企业的合法运营，还涉及企业的社会责任和长期发展。因此，从合规视角探讨内部审计的前沿研究，具有重要的理论和实践意义。

（一）内部审计在合规管理中的角色

1. 确保法规遵从

内部审计的首要职责是确保组织的各项活动符合相关法律法规和行业标准。通过定期审查和评估，内部审计能够识别和报告潜在的合规风险，并提出改进建议。这种审查不仅限于财务数据，还涵盖企业的运营流程和管理实践。内部审计需要熟悉并识别适用于企业的所有相关法律法规，这包括国内外的法律要求、行业标准以及企业内部的政策和程序。内部审计人员必须全面了解这些规定，以便能够有效地进行合规检查。通过定期或专项审计，内部审计检查企业各部门的合规情况，确保每一项业务活动都符合规定。例如，在金融行业，内部审计需要确保所有交易记录符合反洗钱法律和金融监管要求；在制造业，审计需要检查生产过程是否符合环境保护法规。对发现的合规风险，内部审计应进行详细报告，提出具体的改进建议，并跟踪整改措施的落实情况，确保问题得到有效解决。这种系统化的合规检查和报告机制，可以显著降低企业的法律风险，确保企业在合法合规的基础上稳定运营。

2. 促进合规文化

合规文化的建立是企业长期发展的基石。内部审计通过推动合规文化建设，增强员工的合规意识，使合规成为企业文化的一部分。具体措施包括定期组织合规培训，帮助员工理解并遵守相关法规和公司政策。通过案例分析和实际操作培训，提升员工的合规意识和能力。例如，内部审计可以针对不同部门的工作特点，设计专门的合规培训课程，确保员工在实际工作中能够识别和应对合规风险。此外，内部审计可以通过定期审查各部门的合规情况，确保各级员工都能理解并遵守合规要求。这不仅包括直接的法律法规，还涉及企业道德规范和社会责任。例如，审计人员可以检查销售团队的营销策略是否符合公平竞争原则，以及采购部门的供应商选择是否遵循透明和公正的程序。建立有效的反馈机制也至关重要，内部审计应提供渠道，让员工可以匿名报告合规问题。内部审计负责调查和处理这些问题，从而进一步强化合规文化。例如，内部审计可以设立合规热线和匿名邮箱，鼓励员工报告潜在的违规行为，并确保所有报告都得到及时和公正的处理。通过这些措施，内部审计不仅帮助企业遵守法律法规，还推动形成一种全员参与的合规文化氛围，促进企业的可持续发展。

（二）可持续发展合规审计

随着全球对可持续发展的重视，内部审计的范围也在不断扩大，涵盖环境、社会和治理（ESG）方面的合规情况。内部审计不仅要确保企业活动符合相关法律法规，还要推动企业社会责任和可持续发展目标的实现。

1. 环境合规

环境合规是可持续发展合规审计的重要组成部分，内部审计需要检查企业在环保方面的合规情况，以确保其活动不会对环境造成不利影响。具体而言，审计人员应评估企业的废物处理流程，确保其符合相关环保法规和标准。例如，制造业企业需要确保工业废水和固体废物的处理符合国家环境保护法的规定，防止污染环境。内部审计还应检查企业的能源使用情况，评估其在节能减排方面的努力和成效。比如，审计可以评估企业是否采用了节能技术和设备，是否有明确的能源管理政策和目标。此外，审计人员还需关注企业的排放控制措施，检查其是否符合空气污染控制法规，确保有害气体排放达标。例如，电力企业需要确保其烟气脱硫、脱硝设备运行正常，排放的二氧化硫和氮氧化物不超过法定标准。

2. 社会责任

社会责任是可持续发展合规审计的另一关键领域，内部审计需要审查企业在社会责任方面的表现，确保其活动对社会有积极贡献。首先，审计应检查企业的劳动条件，确保其符合劳动法和相关行业标准。例如，审计人员需要确认企业是否为员工提供了安全的工作环境，是否遵守了最低工资标准和工时规定，是否防止了童工和强迫劳动现象的发生。其次，审计应评估企业在社区贡献方面的表现，检查其是否积极参与社区建设和公益活动。内部审计可以评估企业是否在当地社区开展了教育、医疗、环保等公益项目，是否为社区带来了实际利益。此外，审计还应关注企业的公平交易情况，确保其商业行为符合商业道德和公平竞争原则。例如，审计人员可以检查企业是否遵守了反垄断法和反贿赂法，是否建立了透明的采购和销售流程，确保与供应商和客户的交易公平公正。

3. 治理结构

治理结构的合规性是确保企业健康运营的重要方面，内部审计需要评估企业的治理结构和透明度，确保公司治理符合相关法律和最佳实践。首先，审计应检查企业是否建立了有效的治理架构，包括董事会、监事会和管理层的职责和权限划分是否清晰。审计人员需要确认董事会是否独立于管理层，监事会是否有效监督公司的财务和经营活动。其次，审计应评估企业的信息披露情况，确保其财务报告和经营信息透明公开。审计人员可以检查企业是否按时发布年度报告和季度报告，是否披露了所有重要的财务和非财务信息，是否存在信息披露违规行为。此外，审计还应关注企业的风险管理和内部控制机制，确保其能够有效识别和应对各类风险。审计人员可以评估企业是否建立了全面的风险管理体系，是否定期进行内部控制审查和风险评估，是否及时采取措施应对发现的风险和问题。

内部审计在可持续发展合规审计中扮演着关键角色，能够帮助企业识别和应对ESG方面的合规风险，推动企业实现可持续发展目标。这不仅有助于企业提升自身的社会形象和市场竞争力，也为企业在全球市场中的稳健运营提供了坚实保障。通过推动环境合规、社会责任和治理结构的改进，内部审计能够在企业的可持续发展中发挥重要作用，确保企业在合法合规的基础上实现长远发展。

（三）国际合规审计

在全球化背景下，跨国企业面临不同国家和地区的合规要求。内部审计需具备国际视野，了解并遵守各地的法规差异。通过国际合规审计，确保企业在全球范围内的运营合法合规。

1. 国际法规跟踪

在国际合规内部审计中，定期更新和跟踪不同国家和地区的合规要求至关重要。跨国企业在全球范围内运营时，必须遵守所在地的法律法规以及国际准则。例如，企业在欧盟国家运营时需要遵守《通用数据保护条例》（General Data Protection Regulation），而在美国运营时则需符合《萨班斯—奥克斯利法案》等法规。内部审计团队应建立一个全面的国际法规数据库，定期更新各地最新的法律法规和合规要求。此外，审计人员应与法律部门紧密合作，确保对新法规的快速响应和适应。这一过程不仅涉及法律条文的理解，还包括对法规实施细则和合规风险的深入分析，以确保企业能够全面、准确地遵守各地的法律要求。

2. 跨国审计协调

内部审计需要与各地的合规团队紧密合作，协调跨国审计工作，确保全球合规一致性。跨国审计协调的关键在于建立一个统一的审计框架和标准，确保各地区审计活动的一致性和协调性。例如，内部审计可以制定一套全球通用的审计标准和程序，在各地审计活动中统一执行。同时，内部审计应定期组织全球审计团队的培训和交流，分享最佳实践和经验，提升整体审计能力。此外，跨国审计还需要考虑各地的特殊情况和实际需求，灵活调整审计策略和计划。例如，在文化背景和法律环境差异较大的地区，内部审计应特别注意当地的合规风险和监管要求，确保审计工作具有针对性和实效性。

3. 文化差异管理

在进行国际合规内部审计时，理解和尊重不同地区的文化差异是确保审计工作顺利进行的重要前提。跨国企业的内部审计团队需要对各地的文化背景、商业习惯和社会规范有深入了解，从而制定适合当地情况的合规策略和审计计划。例如，在一些国家和地区，商业交易中存在特定的礼节和惯例，内部审计在检查合规性时需要考虑这些因素，以避免因文化误解导致的不必要冲突和合规问题。此外，内部审计应注重与当地管理层和员工的沟通，尊重他们的意见和建议，建立良好的合作关系。通过有效的沟通和文化理解，内部审计能够更好地识别和评估当地的合规风险，提出切实可行的改进建议。例如，在审计涉及数据隐私保护时，内部审计应了解不同地区对个人数据保护的文化态度和法律要求，从而制定符合当地规范的审计标准和检查方法。

通过以上具体措施，内部审计在国际合规审计中能够发挥重要作用，帮助企业在全球范围内实现合法合规运营。通过定期更新国际法规、协调跨国审计工作和管理文化差异，内部审计不仅能够确保企业符合各地的合规要求，还可以促进企业在全球市场中的可持续发展和竞争力提升。这一过程不仅需要专业的审计知识和技能，还需要对国际法规、文化背景和商业环境的深刻理解和灵活应对。通过这些努力，内部审计能够为企业在复杂多变的国际环境中提供强有力的合规保障。

（四）网络安全和数据隐私合规内部审计

随着信息技术的普及和网络安全威胁的增加，数据隐私和网络安全成为合规管理的重点领域。内部审计需要评估组织的网络安全措施和数据保护政策，确保符合相关法规，保障企业的信息安全和数据隐私。

1. 网络安全评估

在网络安全评估方面，内部审计需要审查企业的网络安全防护措施，识别潜在的安全漏洞和风险。具体来说，审计人员应检查企业的网络架构和安全策略，确保其设计和实施符合行业最佳实践和国际标准。例如，内部审计应评估企业是否实施了防火墙、入侵检测系统和反恶意软件等基本安全措施，检查这些系统的配置和维护是否到位。此外，审计人员应进行渗透测试和漏洞扫描，模拟黑客攻击，发现和修复系统中的安全漏洞。例如，通过定期进行网络安全审计，企业可以及时发现未修补的漏洞和潜在的安全威胁，采取相应的措施进行修补和防护。内部审计还应检查企业的访问控制策略，确保只有授权人员能够访问敏感信息和系统资源，防止未经授权的访问和数据泄露。

2. 数据隐私保护

在数据隐私保护方面，内部审计需要评估企业的数据保护政策和实践，确保其符合《通用数据保护条例》等相关法规的要求。审计人员应检查企业的数据隐私政策是否全面覆盖了所有处理个人数据的环节，包括数据收集、存储、处理、传输和销毁。例如，内部审计应确认企业在收集个人数据时是否取得了用户的明确同意，并提供了必要的告知信息，确保用户知情并同意其数据的使用。审计还应检查企业的数据加密措施，确保敏感数据在存储和传输过程中得到充分保护，防止数据泄露和未经授权的访问。此外，内部审计应评估企业的数据保留和销毁政策，确保个人数据在不再需要时能够及时、安全地删除。例如，通过检查企业的数据销毁记录，确认是否按照规定销毁了不再需要的数据，防止数据被非法恢复和利用。

3. 应急响应机制

应急响应机制的有效性是网络安全和数据隐私保护的重要保障，内部审计需要检查企业的应急响应机制，确保在发生安全事件时能够迅速有效地处理，减少损失。审计人员应评估企业的应急响应计划，确保其涵盖了所有可能的安全事件类型，包括数据泄露、网络攻击和系统故障等。例如，内部审计应检查企业是否制定了详细的应急响应步骤和责任分工，确保在发生安全事件时各部门能够迅速行动，协同处理。此外，审计还应评估企业的应急响应演练情况，确保员工熟悉应急响应流程，能够在实际事件发生时高效应对。例如，内部审计可以检查企业是否定期进行应急响应演练，并通过演练发现和改进应急计划中的不足之处。审计还应检查企业的事件报告和分析机制，确保每次安全事件后都能进行详细的原因分析和整改，防止类似事件再次发生。

通过这些具体措施，内部审计在网络安全和数据隐私合规审计中能够发挥重要作用，帮助企业识别和应对网络安全风险和数据隐私问题。通过全面的网络安全评估、严格的数据隐私保护审查和有效的应急响应机制，内部审计不仅确保企业符合相关法规，还可以提升企业的整体安全水平，保障企业在信息化时代的稳健运营。通过这些努力，内部审计为企业提供了强有力的安全保障，确保企业在面对日益复杂的网络安全威胁时能够从容应对，持续发展。

二、数智化视角下的内部审计前沿研究

随着数字化和智能化技术的快速发展，内部审计的职能和方法也在不断演变。数智化为内部审计带来了新的工具和技术，提升了审计的效率和精准度，也提出了新的挑战和要求。数智化视角下的内部审计前沿研究主要包括以下几个方面：

（一）大数据分析与内部审计

1. 数据收集与处理

在数智化背景下，企业的数据量呈现爆炸性增长，内部审计需要运用大数据技术高效地收集、存储和处理这些数据。通过数据仓库和数据湖等技术，审计人员可以整合来自不同系统和平台的数据，形成全面的审计数据库。例如，企业的财务数据、运营数据、销售数据和客户数据等可能分散在不同的系统中，通过数据仓库技术，可以将这些数据集中存储，并进行统一管理和分析。数据湖则提供了更为灵活的解决方案，可以存储结构化和非结构化数据，支持多种数据格式和存储类型。例如，一家零售企业可以将 POS 系统

(Point of Sales) 的数据、供应链系统的数据和客户关系管理系统的数据全部存储在数据湖中，便于审计人员进行综合分析和挖掘。

在数据处理方面，内部审计需要运用 ETL（Extract，Transform，Load）工具，将原始数据进行提取、转换和加载，确保数据的质量和一致性。审计人员可以通过数据清洗技术，去除重复和错误数据，提升数据的准确性和完整性。例如，在进行财务审计时，需要确保所有交易记录的准确性，通过数据清洗可以去除重复记录和修正错误数据，从而保证审计结果的可靠性。此外，审计人员还可以利用数据标准化技术，将不同来源的数据转换为统一的格式，便于后续分析和处理。

2. 数据分析与挖掘

内部审计可以利用大数据分析工具对海量数据进行深度分析和挖掘，识别潜在的风险和异常。例如，通过数据挖掘技术，审计人员可以发现交易数据中的异常模式，揭示潜在的财务舞弊或内部控制缺陷。在大数据分析过程中，审计人员可以应用分类、聚类、关联分析等多种数据挖掘算法，深入挖掘数据中的隐藏信息。例如，通过分类算法，可以将交易数据分类为正常交易和异常交易，帮助审计人员快速识别高风险交易。聚类算法则可以将相似的交易记录聚集在一起，便于审计人员分析和发现异常模式。

内部审计还可以利用时间序列分析技术，对企业的财务数据和运营数据进行时间序列分析，预测未来的风险和趋势。例如，通过分析企业的销售数据，可以预测未来的销售趋势，识别潜在的市场风险。通过时间序列分析，审计人员可以发现数据中的季节性变化和周期性模式，帮助企业优化运营策略和风险管理。数据可视化技术也是数据分析的重要工具，审计人员可以通过图表、仪表盘等可视化工具，将复杂的数据分析结果直观地呈现出来，便于管理层理解和决策。例如，通过数据可视化，可以展示企业的财务状况、运营效率和风险水平，帮助管理层及时做出调整和优化。

3. 实时监控与预警

数智化技术使得实时监控和预警成为可能。内部审计可以建立实时数据监控系统，对关键业务指标进行持续监控，一旦发现异常立即发出预警。例如，利用实时监控系统，审计人员可以及时发现并应对财务系统中的异常交易或风险事件。实时监控系统可以集成多种数据源，实时获取和分析企业的运营数据，确保审计的及时性和准确性。例如，在金融行业，实时监控系统可以监控所有交易记录，一旦发现异常交易，如大额转账或频繁的小额交易，系统会立即发出警报，审计人员可以迅速介入调查，防止潜在的风险和损失。

在应急响应方面，实时监控系统可以帮助内部审计快速定位问题并采取应对措施。例如，当系统检测到网络攻击或数据泄露事件时，审计人员可以立即启动应急响应计划，切断受影响的网络连接，保护数据安全。同时，实时监控系统还可以生成详细的事件报告，记录事件发生的时间、地点和影响，帮助审计人员进行事后分析和改进。例如，通过分析事件报告，审计人员可以发现系统中的薄弱环节，优化安全策略和防护措施，提高企业的整体安全水平。

（二）人工智能与机器学习在内部审计中的应用

1. 智能风险评估

人工智能和机器学习技术可以显著提升风险评估的效率和准确性。内部审计可以利用机器学习模型对历史数据进行分析，预测未来可能的风险和问题。例如，通过训练风险评估模型，审计人员可以自动识别高风险交易或异常行为，提高审计工作的针对性和有效性。在实际操作中，审计人员可以使用历史交易数据、财务报表数据以及其他相关数据，建立机器学习模型，对这些数据进行训练和测试。例如，利用监督学习算法，模型可以学习正常交易和异常交易的特征，进而自动识别新交易中的潜在风险。这样，当企业进行大量交易时，审计人员可以通过模型的预测结果，快速定位高风险交易，集中资源进行详细审查，提高审计效率和效果。

智能风险评估还可以通过无监督学习算法发现数据中的隐藏模式和异常。例如，利用聚类分析，模型可以将交易数据分为不同的群组，审计人员可以识别出哪些群组包含异常交易行为，从而进行重点审查。这种方法不仅提高了风险识别的准确性，还能发现潜在的内部控制缺陷和管理漏洞，帮助企业及时改进和完善内部控制体系。

2. 自动化审计流程

人工智能技术可以用于自动化审计流程，减少人工干预，提高审计效率。自然语言处理技术（Natural Language Processing，NLP）是实现自动化审计流程的关键工具之一，能够帮助审计人员处理大量的文本数据，如合同、报告和邮件等，提高审计文档的处理速度和准确性。例如，在审计过程中，审计人员需要审查大量的合同文本，确认合同条款的合法性和合规性。通过利用 NLP 技术，审计人员可以自动提取合同中的关键信息，如合同金额、合同期限、付款条件等，并进行自动对比和验证，识别合同中的潜在风险和问题。

NLP 技术还可以用于分析审计报告和邮件通信，识别文本中的异常和关键问题。例如，通过情感分析，模型可以检测邮件内容中的异常情绪或异常请求，帮助审计人员快速发现潜在的风险事件。自动化审计流程不仅可以提高审计效率，还能减少人工操作带来的错误和偏差，提高审计工作的准确性和可靠性。

另外，机器人流程自动化（Robotic Process Automation，RPA）也是实现自动化审计流程的重要工具。通过 RPA 技术，审计人员可以将重复性、规则性强的任务自动化处理，例如，财务数据的录入和核对、账单的生成和审核等。这不仅减轻了审计人员的工作负担，还提高了数据处理的速度和准确性，使审计人员能够将更多精力投入到高价值的审计工作中。

3. 智能决策支持

人工智能技术可以为内部审计提供智能决策支持。通过构建智能决策支持系统，审计人员可以快速获取审计所需的信息和分析结果，辅助审计决策。例如，智能决策支持系统可以结合多维数据分析，提供审计发现和建议，提高审计报告的质量和可信度。具体而言，智能决策支持系统可以集成多种数据源，包括财务数据、运营数据、市场数据等，通过数据融合和分析，为审计人员提供全面的审计视角和深度的分析洞察。

在智能决策支持系统中，机器学习模型可以根据历史审计数据和业务数据，自动生成审计建议和改进措施。例如，通过分析企业的财务报表和运营数据，系统可以识别出企业的财务健康状况和运营效率，提出相应的优化建议。此外，智能决策支持系统还可以提供可视化的分析结果，如图表、仪表盘等，帮助审计人员直观地理解和分析数据，提高审计决策的准确性和科学性。

此外，智能决策支持系统还可以实现动态监控和实时分析，帮助审计人员及时应对变化和突发事件。例如，当系统检测到异常交易或风险事件时，可以自动生成预警信息，并提供详细的分析报告，辅助审计人员快速决策和响应。这种智能化的决策支持，不仅提升了审计工作的效率和效果，还增强了企业的风险管理能力和应急响应能力。

（三）区块链技术在内部审计中的应用

1. 数据真实性和完整性

区块链技术以其不可篡改和可追溯的特性，为数据的真实性和完整性提供了保障。内部审计可以利用区块链技术确保财务交易数据和重要业务记录的可信性。例如，通过将财务交易记录存储在区块链上，审计人员可以追踪每一笔交易的历史，验证其真实性和合法性。区块链上的数据记录是分布式存储的，所有节点共同维护数据的完整性和一致性，这意味着任何一笔交易或记录一旦写入区块链，就无法被单方面篡改。因此，审计人员可以利用区块链的这一特性，确保企业的财务数据和业务记录的透明性和可靠性。例如，在银行业，审计人员可以通过区块链追踪每一笔转账交易的全过程，验证每个交易的来源和去向，防止财务舞弊和数据篡改。

2. 智能合约

智能合约是区块链技术的重要应用之一，可以用于自动化执行审计相关的合约条款和条件。内部审计可以利用智能合约实现自动化的合规检查和风险控制。例如，通过智能合约，审计人员可以自动监控合同的执行情况，确保各方按照约定履行义务，降低合规风险。智能合约是一种自动执行的合同，当预设条件满足时，合同条款会自动执行，不需要人工干预。例如，在供应链管理中，智能合约可以设定当供应商交付的产品质量检测合格时，自动进行付款，从而提高交易的效率和透明度。同时，智能合约的执行记录会永久保存于区块链上，审计人员可以随时查阅和验证合同的执行情况，确保合规和风险控制的有效性。

3. 供应链审计

区块链技术在供应链管理中也有广泛应用，内部审计可以利用区块链技术对供应链进行审计和追踪。例如，通过区块链技术，审计人员可以追踪产品从原材料采购到最终销售的全过程，确保供应链的透明和合规，减少供应链风险。区块链的分布式账本技术可以记录供应链上每一个环节的详细信息，包括原材料的来源、生产过程、物流运输和最终销售等信息。例如，在食品行业，区块链可以记录每一批次食品的生产日期、生产厂家、检验报告等信息，消费者和审计人员可以通过扫描产品二维码，获取这些详细信息，确保食品的安全和可追溯性。通过区块链技术，内部审计可以实时监控供应链的运作，发现和预防潜在的风险和问题，提高供应链的透明度和可靠性。

（四）物联网在内部审计中的应用

1. 实时数据采集

物联网技术使得实时数据采集成为可能，内部审计可以通过物联网设备获取企业运营的实时数据。例如，在制造业企业，审计人员可以通过物联网传感器监控生产设备的运行状态和生产数据，及时发现和解决潜在问题。物联网传感器可以实时监测生产设备的温度、压力、运行速度等参数，一旦发现异常，立即报警并记录相关数据。例如，当生产设备出现故障时，传感器会自动记录故障时间、故障类型等信息，审计人员可以根据这些数据进行分析，查找故障原因，评估设备维护的及时性和有效性。

2. 资产管理和监控

物联网技术在资产管理中具有重要作用，内部审计可以利用物联网技术对企业资产进行监控和管理。例如，通过物联网设备，审计人员可以实时监控企业的固定资产和库存，确保资产的安全和完整，防止资产流失和浪费。物联网标签可以记录资产的位置信息、使用状态和维护情况，审计人员可以通过物联网平台实时查看资产的分布和使用情况。例如，在仓储管理中，物联网技术可以实时监控库存数量、进出库记录等信息，确保库存管理的准确性和透明度。当库存低于警戒线时，系统会自动提醒相关人员进行补货，避免库存不足带来的经营风险。

3. 安全审计

物联网设备广泛应用于企业的安全管理中，内部审计可以利用物联网技术对企业的安全措施进行审计和评估。例如，通过物联网摄像头和传感器，审计人员可以监控企业的安全状况，评估安全措施的有效性，及时发现和解决安全隐患。物联网摄像头可以实时监控企业的关键区域，如仓库、生产车间、办公区域等，审计人员可以通过视频监控系统查看实时画面和历史记录，评估安全防护措施的落实情况。例如，审计人员可以检查是否存在未授权人员进入敏感区域的情况，是否存在安全设施不到位的问题。通过物联网传感器，审计人员还可以监测环境参数，如温度、湿度、有害气体浓度等，防止安全事故的发生。

思政研习

贯彻总书记讲话精神 深化内部审计工作

习近平总书记在2018年5月23日中央审计委员会第一次会议上指出："要加强对内部审计工作的指导和监督，充分调动内部审计和社会审计的力量，增强审计监督合力。"这一讲话明确了内部审计在国家治理中的重要地位和作用，强调了内部审计不仅是经济监督的重要手段，也是推动国家治理体系和治理能力现代化的重要环节。在全面建设社会主义现代化国家的新征程中，内部审计工作承载着重要的历史使命。

自2018年3月1日《审计署关于内部审计工作的规定》正式施行以来，各级审计机关和相关单位积极响应，广泛开展了学习、研究、宣传和培训工作。这些举措进一步巩固和完善了内部审计制度，加强了内部审计工作，为新时代内部审计工作的创新发展奠定了坚实基础。内部审计要在以下几个方面做好工作：

首先，精准把握，建立健全内部审计制度。《审计署关于内部审计工作的规定》的出台，是贯彻落实党的十九大精神、推进国家治理体系和治理能力现代化的重要举措。以此规定为依据，提升内部审计质量和水平，有效防范风险，确保内部审计工作的全面性、专业性和连续性。各单位要根据自身实际情况，制订详细的内部审计工作计划，明确审计范围和重点，确保审计工作的系统性和有效性。

其次，统筹推进，充分发挥内部审计作用。加强内部审计工作不仅是推进国家治理体系和治理能力现代化的需要，也是实现审计全覆盖和推动经济高质量发展的需要。内部审计作为单位经济决策科学化、内部管理规范化和风险防范常态化的重要制度设计，具有不可替代的作用。站在党和国家事业全局的高度，主动适应，积极作为，发挥内部审计在国家治理体系中的基础环节和重要组成部分的作用。例如，内部审计可以通过对单位财务管理、内部控制和风险管理等方面的审计，发现和纠正存在的问题，提升单位管理水平和风险防范能力。

最后，凝心聚力，提升内部审计工作质量。贯彻中央审计委员会第一次会议精神，加强党对内部审计工作的领导，构建集中统一、全面覆盖、权威高效的审计监督体系。努力建设一支信念坚定、业务精通、作风务实、清正廉洁的高素质专业化内部审计队伍，发挥内部审计在党和国家监督体系中的重要作用。这需要内部审计队伍、部门单位领导、国家审计机关和内部审计自律组织的密切配合、通力合作，形成工作合力。审计人员要不断学习，提高专业素质和技能，掌握现代审计技术和方法，增强审计工作的科学性和有效性。

此外，还要注重内部审计工作的信息化建设，充分利用大数据、人工智能等现代科技手段，提高审计工作的效率和准确性。例如，可以建立内部审计信息系统，实现审计数据的自动采集、分析和处理，提高审计工作的自动化水平和精确度。同时，要加强审计结果的运用，建立健全审计整改机制，确保审计发现的问题得到及时有效的整改，提高审计工作的实效性和权威性。

通过这些措施，确保内部审计工作在新时代取得新突破，实现新作为，为全面建设社会主义现代化国家贡献力量。内部审计人员要牢记使命，不断提升自身的政治觉悟和专业能力，推动内部审计工作实现新的发展，为国家的治理现代化贡献力量。

研讨主题：根据习近平总书记围绕内部审计发表的重要论述，讨论近年来我国内部审计在推动国家治理体系和治理能力现代化中发挥了什么关键作用。

案例分析

案例背景：

LQ 公司是一家在中国广东省广州市注册的上市公司，主要从事日化产品的生产与销售，以其稳定的业绩和市场地位赢得了投资者的信任。然而，2018 年至 2019 年，LQ 公司被揭露出严重的财务造假行为，标志着公司内部审计的重大失效，引发了市场和监管机构的高度关注。

在 2020 年 9 月 27 日晚，LQ 公司公告称，存放于 HS 公司和 HF 公司仓库的账面价值合计 5.72 亿元的存货“不翼而飞”。随后，LQ 公司因涉嫌信息披露违法违规，于 2021 年 1 月 8 日收到证监会的《调查通知书》，证监会决定对公司进行立案调查。经调查，LQ 公司在 2018 年至 2019 年，通过虚构大宗商品贸易业务、循环交易乙二醇仓单等方式，虚增营业收入和利润，涉及金额巨大。两年内分别虚增营业收入 62.34 亿元和 66.51 亿元，虚增利润 2.10 亿元和 2.01 亿元，占当期披露利润总额的比例高达 518.07% 和 256.57%。为美化报表，LQ 公司将部分虚增的预付账款调整为虚增的存货，两年合计虚增存货金额达 20.38 亿元。LQ 公司也未按规定披露与 XD 公司及其子公司的关联方资金往来及相关的关联交易情况。这些问题表明 LQ 公司的内部控制存在重大缺陷，未能及时发现并阻止财务造假行为，反映出内部审计的失效。

2021 年 12 月，广东证监局对 LQ 公司及其涉案人员作出行政处罚，包括罚款和市场禁入措施。LQ 公司主要责任人被处以 300 万元罚款，并采取 10 年证券市场禁入措施。LQ 公司的财务造假事件导致公司股价剧烈波动，投资者信心严重受挫，市值大幅缩水。同时，该事件也对整个资本市场的诚信度和投资者保护机制提出了严峻的挑战。

讨论问题：

（1）案例中 LQ 公司内部审计失效的原因是什么？

（2）通过该案例，你对健全内部审计法规体系有何建议？

思考题

1. 什么是内部审计？它发挥着什么作用？
2. 我国内部审计法规体系是什么？
3. 《企业内部控制基本规范》包含哪些内容？
4. 《第 1101 号——内部审计基本准则》的主要内容是什么？
5. 《第 1201 号——内部审计人员职业道德规范》的主要内容是什么？

第五章 注册会计师审计法规与案例

学习目标

1. 了解注册会计师审计的基础知识。
2. 熟悉《中华人民共和国注册会计师法》的主要内容。
3. 掌握《中国注册会计师审计准则》的主要内容。
4. 掌握《中国注册会计师职业道德守则》的主要内容。
5. 了解注册会计师审计法规前沿研究。

第一节 注册会计师审计基础

一、注册会计师审计的含义

（一）注册会计师审计诞生的背景

注册会计师审计的起源可以追溯到19世纪的工业革命时期。工业革命推动了大规模企业的涌现和资本市场的繁荣，使得财务管理和监督变得愈发重要。特别是在英国和美国，随着企业规模的扩大和股份制公司的普及，所有者与管理者之间的信任需求激增。为了确保财务信息的真实性和透明度，独立审计逐渐成为一种必要手段。各国政府和企业逐步认识到独立审计的重要性，相继出台了相关法律法规，例如，英国颁布的《1862年公司法》明确规定了公司必须进行财务审计。这些法律法规为注册会计师审计的正规化和专业化提供了法律保障。同时，注册会计师协会的成立和职业道德标准的建立，也为审计行业的发展奠定了基础。通过这一系列的制度建设，注册会计师审计在国际范围内逐渐成为保障资本市场健康发展的重要工具。

在我国，注册会计师审计的发展具有独特的历史背景。早在民国时期，我国就已经开始借鉴西方国家的审计制度，并逐步建立了自己的审计体系。然而，由于历史原因，我国的审计制度在相当长一段时间内发展较为缓慢。直到改革开放以后，随着市场经济的深入发展和企业制度的改革，注册会计师审计的需求才逐渐显现。1980 年，我国正式恢复注册会计师制度，标志着我国注册会计师审计进入了一个新的发展阶段。此后，随着经济体制改革的深化和资本市场的快速发展，企业对独立审计的需求日益增加，注册会计师审计在我国得到了迅速发展。特别是近年来，随着我国对外开放的进一步扩大和国际化步伐的加快，注册会计师审计在保障财务信息透明、提升企业治理水平、促进资本市场健康发展等方面发挥了重要作用。

（二）注册会计师审计的定义

注册会计师审计是指由具备专业资格的注册会计师对企业或组织的财务报表和相关财务信息进行独立、公正、客观的审查和验证。其主要目的是评估财务报表是否在所有重大方面公允反映了被审计单位的财务状况、经营成果和现金流量，并发表审计意见，以保障财务信息的真实性、准确性和完整性，从而为投资者、债权人、管理层及其他利益相关者提供可靠的决策依据。

国内外许多会计职业组织对注册会计师审计概念的定义有不同的表述，其中最具代表性的是美国会计学会的定义。美国会计学会在《基本审计概念说明》的公告中，将审计概念描述为："为了确定关于经济行为及经济现象的结论和所制定的标准之间的一致程度，而对与这种结论有关的证据进行客观收集、评定，并将结果传达给利害关系人的系统的过程。"中国注册会计师协会在《中国注册会计师审计准则第 1101 号——注册会计师的总体目标和审计工作的基本要求》中，对注册会计师审计的描述是："审计的目的是提高财务报表预期使用者对财务报表的信赖程度。这一目的可以通过注册会计师对财务报表是否在所有重大方面按照适用的财务报告编制基础编制发表审计意见得以实现。就大多数通用目的财务报告编制基础而言，注册会计师针对财务报表是否在所有重大方面按照财务报告编制基础编制并实现公允反映发表审计意见。"这些定义共同强调了审计的独立性、客观性和系统性，以及其在提升财务信息可靠性方面的重要作用。

（三）注册会计师审计业务要素

注册会计师财务报表审计业务要素主要包括审计业务的三方关系人、财务报表、财务报告编制基础、审计证据和审计报告。

1. 审计业务的三方关系人

注册会计师财务报表审计业务涉及三方关系人：注册会计师、被审计单位管理层和财务报表的预期使用者。注册会计师是指持有注册会计师证书并在会计师事务所执业的专业人员，负责提供客观、公正的审计意见。被审计单位管理层对企业经营活动承担管理责任，需对财务报表的真实性和完整性负责。财务报表的预期使用者包括投资者、债权人和监管机构，他们依赖审计报告和财务报表进行决策。

2. 财务报表

财务报表审计不仅涵盖被审计单位的历史财务状况、经营成果和现金流量，还涉及这些指标背后的经济实质和业务逻辑。作为审计对象的载体，财务报表根据特定财务报告编制基础，结构性地呈现了被审计单位在某一时点的经济资源或义务，或某一时期经济资源或义务的变化，主要包括资产负债表、利润表、现金流量表、所有者权益变动表及相关附注。

3. 财务报告编制基础

被审计单位在编制财务报表时，需依据适用的财务报告编制基础。编制基础分为通用目的编制基础和特殊目的编制基础。通用目的编制基础旨在满足广大财务报表使用者的共同信息需求，通常包括企业会计准则和相关会计制度。特殊目的编制基础旨在满足特定使用者的需求，包括计税核算基础、监管要求和合同约定等。

4. 审计证据

注册会计师对财务报表提供合理保证的前提是获取充分、适当的审计证据。审计证据包括会计记录中包含的信息和其他相关信息，用于支持审计结论和形成审计意见。注册会计师在审计过程中需评估审计证据的充分性和适当性。充分性衡量审计证据的数量，与样本量有关；适当性衡量审计证据的质量，即在支持审计意见方面的可靠性和相关性。

5. 审计报告

注册会计师应对财务报表在所有重大方面是否符合适用的财务报告编制基础发表意见，并以书面报告形式提供合理保证。审计报告是注册会计师依据审计准则，在执行审计工作的基础上，对财务报表发表审计意见的正式文件。

二、注册会计师审计的目标

（一）审计总体目标

注册会计师进行审计的主要目的是提高财务报表预期使用者对财务报表的信任程度。这个目标可通过以下方式实现：注册会计师对财务报表是否在所有重大方面按照适用的财务报告编制基础编制并实现公允反映发表审计意见。一般而言，对于大多数通用目的的财务报告编制基础，注册会计师需要评估财务报表是否在所有重大方面均按照该编制基础编制并公允反映企业的财务状况。

在执行审计工作时，注册会计师按照审计准则和相关职业道德要求开展工作，以形成审计意见。因此，注册会计师的总体目标包括：对财务报表整体不存在因舞弊或错误导致的重大错报获取合理保证。这一合理保证使得注册会计师能够对财务报表在所有重大方面是否按照适用的财务报告编制基础编制并发表审计意见；根据审计准则的规定，依据审计结果对财务报表出具审计报告，并与被审计单位的管理层和治理层进行沟通。

注册会计师审计的总体目标对其审计工作发挥着重要的导向作用。它明确了注册会计师的责任范围，直接影响注册会计师计划和实施审计程序的性质、时间和范围，同时决定了注册会计师如何发表审计意见。通过这些目标的实现，注册会计师能够有效提高财务报表的可信度，保护各利益相关者的权益，并促进市场的健康发展。

（二）认定

注册会计师的基本职责就是确定被审计单位管理层对财务报表的认定是否恰当。认定是指管理层针对财务报表要素的确认、计量和列报（包括披露）作出一系列明确或暗含的意思表达。注册会计师在识别、评估和应对重大错报风险的过程中，将管理层的认定用于考虑可能发生的不同类型的错报。管理层对财务报表的认定一般分两类：关于所审计期间各类交易、事项及相关披露的认定与关于期末账户余额及相关披露的认定。

1. 关于所审计期间各类交易、事项及相关披露的认定

（1）发生：记录或披露的交易和事项已发生，且与被审计单位有关。

（2）完整性：所有应当记录的交易和事项均已记录，所有应当包括在财务报表中的相关披露均已包括。

（3）准确性：与交易和事项有关的金额及其他数据已恰当记录，相关披露已得到恰当计量和描述。

（4）截止：交易和事项已记录于正确的会计期间。

（5）分类：交易和事项已记录于恰当的账户。

（6）列报：交易和事项已被恰当地汇总或分解且表述清楚，相关披露在适用的财务报告编制基础下是相关的、可理解的。

2. 关于期末账户余额及相关披露的认定

（1）存在：记录的资产、负债和所有者权益是存在的。

（2）权利和义务：记录的资产由被审计单位拥有或控制，记录的负债是被审计单位应当履行的偿还义务。

（3）完整性：所有应当记录的资产、负债和所有者权益均已记录，所有应当包括在财务报表中的相关披露均已包括。

（4）准确性、计价和分摊：资产、负债和所有者权益以恰当的金额包括在财务报表中，与之相关的计价或分摊调整已恰当记录，相关披露已得到恰当计量和描述。

（5）分类：资产、负债和所有者权益已记录于恰当的账户。

（6）列报：资产、负债和所有者权益已被恰当地汇总或分解且表述清楚，相关披露在

适用的财务报告编制基础下是相关的、可理解的。

（三）具体审计目标

管理层对财务报表各组成要素均做出了认定，注册会计师的审计工作本质上就是要确定管理层的认定是否恰当。因此，在确定了被审计单位的会计认定后，根据审计的总体目标就可以确定具体审计目标，并据以设计和实施恰当的审计程序。与认定分类相对应，具体审计目标也分为两类。

1. 与所审计期间各类交易、事项及相关披露相关的审计目标

（1）发生：由“发生”认定推导的审计目标是确认已记录的交易是真实的。“发生”认定所要解决的问题是管理层是否把那些不曾发生的项目列入财务报表，它主要与财务报表组成要素的高估有关。

（2）完整性：由“完整性”认定推导的审计目标是确认已发生的交易确实已经记录，所有应包括在财务报表中的相关披露均已包括。相较于“发生”认定针对多记、虚构交易，“完整性”认定则针对漏记交易。

（3）准确性：由“准确性”认定推导出的审计目标是确认已记录的交易是按正确金额反映的，相关披露已得到恰当计量和描述。

（4）截止：由“截止”认定推导出的审计目标是确认接近于资产负债表日的交易记录于恰当的期间。

（5）分类：由“分类”认定推导出的审计目标是确认被审计单位记录的交易经过适当分类。

（6）列报：由“列报”认定推导出的审计目标是确认被审计单位的交易和事项已被恰当地汇总或分解且表述清楚，相关披露在适用的财务报告编制基础下是相关的、可理解的。

2. 与期末账户余额及相关披露相关的审计目标

（1）存在：由“存在”认定推导的审计目标是确认记录的金额确实存在。

（2）权利和义务：由“权利和义务”认定推导的审计目标是确认资产归属于被审计单位，负债属于被审计单位的义务。

（3）完整性：由“完整性”认定推导的审计目标是确认已存在的金额均已记录，所有应包括在财务报表中的相关披露均已包括。

（4）准确性、计价和分摊：资产、负债和所有者权益以恰当的金额包括在财务报表中，与之相关的计价或分摊调整已恰当记录，相关披露已得到恰当计量和描述。

（5）分类：资产、负债和所有者权益已记录于恰当的账户。

（6）列报：资产、负债和所有者权益已被恰当地汇总或分解且表述清楚，相关披露在适用的财务报告编制基础下是相关的、可理解的。

三、注册会计师审计的模式

（一）账项基础审计

账项基础审计是指在对被审计单位的具体账目进行详细检查的基础上，开展审计工作的一种方法。该方法以凭单审核为重心，目标是发现账目中的错弊情况，着眼于数据的可信性，以会计科目为切入点。在这种审计方法下，注册会计师重点审查凭证、账簿和报表，适用于企业规模较小、业务简单的情况。虽然账项基础审计能揭示技术性错误或舞弊行为，但由于其高人力成本和对深入分析的限制，难以适应现代企业日益复杂的业务需求。随着资产负债表审计和抽样技术的发展，这种方法逐渐被更为高效的审计方式所取代。

（二）制度基础审计

制度基础审计是一种重点审查企业内部控制制度各环节的审计方法，通过发现内部控制制度的薄弱之处，找出问题根源，并针对这些环节扩大检查范围；对于内部控制制度有效之处，则可以缩小检查范围或简化审计程序。该方法以对被审计单位内部控制的评价为基础，决定实质性测试的时间、范围和程度，旨在验证财务报表的公允性。相比于账项基础审计，制度基础审计更为明确和有针对性，通过分析和评价企业的内部控制制度，能够提出管理改进的宏观建议。然而，这种方法也有局限性，注册会计师可能过于侧重内部控制，而忽略其他风险因素。在全球化和竞争日益加剧的背景下，企业面临的风险更加复杂，制度基础审计需结合更全面的风险考虑。

（三）风险导向审计

风险导向审计是通过对被审计单位进行风险评估和职业判断，确定剩余风险，并执行追加审计程序将剩余风险降低到可接受水平的方法。具体而言，注册会计师首先全面了解被审计单位的经营环境、业务流程、内部控制和财务报表，识别潜在风险点。在识别风险后，评价被审计单位的风险控制措施，确定剩余风险，即在内部控制有效情况下仍然存在的错报风险。注册会计师通过追加实质性测试，将这些剩余风险降低至可接受水平。

风险导向审计基于审计风险模型（$AR = IR \times CR \times DR$），其中 AR 代表审计风险，IR 代表固有风险，CR 代表控制风险，DR 代表检查风险。该模型帮助注册会计师量化风险因素，确定实质性测试的性质、时间和范围。在风险导向审计模式下，注册会计师以重大错报风险的识别、评估和应对为工作主线，将审计风险控制在可接受的低水平。与传统审计方法相比，风险导向审计不仅提升了审计质量和效率，还代表了审计理念的演进，适应了现代企业复杂的经营环境。

四、注册会计师审计的阶段

（一）接受业务委托阶段

接受业务委托是注册会计师审计工作的起点。在这一阶段，注册会计师需初步了解被审计单位的基本情况，并评估自身的审计能力，以决定是否与客户签订业务约定书。在接受新客户或维持现有客户关系时，会计师事务所应执行客户接受与保持的程序，以获取被审计单位的基本信息，识别和评估可能面临的风险，并确保具备执行业务的能力。注册会计师在决定是否接受或保持客户时，需谨慎评估，以避免因决策失误而带来的财务或声誉风险。一旦决定接受业务委托，注册会计师应与客户就审计约定条款达成一致。对于连续审计，需根据具体情况确定是否需要修改业务约定条款，并提醒客户注意现有的业务约定书。

（二）计划审计工作阶段

计划审计工作是确保审计质量和效率的关键步骤。注册会计师在执行具体审计程序之前，需制订科学合理的审计计划，以确保审计任务高效有序地完成。计划审计工作通常包括以下几项中心任务：执行初步业务活动，确保对被审计单位有充分了解；设计总体审计策略，明确审计工作的基本方向和重点；制订具体审计计划，详细规划审计程序和方法。计划审计工作是一个持续修正的过程，注册会计师应当根据审计过程中获取的新信息和环境变化，不断进行调整，并贯穿整个审计过程。

（三）识别和评估重大错报风险阶段

根据审计准则，注册会计师必须开展风险评估程序，以识别和评估财务报表可能存在的重大错报风险。风险评估程序要求注册会计师深入了解被审计单位的业务环境、财务报告编制基础和内部控制体系的各个要素。这一过程是审计中的关键环节，提供了职业判断的基础。主要工作包括：了解被审计单位及其环境、适用的财务报告编制基础和内部控制体系各要素；识别和评估财务报表层次以及各类交易、账户余额和披露认定层次的重大错报风险。

（四）应对重大错报风险阶段

在完成风险评估程序后，注册会计师需实施进一步审计程序，以获取充分、适当的审计证据支持审计意见。进一步审计程序包括控制测试和实质性程序。控制测试评估被审计单位内部控制系统的有效性，实质性程序则对财务报表的具体项目进行深入审查。注册会计师需运用职业判断，针对评估的财务报表层次重大错报风险确定总体应对措施，并设计和实施进一步审计程序，将审计风险降至可接受的低水平。

（五）编制审计报告阶段

编制审计报告是审计过程的最后阶段。在这一阶段，注册会计师集中和评价收集到的审计证据，形成审计结论，并据此编制审计报告。审计报告对被审计单位的财务状况和经营成果进行综合评价，并提供正式的审计意见。会计师事务所和注册会计师还需在审计报告发布后，跟踪影响审计报告的相关后续事实。若期后事项对审计报告有重大影响，注册会计师应考虑修改审计报告。

第二节　注册会计师审计法规概述

一、注册会计师审计法规的概念

注册会计师审计法规是注册会计师执业的基石，涵盖了注册会计师在执业过程中需遵守的法律、准则、规章和政策。这些法规的核心包括《注册会计师法》《中国注册会计师审计准则》和《中国注册会计师职业道德守则》。

《注册会计师法》作为核心法律文件，规定了注册会计师的资格、职责和执业要求，确保注册会计师具备必要的专业素质和法律意识，履行相应的职责。这一法律框架为注册会计师的执业活动提供了法律保障，明确了他们在审计工作中的基本义务和权利。

《中国注册会计师审计准则》详细规定了注册会计师在审计业务中应遵循的技术标准和工作程序，为审计工作提供了系统化的指导。审计准则的存在确保了审计过程的规范性和科学性，使注册会计师在进行审计时有明确的操作指南，从而提高了审计工作的质量和一致性。

《中国注册会计师职业道德守则》进一步明确了注册会计师在职业活动中应遵循的道德标准和行为规范。职业道德守则确保注册会计师在执业过程中保持高度的职业道德和行为操守，这对于维护公众信任和职业信誉至关重要。

注册会计师审计法规构建了一个全面的、多层次的监管框架。该框架不仅强化了审计结果的法律效力，保障了审计活动的公正性和权威性，还提升了注册会计师的职业地位和社会责任感。通过这一监管框架，注册会计师在提供审计和会计服务时能够更好地保持专业性和独立性，维护国家和社会公众利益，支持社会主义市场经济的高质量发展。

注册会计师审计法规的建立和完善，对于维护金融市场秩序、促进经济稳健发展具有重要意义。它不仅提升了注册会计师行业的整体素质水平，还增强了公众和市场对审计报告的信任度。这些法规为注册会计师提供了明确的执业指引，使其能够在复杂多变的市场环境中履行审计职责，保障经济活动的透明和规范，为社会公众和国家利益提供有力支持。

二、注册会计师审计法规的特征

中国注册会计师审计法规的特征反映了注册会计师及会计师事务所在审计实践中需遵守的法律和规范，旨在确保他们严格遵守法律法规、维护审计独立性并保障信息保密，从而为各利益相关者提供客观、可靠的审计结论。

首先，注册会计师审计法规具有规范性。这些法规构成了一个全面的法规体系，不仅为注册会计师的职业行为设定了明确的法律界限，还对其在财务审计和企业治理中的操作行为作出了详细规定。具体法规条文涵盖了审计计划、审计程序、审计报告等各个环节，确保注册会计师在提供审计服务时的合法性和正当性。通过严格的法规体系，保障审计工作的质量和可靠性，维护公众利益和市场秩序。

其次，注册会计师审计法规强调专业性。法规要求执业人员通过全国统一考试取得相应证书，并具备丰富的财务和审计知识。法规对注册会计师的职业道德、专业能力、继续教育等方面提出了明确要求，确保审计人员能够胜任复杂多变的审计工作环境。通过系统的职业培训和严格的资格认证，保障了注册会计师群体的专业素养和执业水平，提升了审计工作的专业性和权威性。

最后，注册会计师审计法规具有适应性。随着经济、科技和法律法规的不断变化，中国注册会计师审计法规也在不断完善和发展。通过吸纳和融合国际先进经验，这些法规不仅增强了中国注册会计师在国际舞台上的竞争力，也为国内外投资者提供了更加透明和可信的财务信息，推动了中国资本市场的高质量发展。中国注册会计师法规的不断更新和完善，确保其能够应对复杂多变的市场环境，满足各类利益相关者的需求，促进中国经济的健康可持续发展。

三、注册会计师审计法规的作用

注册会计师审计法规是保障财务报告质量、维护资本市场秩序和促进经济发展的基石，在资本市场上发挥着重要作用。

首先，注册会计师审计法规通过设立专业标准和道德准则，确保审计工作的质量和审计人员的专业行为。法规要求注册会计师必须遵循独立性原则，客观公正地执行审计工作，从而保证审计意见的公信力。

其次，注册会计师审计法规强化了对会计信息披露的监管，促进了财务透明度和公平性。通过要求企业按照财务报告准则或会计准则进行会计处理和报告，确保信息披露的一致性和可比性，使投资者和其他利益相关者能够准确评估企业的财务健康状况。这不仅有助于降低市场的信息不对称性，还增加了投资决策的透明度。

再次，注册会计师审计法规通过对注册会计师的监管和惩戒机制，维护了审计行业的信誉和整体质量。对违反职业道德或审计准则的注册会计师进行处罚，包括吊销执照、罚款甚至刑事处罚，有效遏制了不正当的职业行为，保证了审计工作的独立性和公正性。

最后，注册会计师审计法规在促进企业内部治理结构完善和提升企业管理水平方面发挥了重要作用。良好的审计实践能够揭示企业内部控制的缺陷和管理层的不当行为，促使企业改进管理策略和操作流程，从而提高企业的运营效率和市场竞争力。通过严格的审计监督，企业能够不断优化自身管理，提升整体管理水平和市场适应能力。

第三节 注册会计师审计基本法律

一、《注册会计师法》的背景

1993 年 10 月 31 日，第八届全国人民代表大会常务委员会第四次会议通过了《注册会计师法》，标志着中国注册会计师行业进入法制化管理的新阶段。随着市场经济的蓬勃发展，对高质量审计服务的需求日益增长，该法于 2014 年 8 月 31 日进行了首次修正，以适应经济全球化的趋势和市场的需求。

此次修正的背景是中国改革开放以来经济的快速增长和经济活动的国际化，要求财务信息具有更高的真实性、准确性和透明度。面对这些挑战，我国对《注册会计师法》进行了修正，旨在加强行业管理，提升审计质量和服务水平，确保投资者和其他利益相关者的权益得到保护，同时推动经济秩序和金融市场的健康发展。《注册会计师法》的修正体现了中国对国际审计标准的积极响应，展现了中国会计审计领域与国际接轨的决心。

《注册会计师法》确立了注册会计师的法律地位，明确了其权利与义务，为会计师事务所的运营提供了法律框架。通过这一法律，中国建立了一套全面的注册会计师管理制度，涵盖了资格考试、注册程序、业务范围、行为规范、行业监管和违规处罚等方面，为行业的专业化、标准化和国际化发展打下了坚实的基础。

二、《注册会计师法》的主要内容

《注册会计师法》作为中国审计法律体系的关键组成部分，旨在规范注册会计师行业，确保其在社会主义市场经济中发挥积极作用。该法不仅体现了中国特色社会主义市场经济的法律要求，而且强调了国家对注册会计师行业的规范管理以及对提升审计服务质量和加强职业行为监管的重视。

《注册会计师法》确立了注册会计师的法律地位和职责，明确了其执业的基本准则和行为规范，包括独立性、客观性和公正性等职业原则。注册会计师必须依法取得注册会计师证书，并加入会计师事务所才能从事审计和会计咨询、会计服务业务。注册会计师协会是注册会计师的社会团体，负责制定行业规范和监督注册会计师执业行为。国务院财政部门及其地方机构依法对注册会计师、会计师事务所和注册会计师协会进行监督和指导。

此外，《注册会计师法》还对会计师事务所的设立和管理、注册会计师协会的职能和组织结构作出了规定。注册会计师和会计师事务所在执行业务时必须遵守法律、行政法规，依法独立、公正地执行业务，并受到法律的保护。通过这些规定，《注册会计师法》旨在促进审计行业的健康发展，保障资本市场的稳定，维护投资者和其他利益相关者的合法权益，为社会主义市场经济的繁荣贡献力量。

《注册会计师法》共分为七章，分别是总则、考试和注册、业务范围和规则、会计师事务所、注册会计师协会、法律责任和附则。

（一）总则

总则部分明确了《注册会计师法》的立法宗旨、适用范围和基本定义。同时，总则部分还明确了注册会计师的法律地位，规定会计师事务所可以是合伙制或其他法律允许的组织形式，阐明注册会计师协会作为行业自律组织的作用。在规定注册会计师和会计师事务所在执行业务时必须遵守的法律、行政法规的同时，确保注册会计师在依法独立、公正执行业务时受到法律保护，不受外界非法干涉。

（二）考试和注册

这一部分详细规定了注册会计师的考试制度和注册资格。国家设立注册会计师全国统一考试，由国务院财政部门负责制定考试办法，并由中国注册会计师协会具体组织实施。具备高等专科以上学历或会计及相关专业中级以上技术职称的中国公民都可以申请参加考试。考试成绩合格且有两年以上审计业务工作经验者，在经过注册会计师协会审核通过后，才可注册成为注册会计师。注册会计师证书具有法律效力，是执业的法定资格证明。这一部分确立了成为注册会计师的途径和标准，确保了注册会计师队伍的专业性和服务质量。

（三）业务范围和规则

这一部分规定了注册会计师可以承办的业务范围，包括审计业务、会计咨询业务和会计服务业务，并对注册会计师执行业务提出了具体要求。注册会计师依法出具的审计报告具有证明效力。所有业务均由注册会计师所在的会计师事务所统一受理，并与委托人签订委托合同，会计师事务所对注册会计师承办的业务承担民事责任。注册会计师在执业过程中，应遵循独立性、客观性、公正性原则。

（四）会计师事务所

这一部分主要规定了会计师事务所的设立条件。会计师事务所由注册会计师合伙设立，且必须依法设立并承办注册会计师业务。会计师事务所的债务由合伙人按出资比例或协议承担，且合伙人对债务承担连带责任。设立会计师事务所需经国务院或省级财政部门批准，并依法纳税和建立职业风险基金。

（五）注册会计师协会

这一部分主要明确了注册会计师协会的性质、职责和法律地位。注册会计师协会是由注册会计师组成的社会团体。协会的章程由全国会员代表大会制定，并须向国务院备案。注册会计师协会承担着拟订注册会计师执业准则和规则的重要职责，这些准则和规则在获得国务院的批准后正式施行。注册会计师协会致力于支持注册会计师依法开展业务，并积极维护他们的合法权益。此外，注册会计师协会也负责对注册会计师的任职资格和执业情况进行年度检查。

（六）法律责任

这一部分主要规定了注册会计师和会计师事务所的违法处罚和可能承担的法律责任。违反规定的会计师事务所和注册会计师可能面临警告、罚款、业务暂停或撤销等处罚。若故意出具虚假审计报告、验资报告，构成犯罪的，还将追究刑事责任。此外，未经批准承办注册会计师业务的单位将被责令停止违法活动，并可能面临罚款。

（七）附则

这一部分明确了在会计师事务所工作的注册会计师，只有被认定为具有注册会计师资格，才能执行本法规定的业务。对于外国人申请参加中国注册会计师全国统一考试和注册，以及外国会计师事务所在中国境内设立常驻代表机构或中外合作会计师事务所，须按照互惠原则和相关规定办理。

第四节　注册会计师执业准则

进入21世纪以来，面对国际资本市场一系列上市公司财务舞弊事件，国际审计准则制定机构改进了其制定机制和程序，强调以社会公众利益为宗旨，并全面引入风险导向审计的概念，大幅提升了国际审计准则的质量。在充分借鉴国际审计准则的基础上，中国注册会计师协会制定了22项新准则，并对26项准则进行了修订和完善，共计48项准则于2006年2月15日由财政部发布，自2007年1月1日起施行。

2010年11月11日，中国注册会计师协会又修订了其中的38项准则，自2012年1月1日起施行。针对国际审计准则中有关审计报告的变化，2016年，中国注册会计师协会及时地实质性地修订了6项与审计报告相关的准则，并调整了另外5项准则，自2018年1月1日起在中国大陆境内上市公司财务报表审计中施行。

2019年2月，中国注册会计师协会修订了《中国注册会计师审计准则第1101号——注册会计师的总体目标和审计工作的基本要求》等18项审计准则，并发布了上述修订准则的24项应用指南，这些准则和指南于2019年7月起施行。为了贯彻落实《国务院办公厅关于进一步规范财务审计秩序促进注册会计师行业健康发展的意见》中提出的"持续提升审计质量"和"完善审计准则体系"的要求，财政部于2022年修订了《中国注册会计师审计准则第1211号——重大错报风险的识别和评估》和《中国注册会计师审计准则第1321号——会计估计和相关披露的审计》两项审计准则，并对其他23项准则进行了一致性修订，这些修订的准则于2023年7月1日起施行。

随着这些准则的发布与实施，中国已成功构建了一套既符合社会主义市场经济特定要求，又与国际审计标准接轨的《中国注册会计师执业准则》。《中国注册会计师执业准则》的编号系统体现了其结构化的分类方法。除《中国注册会计师鉴证业务基本准则》外，准则均采用四位数编码，千位数代表不同类别的准则，百位数代表某一类别中的大类，十位数代表大类中的小类，个位数代表小类中的顺序号。这一分类方法确保了准则的分类明确和易于查找。《中国注册会计师执业准则》为注册会计师提供了一套全面的规范体系，包括鉴证业务准则、相关服务准则和会计师事务所质量管理准则，为注册会计师的执业活动提供了系统的指引和保障。《中国注册会计师执业准则》框架如图5-1所示。

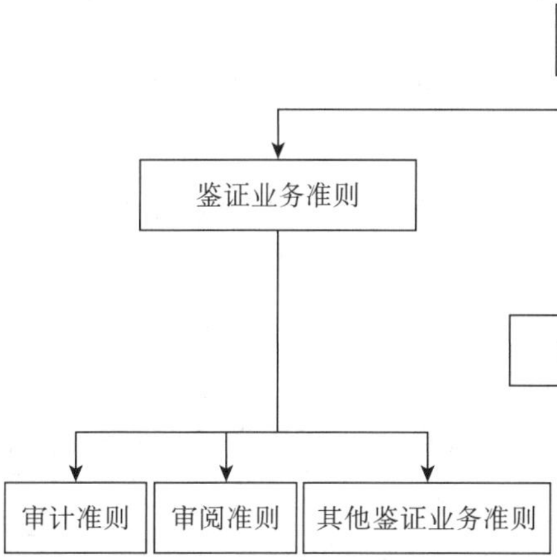

图5-1 《中国注册会计师执业准则》框架

一、鉴证业务准则

鉴证业务准则由《中国注册会计师鉴证业务基本准则》统领，分为审计准则、审阅准则和其他鉴证业务准则。审计准则规范注册会计师执行历史财务信息的审计业务，要求提供合理保证。审阅准则规范注册会计师执行历史财务信息的审阅业务，提供有限保证。其他鉴证业务准则规范注册会计师执行非审计或审阅的其他鉴证业务。

（一）审计准则

《中国注册会计师执业准则》将审计准则分为六大类，在准则编号的百位数处分别用1至6表示。其中，1代表一般原则与责任，2代表风险评估与应对，3代表审计证据，4代表利用其他主体的工作，5代表审计结论与报告，6代表特殊领域审计。

1. 一般原则与责任类准则

审计准则中的一般原则与责任类准则构成了审计实践的基础框架，涉及注册会计师在执行审计任务时应遵循的核心原则和承担的职业责任。这些准则共同构成了中国注册会计师在执行财务报表审计时的行动蓝图，不仅为审计实践提供了明确的操作框架，而且强调了审计工作的质量和专业性，确保审计的可靠性。

《中国注册会计师审计准则第1101号——注册会计师的总体目标和审计工作的基本要求》为财务报表审计工作制定了明确的总体目标，即提高财务报表预期使用者对财务报表的信赖程度。《中国注册会计师审计准则第1111号——就审计业务约定条款达成一致意见》明确了注册会计师在确定审计前提条件和与管理层达成审计业务约定条款的一致意见方面的职责，强调了与客户就审计业务约定条款达成一致的重要性，确保双方对审计服务的期望和责任有共同的理解。《中国注册会计师审计准则第1121号——对财务报表审计实施的质量管理》明确了注册会计师在项目层面对财务报表审计实施质量管理的责任，着重于审计过程中的质量控制，确保审计工作在各个环节都能达到高标准。《中国注册会计师审计准则第1131号——审计工作底稿》为注册会计师在财务报表审计中编制审计工作底稿提供了规范，保障了审计工作的透明性、完整性和可追溯性。《中国注册会计师审计准则第1141号——财务报表审计中与舞弊相关的责任》《中国注册会计师审计准则第1142号——财务报表审计中对法律法规的考虑》分别针对注册会计师在财务报表审计过程中识别、评估和应对舞弊的责任和如何考虑法律法规因素的规范，提高了审计工作的整体质量和可信度。《中国注册会计师审计准则第1151号——与治理层的沟通》《中国注册会计师审计准则第1152号——向治理层和管理层通报内部控制缺陷》强调了注册会计师与企业之间沟通的重要性，确保审计中发现的关键问题和信息能够及时传达给企业。《中国注册会计师审计准则第1153号——前任注册会计师和后任注册会计师的沟通》规范了前任注册会计师与后任注册会计师之间的沟通，确保审计工作的连续性和信息的顺畅传递。

2. 风险评估与应对类准则

审计准则中的风险评估与应对类准则为注册会计师提供了一套系统的方法论，以识别、评估和应对财务报表中的重大错报风险。这些准则共同强调了审计过程中对风险评估和应对的重要性。

《中国注册会计师审计准则第 1201 号——计划审计工作》指导注册会计师如何计划财务报表审计工作，确保审计工作以有效的方式得到执行。《中国注册会计师审计准则第 1211 号——重大错报风险的识别和评估》为注册会计师在财务报表审计中提供了一套系统化的审计风险评估框架，要求注册会计师深入了解被审计单位的业务环境和内部控制，为设计和实施有效的审计应对措施奠定基础。《中国注册会计师审计准则第 1221 号——计划和执行审计工作时的重要性》强调了注册会计师在财务报表审计过程中对重要性的考量，并指导如何基于重要性水平计划审计程序，保持了注册会计师职业判断的准确性和适当性。《中国注册会计师审计准则第 1231 号——针对评估的重大错报风险采取的应对措施》具体阐述了注册会计师应如何根据评估出的重大错报风险来设计和实施审计程序，以获取充分、适当的审计证据。《中国注册会计师审计准则第 1241 号——对被审计单位使用服务机构的考虑》涉及注册会计师对被审计单位依赖服务机构时的考虑和应对策略。《中国注册会计师审计准则第 1251 号——评价审计过程中识别出的错报》要求注册会计师在审计过程中对识别出的错报进行评价，并根据其性质和影响决定是否需要调整审计程序。

3. 审计证据类准则

审计证据类准则是审计准则中的重要组成部分，旨在指导注册会计师如何获取和评估审计证据，以形成恰当的审计意见。这些准则共同强调了审计证据在支持审计结论中的核心作用，并要求注册会计师采取多种程序确保证据的充分性和适当性。

《中国注册会计师审计准则第 1301 号——审计证据》为注册会计师获取审计证据提供了总体指导，通过恰当设计和实施审计程序，确保了审计证据的质量和充分性，以形成合理的结论和审计意见。《中国注册会计师审计准则第 1311 号——对存货、诉讼和索赔、分部信息等特定项目获取审计证据的具体考虑》针对财务报表审计中存货、诉讼和索赔、分部信息等特定项目，给注册会计师提供了具体的审计证据获取方法。《中国注册会计师审计准则第 1312 号——函证》强调了函证程序在确认账户余额和披露事项中的重要性，注册会计师通过设计和实施函证程序，确保了函证程序的有效性。《中国注册会计师审计准则第 1313 号——分析程序》《中国注册会计师审计准则第 1314 号——审计抽样》则分别介绍了分析程序和审计抽样技术在审计证据收集中的应用。《中国注册会计师审计准则第 1321 号——会计估计和相关披露的审计》特别关注了财务报表审计中的会计估计和相关披露是否合理，要求注册会计师评价管理层的会计估计过程及其相关披露。《中国注册会计师审计准则第 1323 号——关联方》和《中国注册会计师审计准则第 1324 号——持续经营》分别涉及了关联方交易和持续经营假设的审计考虑，二者对财务报表的真实性和公允性至关重要。《中国注册会计师审计准则第 1331 号——首次审计业务涉及的期初余额》强调了在首次审计中期初余额的重要性，对注册会计师如何处理首次审计中的期初余额进行指导。《中国注册会计师审计准则第 1332 号——期后事项》强调了在面对期后事项时应对措施的重要性，为注册会计师在财务报表审计中对期后事项的处理提供了规范。《中国注册会计师审计准则第 1341 号——书面声明》通过向管理层获取的书面声明提出具体要求，确保了审计证据的质量。

总的来说，审计证据类准则为注册会计师在审计过程中获取高质量证据提供了详细的规范和指导。这些准则要求注册会计师在面对不同类型的审计对象和情况时，采取合适的审计程序和技术，以确保审计证据的适当性和充分性。

4. 利用其他主体的工作类准则

在中国注册会计师审计准则体系中，利用其他主体的工作类准则为注册会计师在审计过程中有效利用内部审计人员、专家等其他主体的工作提供了规范和指导。这些准则的共同点在于强调了在审计任务中合理借助其他专业资源的重要性，同时确保审计质量不受外部工作依赖的影响。

《中国注册会计师审计准则第 1401 号——对集团财务报表审计的特殊考虑》专门针对集团财务报表的审计工作，要求注册会计师对集团内各个组成部分的财务信息进行综合评估并考虑集团层面的控制和风险，旨在提高集团审计的质量和效率，确保集团财务报表的准确性和完整性。《中国注册会计师审计准则第 1411 号——利用内部审计人员的工作》指导注册会计师如何评估内部审计并在审计过程中适当利用内部审计人员的工作成果，旨在提高审计效率的同时，能够保持审计的独立性和客观性。《中国注册会计师审计准则第 1421 号——利用专家的工作》涉及注册会计师在面对专业领域问题时，如何利用外部专家的专业知识和技能，这一准则要求注册会计师对专家的胜任能力、客观性和工作结果进行评估，确保专家证据的可靠性。这些准则要求注册会计师在审计过程中，能够在保持独立性和职业怀疑精神的同时，有效地整合和利用其他主体的工作成果。

5. 审计结论与报告类准则

审计结论与报告类准则是审计准则中的关键组成部分，用以指导注册会计师如何根据审计证据形成审计意见，并据此出具审计报告。审计结论与报告类准则共同构成了审计报告的框架，强调了注册会计师在形成审计意见和出具审计报告时的责任。

《中国注册会计师审计准则第 1501 号——对财务报表形成审计意见和出具审计报告》为审计报告的基础，规定了审计意见的形成过程和审计报告的基本内容，确保审计报告全面反映注册会计师对财务报表的意见，保障财务报表使用者的利益。《中国注册会计师审计准则第 1502 号——在审计报告中发表非无保留意见》针对财务报表存在重大错报或无法获取充分、适当的审计证据时，指导注册会计师如何发表保留意见、否定意见或无法表示意见等非无保留意见。《中国注册会计师审计准则第 1503 号——在审计报告中增加强调事项段和其他事项段》《中国注册会计师审计准则第 1504 号——在审计报告中沟通关键审计事项》进一步细化了审计报告的内容，要求注册会计师在审计报告中增加可能对财务报表使用者判断产生重大影响的强调事项段和与管理层沟通过的关键审计事项，增强了审计报告的信息价值和透明度。《中国注册会计师审计准则第 1511 号——比较信息：对应数据和比较财务报表》涉及对财务报表中包含的比较信息的审计要求，指导注册会计师如何对比较信息进行审计，以确保当前财务报表的一致性和准确性。《中国注册会计师审计准则第 1521 号——注册会计师对其他信息的责任》规定了注册会计师对被审计单位年度报告中包含的除财务报表和审计报告之外的其他信息的责任，要求注册会计师对这些信息进行阅读和考虑，以识别与财务报表或审计中了解的情况是否存在重大不一致。

综上所述，这些准则要求注册会计师全面考虑财务报表，确保在审计报告中提供准确、专业的审计意见，以增强财务报表的透明度和可信度，满足资本市场的信息需求。

6. 特殊领域审计类准则

特殊领域审计类准则涵盖了中国注册会计师在面对特定行业或财务报告形式时所应遵循的审计标准。这些准则为中国注册会计师在审计具有特殊性的财务报表或面对特定行业挑战时提供了专业的审计框架和指导。

《中国注册会计师审计准则第 1601 号——审计特殊目的财务报表的特殊考虑》针对特殊目的财务报表的审计提供了指导，强调了对报表特定目的和使用环境的考虑。《中国注册会计师审计准则第 1602 号——验资》为注册会计师执行验资业务提供了全面的规范和指导，确保验资工作的真实性和合规性。《中国注册会计师审计准则第 1603 号——对单一财务报表和财务报表特定要素审计的特殊考虑》指导注册会计师对单一财务报表或财务报表中的特定要素进行专业审计。《中国注册会计师审计准则第 1604 号——对简要财务报表出具报告的业务》主要涉及对简化版财务报表的审计报告要求。针对特定行业的审计，如《中国注册会计师审计准则第 1611 号——商业银行财务报表审计》强调了在商业银行财务报表审计中对特殊风险和控制的评估，为注册会计师执行商业银行财务报表审计业务提供了审计指南。《中国注册会计师审计准则第 1612 号——银行间函证程序》强调了在商业银行审计中银行间函证的重要性和程序的严谨性，为注册会计师在商业银行财务报表审计中实施银行间函证程序提供了规范。《中国注册会计师审计准则第 1613 号——与银行监管机构的关系》通过明确商业银行财务报表审计中的各方关系，促进注册会计师与银行监管机构之间的理解与合作，提高了审计的效率。《中国注册会计师审计准则第 1631 号——财务报表审计中对环境事项的考虑》《中国注册会计师审计准则第 1632 号——衍生金融工具的审计》以及《中国注册会计师审计准则第 1633 号——电子商务对财务报表审计的影响》分别关注了环境因素、衍生金融工具和电子商务对财务报表审计的影响，强调在这些新兴和复杂领域中注册会计师应具备的特殊知识和技能。以上准则要求注册会计师不仅要具备广泛的审计知识，还要对特定领域有深入的了解和适应性，以确保审计工作的质量和效率，更好地服务于多元化的审计市场。

（二）审阅准则

审阅准则对注册会计师执行历史财务信息的审阅业务进行规范，要求注册会计师主要通过询问和分析程序获取证据，以消极方式对所审阅信息是否不存在重大错报提供有限保证。审阅业务与审计业务不同，它涉及对财务报表的有限保证，主要通过执行询问、分析程序以及观察等程序来获取证据，而非像审计业务那样进行广泛的实质性测试。财务报表审阅的目标是注册会计师在实施审阅程序的基础上，说明是否注意到某些事项，使其相信财务报表没有按照适用的会计准则和相关会计制度的规定编制，未能在所有重大方面公允反映被审阅单位的财务状况、经营成果和现金流量。

《中国注册会计师审阅准则第 2101 号——财务报表审阅》为注册会计师执行财务报表审阅业务提供了标准，明确了其执业责任。该准则强调了审阅的目的是对财务报表是否存在任何明显的错误或不一致提供有限保证。注册会计师在进行审阅时，应运用职业怀疑精神，评估财务报表的合理性，并注意可能存在的重大错报。该准则还规定了注册会计师在审阅过程中的责任，要求注册会计师在审阅报告中清晰地表达对财务报表的意见，如果发现任何问题或限制，应在报告中适当地反映。

总的来说，审阅准则为财务报表审阅业务设定了明确的标准和期望，确保了审阅工作的质量和有效性。通过遵循这一准则，注册会计师能够为那些不需要全面审计服务的客户提供有价值的审阅服务，同时维护自己的职业声誉和责任。

（三）其他鉴证业务准则

《中国注册会计师其他鉴证业务准则第 3101 号——历史财务信息审计或审阅以外的鉴证业务》旨在规范注册会计师执行历史财务信息审计或审阅以外的鉴证业务时的行为。历史财务信息审计或审阅以外的鉴证业务的保证程度可以划分为有限保证和合理保证。在有限保证业务中，注册会计师的目标是将业务风险降至该业务环境下可接受的水平；而在合理保证业务中，注册会计师的目标是将业务风险降至该业务环境下可接受的低水平。针对承接与保持业务、业务计划与执行、利用专家工作、获取证据、考虑期后事项、形成工作记录、编制鉴证报告以及其他报告责任等方面，该准则提出了具体的要求，确保注册会计师能够在执行鉴证业务时，全面考虑与业务质量相关的各种因素，从而提高业务执行的质量和效率。

《中国注册会计师其他鉴证业务准则第 3111 号——预测性财务信息的审核》为注册会计师执行预测性财务信息审核业务提供了规范与指南。预测性财务信息是指被审核单位依据对未来可能发生的事项或采取的行动的假设而编制的财务信息。其中明确了预测性财务信息的定义，包括预测和规划为主的两种形式，以及基于最佳估计假设和推测性假设的区分。预测是指管理层基于最佳估计假设编制的预测性财务信息。规划是指管理层基于推测性假设，或同时基于推测性假设和最佳估计假设编制的预测性财务信息。最佳估计假设是指截至编制预测性财务信息日，管理层对预期未来发生的事项和采取的行动作出的假设。推测性假设是指管理层对未来事项和采取的行动作出的假设，该事项或行动预期在未来不一定会发生。注册会计师受托对预测性财务信息实施审核业务时，应当针对相关事项获取充分、适当的证据，并基于此出具报告，从而提高信息可信度。

二、相关服务准则

相关服务准则为对财务信息执行商定程序、代编财务信息等服务提供了规范与指南。需要注意的是，注册会计师在提供这些服务时，并不提供任何程度的保证。

（一）对财务信息执行商定程序

《中国注册会计师相关服务准则第 4101 号——对财务信息执行商定程序》为注册会计师对财务信息执行商定程序业务提供了规范与指南。注册会计师对特定财务数据、单一财务报表或整套财务报表等财务信息执行与特定主体商定的具有审计性质的程序，并就执行的商定程序及其结果出具报告。其中特定主体是指委托人和业务约定书中指明的报告致送对象。注册会计师执行商定程序业务，仅报告执行的商定程序及其结果，这一过程并不提供任何形式的鉴证结论，而是旨在通过执行的商定程序，为报告使用者提供必要的信息，以便他们能够进行独立的分析、评价，而非注册会计师提出鉴证结论。

（二）代编财务信息

《中国注册会计师相关服务准则第 4111 号——代编财务信息》为注册会计师执行代编财务信息业务提供了规范与指南。代编财务信息是指注册会计师运用会计而非审计的专业知识和技能，代客户编制一套完整或非完整的财务报表，或代为收集、分类和汇总其他财务信息。代编财务信息业务不仅为客户提供了专业的财务报表编制服务，而且还帮助客户理解和应用会计准则，优化财务信息的呈现。执行此类业务时，注册会计师同样应遵守职业道德规范，秉持客观、公正、保密的原则，获取并保持专业胜任能力和应有的关注。

三、会计师事务所质量管理准则

会计师事务所质量管理准则是《中国注册会计师执业准则》中所有其他准则的前提和基础，主要包括业务质量管理准则和项目质量复核准则。

（一）业务质量管理准则

业务质量管理准则对会计师事务所设计、实施和运行有关财务报表审计与审阅业务、其他鉴证业务以及相关服务业务的质量管理体系进行规范。除此之外，相关职业道德要求也可能针对会计师事务所在质量管理方面的责任作出规定，因此，会计师事务所需同时考虑本准则和其他相关职业道德中的要求。

《会计师事务所质量管理准则第 5101 号——业务质量管理》为会计师事务所设计、实施和运行有关财务报表审计业务、财务报表审阅业务、其他鉴证业务以及相关服务业务的质量管理体系提供了规范。该体系的目标是确保会计师事务所及其人员在执行业务过程中，能够遵守相关法律法规和职业准则的规定，且能够出具适应具体情况的报告。此外，会计师事务所需要考虑到与业务质量管理相关的职业道德要求，以确保在所有操作中都能够遵循高标准的职业道德和行为规范。具体而言，业务质量管理准则从风险评估程序、治理和领导、职业道德要求、客户关系管理、业务执行、资源配置、信息与沟通以及监控和整改等八个方面提出了明确要求。这些要求旨在确保会计师事务所能够识别并应对可能影响服务质量的风险，同时促进持续改进和质量提升。

（二）项目质量复核准则

项目质量复核是会计师事务所质量管理体系中的关键环节。项目质量复核准则明确了复核的范围，规定了复核人员的资质和职责，包括项目质量复核时执行的实施与记录方面的工作。

《会计师事务所质量管理准则第 5102 号——项目质量复核》规范了项目质量复核人员的委派和资质要求，明确了项目质量复核人员在实施和记录项目质量复核方面的责任。这一准则要求会计师事务所委派具有相应资质的人员对审计项目进行复核，以客观评价项目组的重大判断和结论。项目质量复核的目的在于确保审计工作的质量和最终报告的准确性，从而增强公众对审计结果的信任。项目质量复核准则主要包括项目质量复核人员的委派和资质要求、项目质量复核的实施、工作底稿的编制等方面。这些要求确保了复核的有效性和实用性，使之能够对审计项目的质量产生积极的监督和改进作用。

第五节　注册会计师职业道德守则

为了规范注册会计师的执业行为，提高职业道德水准，维护职业形象，中国注册会计师协会依据《注册会计师法》和《中国注册会计师协会章程》，制定了《中国注册会计师职业道德守则》系列文件。这些守则为注册会计师制定了指导原则和标准，确保其在提供专业服务时坚守职业道德，维护公众利益。

《中国注册会计师职业道德守则第 1 号——职业道德基本原则》明确了注册会计师应遵循的基本道德准则，包括诚信、客观公正、独立性、专业胜任能力和勤勉尽责、保密以及良好职业行为等，这些原则构成了注册会计师执业行为的基石。为了进一步细化这些原则，并指导注册会计师应对实际工作中的道德挑战，《中国注册会计师职业道德守则第 2 号——职业道德概念框架》提出了一个包含识别、评估和应对职业道德问题的框架。这个框架强调，在面对潜在的道德困境时，注册会计师应通过合理判断和适当行动来维护职业道德标准。在针对特定职业活动时，《中国注册会计师职业道德守则第 3 号——提供专业服务的具体要求》《中国注册会计师职业道德守则第 4 号——审计和审阅业务对独立性的要求》以及《中国注册会计师职业道德守则第 5 号——其他鉴证业务对独立性的要求》分别制定了更为具体的道德和独立性要求，涵盖了在提供专业服务、执行审计和审阅业务以及其他鉴证业务时，注册会计师应如何处理利益冲突，保持独立性和客观性，以及如何确保服务质量和行为的正当性。

一、注册会计师职业道德基本原则

注册会计师在实现执业目标时，应当遵守以下职业道德基本原则：诚信、客观公正、独立性、专业胜任能力和勤勉尽责、保密、良好职业行为。

（一）诚信

诚信原则是注册会计师行业存在和发展的基石，在职业道德基本原则中居于首要地位。诚信原则作为职业道德的核心，要求注册会计师在其所有执业活动中展现正直和诚实守信的行为。在面对可能误导利益相关者的信息时，注册会计师必须采取措施避免与这些信息产生关联，并在发现已与问题信息产生联系时，采取必要措施消除这种联系。仅当按照职业准则规定出具的业务报告适当时，注册会计师才不会被认为违反了诚信原则。

（二）客观公正

客观原则要求注册会计师应当力求公正，不因成见或偏见、利益冲突和他人影响而损害其独立性。

公正原则要求注册会计师应当具备正直、诚实的品质，在各种压力面前不屈服，能够公平公正、不偏不倚地对待利益各方，不以牺牲一方的利益为条件而使另一方受益，也不得由于偏见、利益冲突等影响自己的职业判断。

（三）独立性

独立性原则要求注册会计师在执行审计、审阅及其他鉴证业务时，应从实质上和形式上维持独立性，确保不受任何利害关系的影响，从而保持客观公正。会计师事务所在承接审计、审阅以及其他鉴证业务时，应当从会计师事务所整体层面和具体业务层面采取措施，以保持会计师事务所和项目团队的独立性。

（四）专业胜任能力和勤勉尽责

专业胜任能力和勤勉尽责原则要求注册会计师获取并维持必要的专业知识与技能，以提供专业水平的服务，并以勤勉尽责的态度完成工作任务。

专业胜任能力是指注册会计师具有专业知识、技能和经验，能够经济、有效地完成客户委托的业务。注册会计师在应用专业知识和技能时，应当合理运用职业判断。专业胜任能力可分为两个独立阶段：专业胜任能力的获取和专业胜任能力的保持。注册会计师应持续更新自身的专业知识和技能，以适应法律、技术和实务的发展。

勤勉尽责原则要求注册会计师应当遵守职业准则的要求并保持应有的职业怀疑，认真、全面、及时地完成工作任务，确保在其指导下工作的人员接受适当的培训和监督。

（五）保密

保密原则要求注册会计师应对在执业活动中获得的所有机密信息保密，未经授权不得披露给第三方，除非法律另有规定。同时，注册会计师应采取措施确保团队成员遵守保密义务。

（六）良好职业行为

良好职业行为原则要求注册会计师应展现出高度的职业责任感和道德标准，遵守相关法律法规，避免任何可能损害职业声誉的行为。在公众面前传递信息时，注册会计师应保持客观、真实和得体，不夸大其服务能力或贬低他人。

二、注册会计师职业道德概念框架

注册会计师职业道德概念框架是指解决注册会计师职业道德问题的思路和方法，为注册会计师在面对职业道德挑战时提供了一套系统的思考和行动指南，指导注册会计师识别、评价和应对各种可能对职业道德基本原则产生的不利影响。在应用此框架时，注册会计师需展现出高度的职业判断力，对环境中的新信息、事实变化保持敏感，并能够实施一个基于充分信息和理性判断的第三方测试。该框架主要包括以下步骤：

（一）识别对职业道德基本原则的不利影响

识别对职业道德基本原则的不利影响是过程的初步阶段。注册会计师需细致分析各种情形，如自身利益、自我评价、过度推介、密切关系和外在压力等，这些因素都可能对诚信、客观公正、专业胜任能力、保密和良好职业行为等基本原则产生冲击。

因自身利益产生的不利影响是指由于某项经济利益或其他利益可能不当影响注册会计师的判断或行为。例如，注册会计师在执行审计业务时可能为了牟取私人利益而泄露被审计单位机密信息，这显然违反了保密义务。

因自我评价产生的不利影响是指注册会计师在执行当前业务的过程中，其判断需要依赖其本人或所在会计师事务所以往执行业务时作出的判断或得出的结论，而该注册会计师可能不恰当地评价这些以往的判断或结论。例如，注册会计师为客户编制用于生成有关记录的原始数据，那么，注册会计师在执行审计业务时可能会不恰当地评价这些记录的准确性。

因过度推介产生的不利影响是指注册会计师倾向客户的立场，导致该注册会计师的客观公正原则受到损害而产生的不利影响。例如，注册会计师推介客户的产品并从中获取个人抽成，那么，注册会计师在执行审计业务出具审计报告时可能有失公允。

因密切关系产生的不利影响是指注册会计师由于与客户存在长期或密切的关系，导致过于偏向客户的利益或过于认可客户的工作。例如，审计项目团队成员的主要近亲属担任审计客户的高级管理人员，那么，该审计人员在执行审计程序时可能受到近亲属的影响，进而影响审计证据的可靠性。

因外在压力产生的不利影响是指注册会计师迫于实际存在的或可感知到的压力，导致无法客观行事。例如，注册会计师接受了客户赠予的重要礼品，在发现重大错报时被企业威胁发表无保留审计意见，否则将公开其收受礼品的事情，这必然会影响审计报告的可靠性。

（二）评价不利影响的严重程度

评价不利影响的严重程度是框架的核心环节。注册会计师应从性质和数量两个维度对不利影响进行深入分析，判断这些不利影响是否超出了可接受的水平。这一评估过程包括对专业服务的性质、范围、新信息的出现以及客户与会计师事务所的关系等因素的综合考量。

如果识别出对职业道德基本原则的不利影响，注册会计师应当评价该不利影响的严重程度是否处于可接受的水平。可接受的水平是指注册会计师在针对识别出的不利影响实施理性且掌握充分信息的第三方测试之后，得出其行为并未违反职业道德基本原则的结论时，该不利影响的严重程度所处的水平。注册会计师在评价不利影响的严重程度时，应当从性质和数量两方面考虑，并在适当时考虑多项不利影响组合起来的效果。

（三）应对不利影响

应对不利影响是注册会计师职业道德概念框架的实践阶段。如果判定不利影响超出了可接受水平，注册会计师应采取积极措施，如消除或减轻这些影响，或在必要时拒绝或终止某些执业活动，以确保职业行为的道德性和合规性。

第六节 注册会计师审计前沿研究

一、大数据分析视角下注册会计师审计前沿研究

在数智化时代，传统的审计方法已难以应对庞大的信息处理需求。人工智能技术的迅猛发展为注册会计师的审计工作带来了全新的前沿研究方向。通过运用人工智能技术，注册会计师不仅能更高效地处理和分析数据，还能更准确地评估风险、识别异常交易、预测潜在欺诈，并提供更科学的审计决策支持。

数智化背景下企业的数据量呈现爆炸性增长，注册会计师需要运用先进技术高效地识别、分类和分析这些数据。深度学习中的卷积神经网络（Convolutional Neural Network，CNN）可以用来自动分析财务报表的扫描件或图片，识别表格、图表和其他视觉元素。通过 CNN 技术，注册会计师能更快识别和分类财务报告中的关键词和概念。

循环神经网络（Recurrent Neural Network，RNN）作为处理时间序列数据的重要工具，可以帮助注册会计师发现收入、支出、资产和负债等指标的长期趋势和季节性变化，从而评估财务数据的波动性和风险水平。主成分分析（Principal Components Analysis，PCA）在保留数据集中大部分变异性的同时减少数据的维度，从而简化模型并提高计算效率。在审计数据分析中，PCA 可以用于提取关键特征，帮助注册会计师集中关注对审计结论影响最大的因素。

此外，支持向量机（Support Vector Machine，SVM）是一种强大的分类算法，可以用来区分不同类型的交易或账户余额，如将交易分类为正常或异常。借助 SVM 技术，注册会计师可以训练数据模型，以识别财务报表中的潜在错报或预测财务指标的变化。

这些先进技术使注册会计师能够从海量的财务和非财务数据中提取有价值的信息，快速识别异常交易、预测欺诈风险，并对数据间的复杂关系进行深入分析，从而为审计决策提供数据支持。

二、智能风险评估视角下注册会计师审计前沿研究

智能风险评估是注册会计师审计领域的另一前沿研究方向。传统的风险评估方法通常依赖于注册会计师的经验和主观判断，而智能风险评估借助机器学习和数据挖掘技术，更为客观和准确地识别和评估企业面临的各种风险。

机器学习算法可以通过分析大量历史数据，建立风险预测模型。这些模型可以识别出

与高风险事件相关的特征和模式，帮助注册会计师提前预警潜在风险。随机森林（Random Forest）算法在智能风险评估中起着重要作用，能够从大量变量中识别出对风险评估最为关键的因素，并处理变量间的复杂交互作用。

逻辑回归（Logistic Regression）和决策树（Decision Tree）等算法可以用于分类和预测风险事件的发生概率。贝叶斯网络（Bayesian Network）是一种基于概率的图形模型，能够在不完全数据情况下进行推断，是智能风险评估的有力工具。注册会计师可以借助贝叶斯网络处理不确定性和模糊性问题，通过推理和更新概率，识别潜在风险并评估其可能性。

自然语言处理（Natural Language Processing，NLP）技术则可以对企业公开披露的信息进行分析，从中发现潜在风险。NLP 技术能够处理包括财务报告、新闻报道、社交媒体帖子等在内的非结构化数据，通过情感分析、主题建模等方法，识别出负面情绪和潜在风险信号。例如，分析企业年度报告中的语调和措辞变化，可以揭示管理层可能试图掩盖的财务困境。

三、自动化审计视角下注册会计师审计前沿研究

在自动化审计的视角下，注册会计师的审计工作发生了显著变革。通过集成企业的财务系统、ERP 系统和其他相关系统，注册会计师可以实时获取和整理大量财务数据。这不仅减少了手工输入的错误和时间消耗，还确保了数据的完整性和一致性。机器学习技术在审计中的应用，使得自动化数据处理工具能够自动清理、分类和标准化数据，从而使注册会计师能够快速进行后续分析，提高了审计效率。

自动化审计通过预设的规则和算法，可以自动识别出异常交易、异常账户余额和其他潜在的财务问题。数据挖掘技术能够从大量数据中发现模式和关系，而机器学习技术则可以自动学习和改进分析模型。例如，聚类分析和异常检测算法可以识别出与正常模式不符的交易，并自动生成异常报告，提示注册会计师进行进一步调查，从而提高了问题发现的速度和准确性。

自动化审计可以根据审计计划和注册会计师的职责，自动生成任务列表，并通过电子邮件或通知系统提醒注册会计师完成相关任务。这种智能化的工作流程不仅提高了审计过程的透明度和可控性，还确保了审计任务按时完成，减少了人为因素对审计进度的影响，从而提高了审计效率。

自然语言生成（Natural Language Generation，NLG）技术能够将结构化数据转换为自然语言文本。通过预设的模板和格式，NLG 技术可以将审计结果、发现的问题和建议自动填入报告中，并根据数据分析的结果生成图表和统计信息。这不仅提高了审计报告生成的效率，还确保了报告的规范性和一致性，使审计报告更加专业和易于理解。

物联网（Internet of Things，IoT）技术的应用，使注册会计师能够实时获取企业运营

中的各类数据，如生产设备的运行状态、供应链的物流信息等。IoT 实时提供的数据可帮助注册会计师动态评估企业的风险状况，及时发现和处理问题。这种实时监控不仅有助于及早发现问题和纠正错误，还能提供持续的风险评估和控制，确保企业的财务健康与合规。

通过电子档案管理系统，自动化审计可以自动存储和对审计文档进行分类，并提供便捷的检索和查询功能。这不仅提高了文档管理的效率，还确保了文档的安全性和保密性。注册会计师可以随时访问和审阅相关文档，提高了审计工作的灵活性和便捷性。

思政研习

进一步规范日常审计秩序 促进注册会计师行业发展

改革开放以来，我国注册会计师行业规模不断扩大，服务范围持续拓展，行业整体发展向好，在维护资本市场秩序、保障社会公众利益、提升会计信息质量和经济效率等方面发挥了重要作用。然而，仍存在会计师事务所“看门人”职责履行不到位、行业监管和执法力度不足等问题，导致企业财务会计信息失真、上市公司财务造假等现象时有发生。为此，国务院办公厅于 2021 年 8 月 23 日印发了《关于进一步规范财务审计秩序促进注册会计师行业健康发展的意见》（以下简称《意见》），为“十四五”和今后一段时期我国注册会计师行业的发展指明了方向。

《意见》加大了对违法主体的处罚力度，明确提出要制定注册会计师行业的基础性制度清单。在法律修订方面，《意见》强调要推动修订会计法规，特别是加大对财务造假的处罚力度，规范财务管理，强化内部控制，从源头上规范企业会计行为。同时，加快推进注册会计师法规的修订，着重对违规出具虚假审计报告等行为进行严厉处罚。为此，需配合有关方面研究完善注册会计师法律责任的相关司法解释，细化不同情形的判断标准。在行业制度规范方面，《意见》加强了会计师事务所监督检查办法、会计师事务所一体化管理办法、注册会计师行业严重失信主体名单管理办法、会计师事务所自查自纠报告规定等监管类制度的建设。

此外，《意见》要求优化注册会计师的执业环境，提升注册会计师的专业能力。针对行业发展，《意见》提出要引导会计师事务所强化内部管理，出台一体化管理办法，建立健全公开、透明、规范的一体化管理检查评估程序。加快推进以质量为导向的会计师事务所选聘机制建设，完善国有企业、上市公司选聘会计师事务所有关规定，科学设置选聘指标权重，提高质量因素权重，降低价格因素权重，完善报价因素评价方式。针对注册会计师个人，《意见》强调要加强专业培训教育，创新继续教育方式，围绕专业胜任能力、职业技能、职业价值和职业道德等重点，丰富和完善教育内容。

《意见》还明确提出要加强注册会计师行业的信息化建设。通过构建注册会计师行业统一监管信息平台，探索建立审计报告数据单一来源制度，推动实现全国范围的“一码通”，从源头上治理虚假审计报告问题。同时，《意见》提出要加强银行函证数字化平台建设，加快推进函证的集约化、规范化和数字化进程，利用信息技术解决函证不实、效率低下、收费过高等问题，以支持提升审计效率和质量。《意见》还强调要充分利用信息技术手段，上线注册会计师继续教育相关应用，以切实提高培训效果，确保注册会计师持续保持高水平的专业能力。

通过这些措施，逐步完善行业治理，显著优化执业环境，确保注册会计师行业在新时代取得新突破，实现新作为，为全面建设社会主义现代化国家贡献力量。注册会计师要牢记使命，不断提升自身的政治觉悟和专业能力，推动行业实现新的发展，为维护社会公平正义、规范市场经济秩序、保障国家经济安全提供有力支撑。

讨论主题：注册会计师审计如何在“十四五”时期更好发挥“看门人”的职责？

案例分析

案例背景：

2022 年 2 月 25 日，TT 会计师事务所因未勤勉尽责而受到证监会的行政处罚，成为首家被执行“没一罚六”的会计师事务所。此次处罚不仅导致 TT 会计师事务所的三名注册会计师遭到 3—10 年的证券市场禁入，还使得被审计的上市公司 XY 公司在 2022 年 4 月 28 日被上交所摘牌。本案例探讨了 TT 会计师事务所在审计 XY 公司年度报告中的违规行为及其面临的行政处罚。

首先，TT 会计师事务所在明知 XY 公司年报审计业务已被其他会计师事务所“拒接”的情况下，仍与 XY 公司签订了所谓的“抽屉”协议。这一协议承诺不在审计报告中出具否定性意见，并要求 XY 公司在监管部门处罚时提供补偿。这显然违反了审计独立性和客观性原则。

其次，TT 会计师事务所在审计过程中存在严重的独立性缺失，审计程序存在多项缺陷，审计报告中存在虚假记载和重大遗漏，未能真实反映 XY 公司 2018 年和 2019 年的财务状况。此外，审计人员还涉嫌修改和删除审计底稿，进一步加剧了审计报告的不实性。

再次，在收入审计方面，TT 会计师事务所也存在严重缺陷。审计人员不仅未实施充分审计程序核实贸易收入的真实性，忽视了潜在的舞弊风险，还未对物业费收入和保理业务收入实施必要审计程序，导致审计结论的可靠性受损。更为严重的是，审计人员协助修改租金抵账协议，进一步削弱了收入审计程序的有效性。

最后，TT 会计师事务所在函证程序中也存在严重问题，在对应收账款、应付账款的函证过程中失去控制。TT 会计师事务所在执行 XY 公司其他应收款和营业外收入的函证程序时，对存在的多处异常情况未予以应有的关注，未执行进一步审计程序消除异常情况，也未将异常情况在底稿中记录，导致审计报告存在虚假记载。

综上所述，TT会计师事务所的违规行为不仅损害了投资者的利益，还破坏了市场秩序，降低了审计机构的公信力。在处罚正式落地后，该案例全链条追究了上市公司、审计机构、居间人勾结串联从事违法行为的法律责任，起到了震慑违法行为、净化市场生态的法制效果和社会效果，有效促进了审计机构归位尽责，切实维护了投资者的合法权益。

讨论问题：

（1）阅读此案例，请回答如何有效加强会计师事务所的内部控制和管理，确保审计独立性和客观性？

（2）在应对潜在审计风险和舞弊风险时，注册会计师应采取哪些具体措施以提高审计工作的质量和公信力？

思考题

1. 什么是注册会计师审计？
2. 什么是注册会计师审计法规？注册会计师审计法规的特征是什么？
3. 《中国注册会计师执业准则》主要由哪几部分构成？
4. 注册会计师职业道德基本原则具体有哪些？

第六章 国有企业审计专题研究与案例

学习目标

1. 熟悉国有企业审计基础。
2. 熟悉国有企业审计法规。
3. 掌握国有企业审计法律责任。
4. 了解国有企业股权投资审计法规。
5. 了解国有金融企业资产审计法规。
6. 了解国有融资平台企业审计法规。

第一节 国有企业审计基础

一、国有企业审计定义

国有企业审计是指审计机关或其他独立的审计机构依据相关法律法规和审计准则，对国有企业的财务状况、经营成果、内部控制和风险管理等进行系统性、独立性和专业性的检查与评估。其目的是确保国有资产的安全与增值、促进企业的合法合规经营、提高企业的管理水平和经营效益，并为国家和企业决策提供准确、可靠的依据。

国有企业审计包括以下几个方面：

第一，财务审计。审计人员应当对国有企业的财务报表及其相关的会计记录进行审查，确保其公允反映企业的财务状况和经营成果，检查财务数据的真实性、准确性和完整性。

第二，合规审计。审计人员应检查企业在经营活动中是否遵守国家法律法规、行业规定和内部规章制度，确保企业的各项活动合法合规，防范法律风险。

第三，绩效审计。审计人员应评估企业资源的使用效率和效果，检查企业是否实现了既定的经营目标和绩效标准，提出改进建议以提高企业绩效。

第四，内部控制审计。审计人员应对企业的内部控制系统进行评估，检查其设计和运行的有效性，确保企业内部控制能够有效防范和控制风险。

第五，风险管理审计。审计人员应评估企业的风险管理体系，检查其是否识别、评估和应对各种经营风险，确保企业在复杂多变的市场环境中保持稳健运行。

第六，专项审计。根据特定需要，审计人员需要对企业的某一特定领域或事项进行深入审查，如资产负债情况、重大投资项目、兼并重组活动等。

国有企业审计的重要性体现在以下几个方面：

第一，维护国有资产安全。通过审计，发现和纠正企业在管理和经营中的问题和漏洞，防止资产流失，确保国有资产的保值增值。

第二，提升企业管理水平。通过审计，帮助企业发现管理中的不足和风险点，提出改进建议，推动企业完善管理机制，提升管理水平和运营效率。

第三，促进透明度和诚信。审计增强了企业财务信息的透明度和可靠性，提高了企业的诚信度，增强了利益相关者对企业的信任。

第四，支持决策。审计提供的独立、客观的评估报告，为国家和企业高层管理者的决策提供重要参考，助力科学决策和战略规划。

第五，促进依法经营。通过审计监督，促使企业遵守法律法规和行业规范，减少违法违规行为，推动企业合法合规经营。

二、国有企业审计主体

国有企业审计主体是指在国有企业审计过程中负责实施审计的一方当事人。具体包括以下几类：

（一）国家审计机关

国家审计机关是专门负责审计工作的政府机构，主要包括审计署和县级以上地方人民政府设立的审计机关。根据《审计法》和《宪法》，国务院设立审计署，在国务院总理领导下，主管全国的审计工作。省、自治区、直辖市、设区的市、自治州、县、自治县和不设区的市的人民政府也设立审计机关，分别在省长、自治区主席、市长、州长、县长和上一级审计机关的领导下，负责本行政区域内的审计工作。具体职责包括对财政收支、国有资产管理、国有企业财务收支等进行审计监督，确保国家政策的有效执行和国有资产的安全增值。《审计法》第二条规定："国家实行审计监督制度。坚持中国共产党对审计工作的领导，构建集中统一、全面覆盖、权威高效的审计监督体系。"

（二）审计人员

审计人员是指在各级审计机关中具体从事审计业务的工作人员。他们是审计工作的直接执行者，负责实施审计任务、收集和分析审计证据、编写审计报告等。审计人员应当具备专业的审计知识和技能，严格遵守审计职业道德和法律法规，保持独立性和客观性，依法履行审计职责。《审计法》第十三条规定：“审计人员应当具备与其从事的审计工作相适应的专业知识和业务能力。审计机关根据工作需要，可以聘请具有与审计事项相关专业知识的人员参加审计工作。”审计人员在审计过程中必须遵循法定程序，保持独立性和公正性，确保审计结果的客观性和准确性。同时，他们还需要不断提升自身的专业素质和职业能力，以适应不断变化的审计环境和工作要求。

（三）授权性主体

授权性主体是指经过审计机关授权，承担特定审计任务的人员或机构。例如，审计机关可以根据工作需要，授权审计特派员或外部审计机构实施特定的审计项目。这些授权性主体在授权范围内行使审计职能，负责执行具体的审计任务，并向授权的审计机关报告审计结果。授权性主体的设立和管理应当严格按照法律法规和相关制度执行，确保审计工作的规范性和有效性。《审计法》第十条规定：“审计机关根据工作需要，经本级人民政府批准，可以在其审计管辖范围内设立派出机构。派出机构根据审计机关的授权，依法进行审计工作。”此外，审计机关在授权审计过程中，还应当加强对授权性主体的管理和监督，确保其依法依规开展审计工作，维护审计工作的公正性和权威性。

国有企业审计主体包括国家审计机关、审计人员和授权性主体。各主体各司其职，共同承担起对国有企业的审计监督职责，确保国有资产的安全和高效运营，促进企业管理水平的提升和经营效益的提高。在具体实施过程中，审计主体应当严格按照相关法律法规和审计标准，确保审计工作的公正性、独立性和有效性。通过完善审计主体的职责和管理机制，可以更好地发挥审计在国家治理中的重要作用，推动国有企业实现高质量发展。

三、国有企业审计客体

国有企业审计客体是指在审计过程中被审计的一方，即接受审计的单位和事项。国有企业审计客体主要包括以下几个方面：

（一）国有企业的财务收支

国有企业的财务收支是审计工作的核心内容之一，涉及企业的财务状况、经营成果和现金流量。审计机关需要对国有企业的财务报表进行全面审计，确保其财务信息的真实性、合法性和完整性。重点审计内容包括资产、负债、所有者权益、收入、成本和利润等财务数据，以及相关的财务管理和内部控制制度。《审计法》第二十二条规定：“审计机关对国有企业、国有金融机构和国有资本占控股地位或者主导地位的企业、金融机构的资产、负债、损益以及其他财务收支情况，进行审计监督。”

（二）国有资产的管理和使用

国有资产的管理和使用是确保国有资产保值增值的重要内容。审计机关需要对国有企业的资产管理情况进行审计，审查其资产购置、使用、维护和处置的合法性和合规性。重点关注固定资产、无形资产和长期投资等方面的管理情况，防止国有资产流失和损失。《审计法》第二十四条规定："审计机关对国有资源、国有资产，进行审计监督。"

（三）企业的经营管理和重大经济活动

国有企业的经营管理和重大经济活动是审计关注的重点领域，包括企业的生产经营、投资决策、项目管理和经营成果等。审计机关需要对企业的经营决策过程、项目实施情况和经营绩效进行审计，评估其管理制度的有效性和经济活动的合理性，确保企业在市场竞争中依法合规经营，提升经营效益。《审计法》第二十三条规定："审计机关对政府投资和以政府投资为主的建设项目的预算执行情况和决算，对其他关系国家利益和公共利益的重大公共工程项目的资金管理使用和建设运营情况，进行审计监督。"

（四）企业的内部控制和风险管理

企业的内部控制和风险管理是保障企业规范运行和防范风险的重要环节。审计机关需要审查企业内部控制制度的建立和执行情况，评估其内部控制的有效性和风险管理的科学性。重点关注企业的风险识别、评估和应对措施，确保其内部控制体系能够有效防范和控制各类风险。《审计法》第十二条规定："审计机关应当建设信念坚定、为民服务、业务精通、作风务实、敢于担当、清正廉洁的高素质专业化审计队伍。"

（五）企业的合规性和法律责任

企业的合规性和法律责任是审计工作的重要内容之一。审计机关需要审查企业遵守国家法律法规、行业规范和企业内部规章制度的情况，评估其法律风险和合规管理的有效性。重点关注企业在财务、税务、环保、安全生产等方面的合规情况，确保其依法依规经营。《宪法》第一百零九条规定："县级以上的地方各级人民政府设立审计机关。地方各级审计机关依照法律规定独立行使审计监督权，对本级人民政府和上一级审计机关负责。"

综上所述，国有企业审计客体包括企业的财务收支、国有资产的管理和使用、企业的经营管理和重大经济活动、企业的内部控制和风险管理以及企业的合规性和法律责任。通过对这些审计客体的全面审查，审计机关能够有效监督国有企业的财务状况和经营活动，确保国有资产的安全和高效运营，提升企业的管理水平和经营效益，推动国有企业实现高质量发展。同时，审计机关应当严格按照相关法律法规开展审计工作，确保审计的独立性、公正性和有效性，为国家经济发展和社会稳定提供有力保障。

四、国有企业审计内容

国有企业审计内容涵盖广泛，旨在全面评估国有企业的财务状况、经营管理、合规性和社会责任等方面，确保国有资产的安全和高效运营，促进企业的可持续发展。具体内容如下：

（一）审查国有企业会计信息的真实性和经济活动的合法性

审计机关需要重点关注国有企业的会计信息是否真实、完整，财务报表是否公允反映企业的财务状况和经营成果。审查企业的资产、负债、收入、费用和利润，确保其符合会计准则和相关法规要求。同时，揭露和查处弄虚作假等重大违法违规问题，维护国有资产的安全。依据《审计法》第二十二条规定，审计机关对国有企业的资产、负债、损益以及其他财务收支情况进行审计监督，确保其合法性和合规性。此外，《企业会计准则》等法规也提供了审计的具体标准和要求。

（二）重点关注国有企业的损益状况、资产质量和负债情况

审计机关应重点关注国有企业的经营成果、资产质量和负债情况，揭示企业在资产管理和债务管理中的潜在风险和问题。审查企业的损益状况，评估其盈利能力和经营绩效，确保企业的财务状况稳健可靠。《中华人民共和国企业国有资产法》（以下简称《企业国有资产法》）规定，国有资产的保值增值是审计的重要内容之一。审计机关需确保国有企业的资产质量良好，防止资产流失和价值减损。

（三）检查国有企业治理结构及内部控制制度的建立和执行情况

审计机关需要审查国有企业的治理结构和内部控制制度，评估其在企业管理中的有效性。重点关注企业的内部控制体系是否健全、执行是否有效，确保企业的经营活动规范有序，推动国有企业加强内部管理，提高管理效率。依据《公司法》和《企业内部控制基本规范》相关规定，审计机关应检查国有企业在治理结构和内部控制方面的建设和执行情况，确保其管理制度符合国家法律法规和行业标准。

（四）审查国有企业经营中的突出问题和绩效状况

审计机关应加强对国有企业重要经营领域和关键环节的监督，特别是重大决策、重大项目、资金使用和资源利用等方面。揭示企业在经营管理中的突出问题和重大风险，维护国有企业和国家经济安全，促进企业深化改革和完善制度。依据国务院办公厅印发的《关于加强和改进企业国有资产监督防止国有资产流失的意见》，审计机关应重点审查国有企业在重大项目和资金使用中的合规性和绩效，确保企业高效运作和资源合理配置。

（五）审查国有企业落实国家宏观经济政策和履行社会责任情况

审计机关应重点关注国有企业贯彻执行国家战略性结构调整、发展战略性新兴产业、提升核心竞争力、增强自主创新能力、实施节能减排等重大决策部署和宏观政策措施的情况。深入分析企业经济活动与国家方针政策之间的内在关联，促进国家方针政策和相关法律法规的贯彻落实。依据中共中央、国务院印发的《关于深化国有企业改革的指导意见》，审计机关需确保国有企业在执行国家重大决策和宏观政策时，不仅要关注企业的经济效益，还要注重社会效益，推动企业履行社会责任，支持国家战略目标的实现。

通过上述审计内容的全面覆盖，审计机关能够有效监督国有企业的财务状况和经营活动，确保国有资产的安全和高效运营，推动企业提升管理水平和经营绩效，促进国有企业实现高质量发展。同时，审计机关应严格按照相关法律法规开展审计工作，确保审计的独立性、公正性和有效性，为国家经济发展和社会稳定提供有力保障。

五、国有企业审计结果使用

国有企业审计结果是指在审计机关对国有企业的财务状况、经营成果及其相关活动进行审查后，形成的审计报告和结论。这些审计结果不仅反映了国有企业在财务管理和运营中的优缺点，还揭示了潜在的财务风险和管理问题。通过对审计结果的合理使用，能够有效提高国有企业的管理水平，确保国有资产的保值增值，促进国家经济的健康发展。国有企业审计结果的使用不仅是对企业内部管理的优化，同时也是国家审计监督的重要环节，具有维护国家经济秩序和社会公众利益的重大意义。

《审计法》第四十条规定："审计机关可以向政府有关部门通报或者向社会公布审计结果。审计机关通报或者公布审计结果，应当保守国家秘密、工作秘密、商业秘密、个人隐私和个人信息，遵守法律、行政法规和国务院的有关规定。"这一规定确保了审计结果的透明性，同时保护了相关利益方的合法权益。

审计机关在审计过程中发现的问题，需要被审计单位及时整改。《审计法》第五十二条规定："被审计单位应当按照规定时间整改审计查出的问题，将整改情况报告审计机关，同时向本级人民政府或者有关主管机关、单位报告，并按照规定向社会公布。各级人民政府和有关主管机关、单位应当督促被审计单位整改审计查出的问题。审计机关应当对被审计单位整改情况进行跟踪检查。"这一条款明确了审计结果的整改要求和跟踪机制，确保审计问题得到及时有效的解决。

对于违反审计法规定的行为，《审计法》第六章"法律责任"作出了详细规定。第五十条指出："对被审计单位违反国家规定的财务收支行为，审计机关、人民政府或者有关主管机关、单位在法定职权范围内，依照法律、行政法规的规定，区别情况采取前条规定的处理措施，并可以依法给予处罚。"这一规定赋予审计机关在发现违法行为时采取相应处罚措施的权力。

国有企业领导干部的经济责任审计，是确保领导干部廉洁奉公、正确履职的重要手段。《审计法》第五十八条规定："领导干部经济责任审计和自然资源资产离任审计，依照本法和国家有关规定执行。"审计结果应作为领导干部绩效考核和任免的重要参考依据，以增强审计的监督效能和影响力。

对于国有资产的审计监督，《审计法》第二十四条规定："审计机关对国有资源、国有资产，进行审计监督。"这一规定确保了国有资产的管理和使用符合国家规定，防止国有资产流失，提升国有资产的使用效益。

第二节 国有企业审计法规

一、国有企业审计法规概述

国有企业审计法规是国家对国有企业进行监督和管理的重要法律依据。这些法规旨在规范国有企业的财务行为和经营活动，确保国有资产的安全和增值，推动国有企业提高管理水平和运营效率。通过这些法规，国家可以对国有企业的经济活动进行系统、全面的审查，促进国有企业合法合规经营，防范和化解各类风险，保障国家经济安全。

国有企业审计法规首先明确了审计主体和审计权限。根据《审计法》，国家审计署和地方各级审计机关分别承担国有企业的审计职责。这些规定确保了审计机关在国有企业审计中的独立性和权威性。国家审计署负责审计中央管理的国有企业，而地方各级审计机关则负责审计地方国有企业。同时，这些法规还规定了审计机关在审计过程中所拥有的调查权、取证权和报告权，确保审计机关能够依法独立开展工作，不受其他行政机关、社会团体和个人的干预。

国有企业审计法规详细规定了审计的内容和重点，涵盖财务审计、经济责任审计、自然资源资产离任审计等方面。《企业内部控制基本规范》及其配套指引明确了国有企业在财务管理和内部控制方面的具体要求。财务审计主要审查企业的财务报表、资金流动和资产负债情况，确保企业财务信息的真实性和完整性。经济责任审计则重点审查企业领导人员的任期经济责任，评估其在任期间的经营绩效和管理水平。自然资源资产离任审计则关注企业在自然资源利用和保护方面的绩效，确保自然资源资产的可持续利用。

为了确保审计工作依法、有序、科学地进行，国有企业审计法规规定了详细的审计程序和方法。国务院印发的《关于加强审计工作的意见》明确了审计工作的各个环节，包括审计计划的制定、审计实施、审计报告的编制和审计结果的运用。审计计划的制定需要结合企业的实际情况，明确审计的范围、目标和重点。审计实施阶段，审计人员应依法进行现场调查和取证，确保审计过程的客观公正。审计报告的编制则要求全面、准确地反映审计发现的问题和整改建议。此外，审计结果的运用要做到透明、公正，确保审计工作对企业管理和运营产生实际效果。

审计结果的有效运用和反馈机制是国有企业审计法规的重要组成部分。《公司法》规定了被审计单位应当按照审计意见进行整改，审计机关对整改情况进行跟踪检查，并将审计结果作为企业绩效考核、干部任免和奖惩的重要依据。通过建立健全的反馈机制，确保审计发现的问题能够及时得到整改，从而不断完善企业的内部控制体系和风险管理机制。审计结果还可以为企业的战略决策提供重要参考，推动企业在市场竞争中保持良好的经营态势。

通过以上规定，国有企业审计法规为国有企业审计工作提供了全面的法律框架和制度保障。这些法规的实施，确保了国有企业审计工作的规范化、制度化和科学化，为推动国有企业的健康发展提供了强有力的法律支持。同时，通过对审计结果的有效运用，可以促使国有企业不断完善内部控制体系，加强风险管理，提高经营管理水平，从而实现国有资产的保值增值和高效运营。在当前经济形势下，强化国有企业的审计工作，进一步提升国有企业的治理水平，对于保障国家经济安全、推动经济高质量发展具有重要意义。

二、《党政主要领导干部和国有企事业单位主要领导人员经济责任审计规定》

（一）国有企业领导干部经济责任审计的概念

国有企业领导干部经济责任审计是指对国有企业主要领导干部在任职期间所承担的经济责任进行审计和评价的一种监督机制。该审计机制的核心目的是全面评估领导干部在国有资产管理、经营决策、财务管理和企业治理等方面的履职情况，确保其依法依规履行职责，保障国有资产的安全和增值，促进企业健康可持续发展。通过这种审计，国家能够有效监督领导干部的行为，督促他们在履职过程中更加谨慎和负责任，减少因决策失误或管理不善导致的国有资产损失。同时，这种审计也为企业提供了改善管理和运营的反馈，有助于提升企业整体治理水平和经营效率。

（二）制度演进

经济责任审计制度的发展历程反映了国家对国有企业领导干部监督管理的不断重视和完善。从初期的探索阶段到现在的制度化、规范化，经历了多个关键节点：

第一，初期探索（1980 年代至 1990 年代初）。在这个阶段，经济责任审计的概念逐步引入，但尚未形成系统的法规和制度。主要以地方试点和探索为主，积累经验。各地在实践中摸索出了许多有益的做法和经验，为后续制度的建立打下了基础。

第二，制度初步建立（1990 年代中期至 2000 年代初）。1999 年，中共中央办公厅和国务院办公厅联合印发的《国有企业及国有控股企业领导人员任期经济责任审计暂行规定》和《县级以下党政领导干部任期经济责任审计暂行规定》，标志着我国内部经济责任审计制度正式确立。该规定明确了经济责任审计的对象、内容和程序，为经济责任审计提供了初步的法律依据。这一时期，经济责任审计逐渐在全国范围内推广，各级审计机关开始系统化地开展这项工作，积累了宝贵的实践经验。

第三，全面推进和规范（2000 年代中期至今）。2006 年，国务院印发《中央企业经济责任审计实施细则》，进一步明确了经济责任审计的范围和要求。这一文件的发布标志着经济责任审计进入了全面推进和规范阶段。2010 年，中共中央办公厅和国务院办公厅联合印发《党政主要领导干部和国有企业领导人员经济责任审计规定》，对经济责任审计制度进行了全面规范和完善。这些文件在明确审计工作的具体要求、程序和内容方面发挥了重要作用。为适应新形势新要求，完善经济责任审计制度，党中央决定予以修订。两办于 2019 年印发《党政主要领导干部和国有企事业单位主要领导人员经济责任审计规定》（以下简称《经济责任审计规定》），指出经济责任审计是中国特色社会主义审计监督制度的重要组成部分。该规定进一步细化了经济责任审计内容和程序，增强了审计工作的可操作性和权威性。

（三）对高质量发展的重要性

国有企业领导干部经济责任审计在推动高质量发展方面具有重要意义：

第一，确保国有资产安全。通过对领导干部的经济责任审计，可以及时发现和纠正国有资产管理中的问题，防止国有资产流失，确保国有资产的安全和保值增值。审计能够揭示资产管理中的漏洞和薄弱环节，促使企业采取有效措施进行整改，从而强化资产管理，保障国有资产的长期安全和稳定。

第二，提升企业治理水平。经济责任审计可以评估领导干部在企业治理中的表现，促进企业建立健全治理结构和内部控制制度，提升管理效率和决策水平。通过审计，企业可以发现治理结构中的不足，优化管理流程，增强内部控制的有效性，进而提升整体治理水平和决策的科学性。

第三，促进依法合规经营。通过审计监督，促使领导干部严格遵守国家法律法规和企业规章制度，依法合规经营，减少违法违规行为的发生。审计能够揭示领导干部在履职过程中存在的违法违规行为，督促其改进工作作风和管理方式，确保企业各项经营活动的合法合规。

第四，推动企业改革和创新。经济责任审计可以揭示企业在改革发展中的问题和短板，提出改进建议，推动企业深化改革、创新发展，增强市场竞争力。审计结果为企业提供了客观、公正的反馈，有助于企业在改革过程中发现和解决问题，推动创新发展，提高市场适应能力和竞争力。

综上所述，国有企业领导干部经济责任审计不仅是对领导干部履职情况的监督和评价，也是提升企业治理水平、确保国有资产安全、促进依法合规经营和推动企业改革创新的重要手段。通过经济责任审计，国家能够有效保障国有企业的健康可持续发展，实现国有资产的保值增值和高效运营。

（四）内容介绍

《经济责任审计规定》是中共中央办公厅和国务院办公厅于2019年7月联合发布的一项重要文件，旨在强化对领导干部的经济责任审计，确保其在任职期间和离任后的经济活动符合党和国家的政策规定，推动高质量经济发展和廉洁政府建设。

《经济责任审计规定》首先确立了审计工作的指导思想，明确审计应以马克思列宁主义、毛泽东思想、邓小平理论、“三个代表”重要思想、科学发展观和习近平新时代中国特色社会主义思想为指导。这意味着审计工作不仅是经济和法律问题，更是政治和思想问题，需要全面贯彻党中央的政策，确保党对审计工作的集中统一领导。这一指导思想的确立，凸显了审计在国家治理中的政治属性和战略意义。

经济责任审计的组织协调机制也是《经济责任审计规定》的重要内容之一。各级党委和政府需要建立健全经济责任审计工作联席会议制度，这一机制旨在协调审计工作中的各方力量，包括纪检监察机关、组织部门、财政部门和国有资产监督管理部门等。通过联席会议，各部门能够形成合力，共同推进审计工作。这种协同机制不仅提高了审计工作的效率和覆盖面，也有助于增强审计结果的权威性和公信力。

在具体的审计内容上，《经济责任审计规定》详细列出了领导干部需要接受审计的各项经济责任。这些责任包括贯彻执行党和国家的经济方针政策、决策部署，重大经济事项的决策和执行，财政财务管理和经济风险防范，生态文明建设资金的使用和效益，以及党风廉政建设责任的落实等。通过这些具体的审计内容，规定不仅明确了审计的范围和重点，也为审计工作提供了明确的操作指南。

审计的实施程序也在《经济责任审计规定》中得到了详细描述。审计委员会办公室和审计机关需要根据年度审计项目计划，组成审计组并实施审计。在审计过程中，审计组不仅要听取被审计领导干部所在单位领导班子成员的意见，还要与相关部门、单位协作，确保审计资料的真实、完整。这一程序设计的核心在于通过多方参与和信息共享，提高审计的全面性和准确性。

在审计评价方面，《经济责任审计规定》强调要有充分的审计证据支持，坚持定性评价与定量评价相结合。这意味着审计工作不仅要发现问题，还要通过客观公正的评价，明确领导干部在经济活动中的责任。这一评价机制的设计，旨在通过公平、公正的审计结果，促使领导干部依法履职，廉洁从政。

审计结果的运用和反馈机制是《经济责任审计规定》的另一大亮点。各级党委和政府应建立健全经济责任审计结果的通报、责任追究、整改落实和结果公告等制度，将审计结果作为考核、任免、奖惩领导干部的重要参考。通过这一机制设计，规定不仅强调了审计结果的严肃性和权威性，还通过明确的后续处理措施，确保审计发现的问题能够得到及时整改，形成闭环管理。

《经济责任审计规定》的附则部分明确了审计委员会办公室、审计机关和审计人员在经济责任审计中的职责、权限和法律责任，并对相关条款的解释权和生效日期进行了规定。这些条款为审计工作的规范化、制度化提供了法律保障，也为未来的审计工作奠定了坚实的基础。

总之，《经济责任审计规定》通过详细的规定和严格的程序设计，旨在通过强化审计监督，促进领导干部依法用权、廉洁用权，推动经济高质量发展和国家治理体系现代化。《经济责任审计规定》不仅是对现有审计制度的完善和补充，更是党中央全面从严治党战略的重要组成部分，对于确保党和国家各项政策的贯彻执行，维护经济社会发展秩序具有重要意义。

三、《领导干部自然资源资产离任审计规定（试行）》

（一）国有企业领导干部自然资源资产离任审计的概念

国有企业领导干部自然资源资产离任审计是指对国有企业领导干部在任职期间对自然资源资产的管理、保护和利用情况进行审计评价的一种监督机制。该审计旨在评估领导干部在履行自然资源资产管理职责中的绩效，确保自然资源资产的可持续利用和生态环境的保护。通过这种审计，国家可以有效监督领导干部在任期内对自然资源的管理行为，督促其严格履行职责，保护自然资源和生态环境，防止因决策失误或管理不善导致的资源浪费和环境破坏。此项审计不仅是对领导干部个人绩效的评估，也是推动企业和地方政府加强生态文明建设、提升环境管理水平的重要手段。

（二）制度演进

领导干部自然资源资产离任审计制度的发展历程反映了国家对生态文明建设和自然资源保护的高度重视。从初期的政策试点到逐步制度化，经历了多个重要节点：

第一，初期探索（2000 年代初）。随着环境问题的日益严重，国家开始探索对领导干部自然资源资产管理情况进行审计的可能性。主要以地方试点为主，积累经验。这一阶段的工作主要集中在个别地区，通过地方政府和企业的实践，逐步摸索出一套适用于不同自然资源类型和管理模式的审计方法和评估标准。

第二，政策推动（2010 年代中期）。党的十八届三中全会通过的《中共中央关于全面深化改革若干重大问题的决定》，对领导干部自然资源资产离任审计作出明确部署。2015 年，中共中央、国务院印发的《生态文明体制改革总体方案》，提出构建由自然资源资产产权制度等八项制度构成的生态文明制度体系，将领导干部自然资源资产离任审计纳入完善生态文明绩效评价考核和责任追究制度中，并明确要求 2017 年出台规定。

第三，制度完善（2017 年至今）。2017 年 6 月，中共中央总书记、国家主席、中央军委主席习近平主持中央全面深化改革工作领导小组会议审议通过了《领导干部自然资源资产离任审计规定（试行）》（以下简称《规定》）。之后，两办印发了文件，对领导干部自然资源资产离任审计工作提出具体要求，并发出通知，要求各地区各部门结合实际认真遵照执行。

（三）对高质量发展的重要性

领导干部自然资源资产离任审计在推动高质量发展方面具有重要意义：

第一，促进生态文明建设。通过对领导干部在任职期间自然资源资产管理情况的审计，确保其履行环保职责，促进生态文明建设，推动绿色发展。通过审计，能够揭示领导干部在自然资源管理和生态环境保护方面的不足，促使其改进工作方式，落实绿色发展理念，推动生态文明建设深入发展。

第二，保障资源可持续利用。审计可以评估领导干部在资源利用方面的绩效，防止资源浪费和环境破坏，保障自然资源的可持续利用。通过审计，国家能够监督和评估领导干部在资源管理中的实际效果，确保资源利用的科学性和可持续性，推动企业和地方政府在资源管理中更加注重长远利益和生态保护。

第三，提高环境管理水平。通过审计发现和纠正领导干部在环境管理中的问题，推动企业和地方政府加强环境管理，提高环境保护水平。审计结果可以为企业和地方政府提供改进环境管理的具体建议和措施，有利于企业和地方政府建立和完善环境管理体系，提升环境治理能力和水平。

第四，增强领导干部责任意识。领导干部自然资源资产离任审计制度的建立使领导干部在任期内更加重视自然资源和生态环境的保护，增强其责任意识和履职自觉性。通过领导干部自然资源资产离任审计，领导干部在任期内的环境管理行为将受到监督和评估，促使其更加积极主动地履行环保职责，推动形成良好的环保工作氛围和管理机制。

（四）内容介绍

《规定》是为了加快推进生态文明建设，践行绿色发展理念，促进自然资源资产节约集约利用和生态环境安全，推动领导干部切实履行自然资源资产管理和生态环境保护责任而制定的。该《规定》基于《中共中央、国务院关于加快推进生态文明建设的意见》和

《生态文明体制改革总体方案》以及有关党内法规和国家法律法规，明确了审计的对象、内容和程序。

《规定》要求，领导干部在离任时必须接受自然资源资产离任审计。这一审计由审计机关依法依规进行，审查领导干部在任职期间对自然资源资产的管理、保护和利用情况，以确保他们在履职过程中合法合规。审计的主要对象包括地方各级党委和政府主要领导干部，以及各级承担自然资源资产管理和生态环境保护工作的部门（单位）的主要领导干部。

审计的内容涵盖多个方面，包括贯彻执行中央生态文明建设方针政策和决策部署情况，遵守自然资源资产管理和生态环境保护法律法规情况，重大决策情况，完成目标情况，监督责任履行情况，以及相关资金的征管用和项目建设运行情况。审计机关应充分考虑被审计领导干部所在地区的主体功能定位、自然资源资产禀赋特点和资源环境承载能力，确定具体的审计内容和重点。

《规定》强调审计应坚持依法审计、问题导向、客观求实、鼓励创新和推动改革的原则。审计机关在组织审计时，可以独立实施，也可以与领导干部经济责任审计统筹进行，确保审计工作的系统性和全面性。审计过程中，领导干部及其所在地区、部门（单位）应当提供必要的资料和支持，确保审计机关能够全面、准确地评估其履职情况。

审计机关应当依据审计查证的事实和国家有关政策，建立健全审计评价指标体系，将定性评价与定量评价相结合，客观公正地对领导干部履行自然资源资产管理和生态环境保护责任情况作出评价。评价结果将分为好、较好、一般、较差、差五个等次，并根据实际情况进一步细化标准。

《规定》还要求，审计机关应将审计意见提交委托审计的组织部门，并向党中央、国务院报告领导干部自然资源资产离任审计情况。地方审计机关应将审计情况向本级党委和政府报告，同时向上级审计机关报告。审计结果和整改情况将作为考核、任免、奖惩领导干部的重要依据，并归入被审计领导干部的个人档案。

《规定》自 2017 年 9 月 19 日起施行，为推进领导干部自然资源资产离任审计提供了明确的法律依据和操作指南，确保审计工作的规范化、制度化和科学化，推动领导干部在任期内更加重视自然资源和生态环境的保护。

第三节 国有企业审计法律责任

一、国有企业审计法律责任的概念

法律责任从字面上理解有两层意思：一是指个人应该做的事，起源于个人的承诺、职业要求、道德规范、风俗习惯和法律法规等；二是指未完成或应做之事完成得不好而应承担的不良后果甚至谴责或制裁。法律责任广义上是指任何组织和个人均负有的遵守法律及自觉维护法律尊严的义务；狭义上是指由特定法律事实所引起的对损害予以补偿、强制履行或接受惩罚的特殊义务。就目前国有企业审计法律责任的规定来看，国有企业审计法律责任属于狭义的法律责任。

审计是党和国家监督体系的重要组成部分。审计机关依法独立对国家重大政策措施贯彻落实情况、公共资金、国有资产、国有资源管理分配使用的真实合法效益以及领导干部履行经济责任、自然资源资产管理和生态环境保护责任情况进行审计监督，具有独立性、强制性、权威性和综合性。具体来看，国家审计所依据的审计法律体系属于行政法，主要是调整审计监督关系，为审计机关开展审计监督提供制度保障，规范审计机关的权力运行。国有企业审计法律责任的成因既有法律明文规定，更有国家审计机关的政治责任。

在责任主体层面，审计法律责任对审计行为具有约束作用，行使审计权的审计单位和接受审计的被审计单位均为审计法律责任的主体。国家审计法律责任存在的前提是审计法律规范，产生于行使审计监督权力的过程中。尽管审计单位和被审计单位在审计过程中所处地位不同，但双方都有遵守相关审计法律法规的义务并享有一定权利，违反审计法律法规应承担相应法律责任，因此双方均为审计法律责任的主体。

审计法律责任的主体包括审计主体（包括审计机关、审计组织及审计人员）、审计客体和委托者，具体分为三类：一是开展审计的人员，即实施审计的主体。如《审计法实施条例》第五十五条规定："审计人员违法违纪取得的财物，依法予以追缴、没收或责令退赔。"二是被审计单位及相关党政领导干部，即接受审计的主体。这部分规定内容在现行的审计法律法规中较多。三是与审计法律规范有关的中间机构，如接受国家审计委托的社会中介机构和专业人员等，对他们的审计法律责任的规定目前存在于地方性审计法规中。

二、国有企业审计法律责任的归责原则及类型

（一）归责原则

针对审计客体的法律责任归责原则，2019 年 7 月，两办印发的《经济责任审计规定》提出了新的要求，主要体现在以下几方面：

第一，权责一致原则。领导干部承担的经济责任应与其拥有的各项权力相匹配，责任界定时不能有权无责，也不能有责无权。这意味着在对领导干部的责任进行界定时，必须清晰地厘定其在决策和管理中的实际权力范围。

第二，实质重于形式原则。在责任界定中，要深入研究和关注经济事项决策和实施的实质，而不仅仅是表面的程序。责任的界定应基于实际情况和事实，而不是仅依靠程序和形式上的合规。

第三，谨慎稳重原则。经济责任的界定关系到领导干部个人发展，因此审计时必须充分取证，谨慎定责。在没有确凿的证据情况下，审计人员不能主观臆断或草率界定责任，确保每一项责任认定都经得起推敲。

第四，责任法定原则。审计人员应当以审计事实为依据，依法依规、不偏不倚地进行责任界定。所有的责任界定都应严格遵循相关法律法规，确保公平公正。

（二）审计客体的法律责任类型

《经济责任审计规定》将领导干部应负的经济责任简化为两类，即“直接责任”和“领导责任”，并删除了原有的“主管责任”。同时，结合《党政主要领导干部和国有企事业单位主要领导人员经济责任审计规定实施细则》，确定了两类责任的界定标准，明确了以下责任类型：

第一，直接责任。主要涉及领导干部在具体决策和管理中的直接行为和结果。直接责任的六种行为类型包括：违反法律法规和政策规定的行为；未经批准擅自决策造成重大损失；不执行上级决策、部署，造成不良后果；在资金、资产管理中存在重大违法违规行为；工作失职导致重大损失或不良影响；其他应当承担直接责任的行为。

第二，领导责任。涉及领导干部在管理和监督中的指导和支持角色。领导责任的五种行为类型包括：对下属人员管理不力，导致严重违规行为；对重大决策事项指导、监督不到位；对重大违法违纪行为未及时发现或处置；对重要事项决策失误负有领导责任；其他应当承担领导责任的行为。

（三）审计主体的法律责任归责原则

国家审计机关及其工作人员是代表国家实施审计监督，并在业务上对内部审计和社会审计进行管理、指导和监督。因此，在法律责任归责中适用无过错责任原则。无过错责任主要适用于职务或者职责上负有特定责任的组织或个人，这意味着即使审计人员严格按照审计程序和原则办事，仍可能因审计风险而出现失误，审计机关和审计人员也需要承担相应责任。

依据《审计法》，审计主体法律责任的类型具体包括以下几方面：

第一，履行审计监督权过程中的法律责任。审计机关及审计人员在履行审计监督权时，按实际责任类型进行归责。包括一般审计人员的责任、审计组长的责任等，并按具体责任人员的责任类型进行分类归责。

第二，独立性责任。审计机关和审计人员不得从事影响依法独立行使审计监督权的活动。审计机关如果参与被审计单位的管理和决策，会影响其履行审计监督职责的独立性。审计人员必须严格遵循审计程序和标准，提高法治思维和法治方式的运用能力，确保自身履职尽责的独立性。

第三，对被审计单位违规行为的处分建议。审计机关对被审计单位违反国家规定的财政收支、财务收支行为，提出给予处分的建议。如果行为构成犯罪，还要依法追究刑事责任。

第四，对拒绝配合审计行为的责任追究。被审计单位拒绝提供与审计事项有关的资料，或者提供不真实、不完整资料，或拒绝、阻碍检查、调查的，由审计机关责令改正，并可通报批评，给予警告；拒不改正的，依法追究法律责任。

（四）审计委托者的法律责任类型

委托审计主要有两种形式：一是从社会审计组织或其他企事业单位临时聘用审计人员或专家，编入审计机关审计组；二是委托中介机构执行审计机关统一组织项目的部分子项目。对于第一种情况，《审计法实施条例》第十一条规定："审计机关根据工作需要，可以聘请具有与审计事项相关专业知识的人员参与审计工作。"对于第二种情况，审计机关通过招标、邀请招标或指定委托等方式选择中介机构，并与其签订委托审计协议书，明确双方责、权、利，确保委托审计的规范性和合法性。

审计机关在职责范围内委托中介机构组成审计组，可以采用招投标、邀请招标或者指定委托等形式选择适宜的中介机构，并需遵照《中华人民共和国招标投标法》和《注册会计师法》履行法定程序。审计机关应严格审查中介机构的资质，避免存在利益冲突，并签订委托审计协议书，明确审计事项、范围、质量标准、完成时限等内容。审计机关应将委托审计项目视同一般审计项目，严格按照方案实施审计，确保审计工作的质量和效果。

三、相关法律法规与责任机制

（一）相关法律法规

《审计法》是规范审计工作的基本法律，其主要作用是明确审计机关的职责和权限，规定审计工作的基本原则和程序。根据该法，审计机关在对国家重大政策措施贯彻落实情况、公共资金、国有资产、国有资源管理使用情况，以及领导干部履行经济责任、自然资源资产管理和生态环境保护责任情况进行审计监督时，享有独立性和权威性。该法确保审计机关依法行使职权，维护审计工作的独立性和公正性，为审计法律责任的追究提供了基本依据。

《审计法实施条例》对《审计法》进行了具体解释和补充，详细规定了审计人员和被审计单位在审计过程中应遵守的具体要求和法律责任。《审计法实施条例》明确了审计程序、审计报告的编制要求、审计整改的实施步骤，以及审计结果的运用等细节，进一步保障了审计工作的规范化和制度化。通过细化《审计法》的各项条款，《审计法实施条例》确保审计人员能够依法、科学、规范地开展审计工作，避免审计过程中的随意性和不确定性。

《公司法》规定了公司治理结构、财务管理和信息披露等方面的要求，对国有企业的领导人员提出了明确的法律责任要求。根据该法，国有企业的领导人员必须依法履行职责，保证企业财务管理和信息披露的真实、准确、完整和及时。《公司法》还规定了董事、监事和高级管理人员的义务和责任，包括忠实义务和勤勉义务，违反这些义务将承担相应的法律责任。通过对公司治理和管理行为的规范，《公司法》确保国有企业在运营过程中遵循法治原则，提高治理水平和透明度。

《刑法》对贪污、受贿、挪用公款等违法行为设定了刑事责任，为审计发现的重大违法行为提供了法律追责依据。《刑法》中的相关条款详细规定了各种经济犯罪的构成要件和处罚措施，对国有企业的领导人员在履职过程中涉及的违法行为，如贪污受贿、滥用职权、失职渎职等，设定了明确的刑事责任。通过《刑法》的威慑作用，保障了审计工作发现问题后能够有效追责，防止和遏制违法犯罪行为的发生。

《企业内部控制基本规范》及其配套指引对企业内部控制体系建设提出了具体要求，确保企业财务管理和经营活动的合法合规性。该规范要求企业建立健全内部控制制度，覆盖企业的各个业务环节和管理层级，防范经营风险和财务风险。配套指引则提供了具体的操作指南，帮助企业在实际操作中落实内部控制要求，确保财务报告的真实性和可靠性。通过强化内部控制，企业能够提高管理水平和运营效率，减少违法违规行为的发生，保障国有资产的安全和增值。

（二）责任实施机制

1. 审计整改和后续跟踪

被审计单位必须对审计发现的问题进行整改，并向审计机关报告整改情况。审计机关负责跟踪检查整改落实情况，确保问题得到有效解决。这一过程不仅有助于纠正发现的问题，还能推动被审计单位完善内部控制机制，防止类似问题再次发生。整改后的反馈机制要求被审计单位及时提供整改报告，审计机关对整改情况进行复查和评估，确保整改措施落实到位，并将整改结果纳入下一阶段的审计工作中。

2. 问责机制

对在审计中发现的违法违规行为，按照法律法规规定进行处理，包括行政处罚、民事赔偿和刑事追究。审计机关有权对被审计单位的违法行为提出处分建议，如果行为构成犯罪，依法追究刑事责任。问责机制的有效运行依赖审计机关的独立性和权威性，确保所有发现的问题都能依法处理，追究相关人员的责任，维护国家利益和公共利益。

3. 国有企业内部治理

国有企业应建立健全内部控制和合规管理体系，加强内部审计监督，确保审计发现的问题能够及时有效地整改。企业治理的提升不仅有助于合规运营，也有助于提高企业的整体管理水平和运营效率。内部治理体系的建设需要覆盖企业的各个环节，包括风险管理、财务管理、业务流程等，通过定期内部审计和检查，及时发现并纠正问题，形成自我监督和改进机制。

通过明确和落实审计法律责任，可以有效规范国有企业的经营管理行为，提升企业治理水平，保障国有资产的安全和增值，推动企业依法合规经营，实现高质量发展。审计机关应加强对审计过程的监督，确保审计工作的独立性和公正性，推动审计结果的有效应用，促进企业持续改进和提升管理水平。通过不断完善相关法律法规和制度，建立健全监督和追责机制，确保国有企业审计工作取得实效，推动企业健康发展。

第四节　国有企业审计前沿研究

一、国有企业股权投资的审计

国有企业由于其特殊性，在进行股权投资后必须开展专项审计工作。这不仅是衡量企业绩效、提升经营效率的重要举措，更有助于提高国有企业投资决策的可靠性，规避不必要的风险隐患。国有企业的股权投资可以分为股权内部转让和股权对外转让。

（一）股权内部转让

在国有企业以阶段性股权投资方式进行投资时，通常会附期限或附条件签署股权回购协议，规定项目公司在特定情形下回购国有企业持有的股权。例如，在投资期限届满或触发股权回购事项时，控股股东或实际控制人应当回购股权。具体的回购条件包括但不限于项目公司未能如期上市挂牌、未按期向国有企业支付投资收益或未达到约定的利润目标等。当协议中的触发条件满足或回购期限届满时，国有企业即可依据协议将其持有的股权转让给公司的大股东。这种股权转让方式即为对内转让。

完成股权对内转让后，国有企业即可如期退出项目公司，而项目公司的大股东则会因受让股权而增加其持股比例。由于此次股权转让发生在企业内部，项目公司的注册资本总额并没有发生变化。这种股权转让方式对国有企业、项目公司的大股东和项目公司本身都是较为有利的。

股权对内转让的具体流程包括：股东会进行决议——上报国有资产监督管理机关以获得批准——确定受让股东并依据协议内容支付回购款——在产权交易场所进行公开挂牌交易程序——向新股东出具出资证明并注销原股东的出资证明——进行变更备案。在对内转让之前，国有企业应注意公司的内部制度和章程中是否对股东内部转让股权作了特殊规定。如果章程中明确规定了限制股东内部转让股权或者对转让附加了一定的限制条件，则应遵守公司章程中相应的规定和条件。

关于对内转让过程中涉及的非公开转让协议的效力问题，司法实践中存在不同意见。部分法院认为国有资产转让必须通过产权交易场所进行公开挂牌交易，以非公开转让协议进行转让的方式无效。例如，法院认为未通过产权交易机构对外披露产权转让信息，公开征集受让方，实质上以公开挂牌交易形式掩盖了私下直接交易的目的，侵害了不特定主体同等条件下参与竞买的权利，损害了社会公共利益。然而，如果该股权转让经国有资产监管机构批准同意，法院也可能会认可非公开协议转让方式的效力。

（二）股权对外转让

股权对外转让一般采取进场交易模式，其流程一般为：国企内部形成决议，做好产权转让的可行性研究和方案论证——报经股东同意或机构批准——审计与评估——对外披露产权转让信息，公开征集受让方——按照披露的竞价方式组织确认受让方——签订产权交易合同——对外公告交易结果，办理产权变更登记手续。值得注意的是，如果转让项目自首次正式披露信息之日起超过 12 个月未征集到合格受让方，则应重新履行审计、资产评估以及信息披露等产权转让工作程序。

在最终签订交易合同时，双方不得以交易期间企业经营性损益或其他交易变动为由调整已达成的交易条件与价格。此外，根据《企业国有资产交易监督管理办法》第三十一条规定："以下情形的产权转让可以采取非公开协议转让方式：（1）涉及主业处于关系国家安全、国民经济命脉的重要行业和关键领域企业的重组整合，对受让方有特殊要求，企业产权需要在国有及国有控股企业之间转让的，经国资监管机构批准，可以采取非公开协议转让方式。（2）同一国家出资企业及其各级控股企业或实际控制企业之间因实施内部重组整合进行产权转让的，经该国家出资企业审议决策，可以采取非公开协议转让方式。"符合上述规定的情形，可以通过非进场交易的方式进行股权对外转让。

（三）审计与法律风险

审计人员应重视国有企业股权投资退出的法律风险。

首先，存在认定股权转让行为无效的风险。根据《企业国有资产法》第五十四条规定："国有资产转让应当遵循等价有偿和公开、公平、公正的原则。除按照国家规定可以直接协议转让的外，国有资产转让应当在依法设立的产权交易场所公开进行。转让方应当如实披露有关信息，征集受让方；征集产生的受让方为两个以上的，转让应当采用公开竞价的交易方式。"

其次，国有企业对未履行出资义务的部分承担连带责任的风险。根据《最高人民法院关于适用〈中华人民共和国公司法〉若干问题的规定（三）》中的第十八条及《最高人民法院关于民事执行中变更、追加当事人若干问题的规定》第十九条的规定，当国有企业对外转让股权但并未对项目公司实缴出资时，国有企业的出资义务不会因为对外转让股权而被免除。国有企业仍有义务在项目公司及其债权人要求下承担出资义务并可能被追加为被执行人。因此，建议国有企业在股权转让之前履行完毕出资义务，再将股权以不低于出资价格的方式转让退出。

通过优化和遵循这些规定和程序，国有企业能够有效规避股权投资退出中的法律风险，确保投资决策的合法性和有效性，保障国有资产的安全和增值。

二、国有金融企业资产审计

（一）国有金融企业及其资产

国有金融企业是指由国家出资或国家控股、国家控制的企业所设立并具有实质控制权的金融机构。国有金融企业的资产可以从以下三个方面进行探讨：

第一，国有产权转让。国有产权转让指的是政府或授权主体，国家出资企业，国有及国有控股、国有控制的企业对金融企业各种形式出资所形成的权益的转让。具体而言，这种转让涉及政府或其授权的投资主体通过各种形式（如直接投资、间接投资）对金融企业进行出资所形成的产权或股权的转让。这类转让通常需要经过严格的审批和评估程序，以确保国有资产的合理定价和合法转让。

第二，固定财产转让。国有金融企业对其固定财产的转让，这类资产包括企业自身拥有的设备、房地产等不动产，以及其他形式的资产。这种转让需要遵循国家相关法律法规，确保转让过程中的透明性和公平性，防止国有资产的流失和贬值。

第三，资管产品或基金投资形成的资产转让。资管产品和基金投资是国有金融企业通过资产管理业务和基金管理业务所形成的金融资产，包括债券、股票、证券化产品等。此类资产的转让涉及复杂的金融操作和市场评估，需要严格遵守金融监管规定和市场交易规则，确保资产转让的合法性和市场公平性。

（二）资产转让的法律要求

《金融企业国有资产转让管理办法》第二条规定：“本办法所称金融企业国有资产，是指各级人民政府及其授权投资主体对金融企业各种形式的出资所形成的权益。”第三条规定：“县级以上人民政府财政部门和县级以上人民政府或者财政部门授权的投资主体转让所持金融企业国有资产，国有及国有控股金融企业转让所持国有资产给境内外法人、自然人或其他组织，适用本办法。”

（三）转让决策与批准程序

《金融企业国有资产转让管理办法》第十三条规定：“转让方应制定转让方案，并按照内部决策程序提交股东会或股东大会、董事会或其他决策部门审议，形成书面决议。”《国有金融资本出资人职责暂行规定》规定，财政部根据国务院授权履行国有金融资本出资人职责，地方财政部门根据地方政府授权履行地方国有金融资本出资人职责。金融企业国有资产转让应遵循统一政策、分级管理的原则，由财政部门负责监督管理，并需报本级人民政府批准。政府授权投资主体转让金融企业国有资产，应报本级财政部门批准。在涉及政府社会公共管理和金融行业监督管理事项时，应根据国家规定报经相关政府部门批准。以境外投资人为受让方的，应符合国家有关外商投资的监督管理规定，由转让方报经政府有关部门批准。

（四）资产评估与备案

国有金融企业资产审计中，应特别注意资产评估和备案及价格确定问题。《企业国有资产法》规定，国有独资企业、国有独资公司和国有资本控股公司在合并、分立、改制、转让重大财产、以非货币财产对外投资、清算或其他法律、行政法规及企业章程规定应进行资产评估的情形下，应对相关资产进行评估。《国有资产评估管理办法》规定，国有资产占有单位在资产拍卖、转让、企业兼并、出售、联营、股份经营、企业清算及其他需要进行资产评估的情形下，应进行资产评估。《国有资产评估管理若干问题的规定》第八条规定：“国有资产评估项目实行核准制和备案制。”对于重大经济事项涉及的资产评估项目，经国务院批准的由财政部负责核准，经省级人民政府批准的由省级财政部门负责核准。其他资产评估项目实行备案制，具体由财政部或集团公司、有关部门负责。

（五）资产转让的法律风险

在国有金融企业资产转让过程中，审计人员需特别关注以下法律风险：

第一，认定股权转让行为无效的风险。根据《企业国有资产评估管理暂行办法》的规定，国有企业在进行股权转让时需严格遵守法定程序，进行资产评估、核准或备案，并通过产权交易中心挂牌交易。未进行资产评估或评估结果不真实，可能导致股权转让行为无效。

第二，承担连带责任的风险。根据最高人民法院的相关规定，国有企业在对外转让股权但未对项目公司实缴出资时，国有企业的出资义务不会因股权转让而免除，仍需在项目公司及其债权人要求下承担出资义务。因此，建议国有企业在股权转让前先履行完毕出资义务，再以不低于出资价格的方式转让退出。

通过严格遵守相关法律法规，国有金融企业能够确保资产转让的合法性和合规性，防范法律风险，保障国有资产的安全和增值。审计人员应在审计过程中严格依照法律法规，确保审计结果的真实、客观，为国有资产管理和运营提供有效的法律保障。

三、国有融资平台公司审计

《国务院关于加强地方政府融资平台公司管理有关问题的通知》将地方政府融资平台

定义为：由地方政府及其部门和机构等通过财政拨款或注入土地、股权等资产设立，承担政府投资项目融资功能，并拥有独立法人资格的经济实体，包括各类综合性投资公司。国有融资平台公司是指由国家或地方政府及其相关部门通过财政拨款或注入土地、股权等资产设立，承担政府投资项目融资功能，并拥有独立法人资格的经济实体。这些公司不仅包括地方政府融资平台公司，还涵盖由中央政府、国家控股企业或地方政府直接或间接控制的融资平台企业。其主要职责是通过多种融资手段，筹集资金用于基础设施建设和其他政府投资项目，支持国家和地方的经济发展目标。国有融资平台公司审计是指审计机关和相关部门对国有融资平台公司的财务状况、经营活动、融资行为及风险管理进行全面审查和监督的过程。其目的是确保国有融资平台企业的经营活动合法合规，财务信息真实可靠，资金使用高效透明，风险管理到位，从而保障国有资产的安全和增值。

（一）定向融资审计

在国有融资平台公司的审计中，定向融资是一个关键领域。定向融资是指非公开发行，仅向特定数量的投资人进行融资。在审计定向融资时，需要重点关注以下几个方面：

第一，金融交易所挂牌债权的真实性。部分地方国有融资平台公司可能通过其下属子公司签订借款合同，虚构债权进行挂牌融资。审计时必须核实这些债权的真实性，确保没有虚假债权的存在。

第二，分拆巨额融资。法律规定，定向融资的投资人数量应在200人以内。为了规避非法集资，有些公司将巨额融资分成若干部分，分别进行融资。审计时需要查明是否存在这种规避法律的行为。

第三，定向融资承销商的围标串标。一些融资承销商可能通过影子公司或借用其他资产管理公司的资料进行围标串标，甚至与官员勾结，长期把持某公司或某地方的定向融资承销业务，以获取不正当利益。审计时应检查承销商的招标过程是否透明、合规。

2021年，国务院国资委印发的《关于加强地方国有企业债务风险管控工作的指导意见》，其中强调加强国有企业债务风险管控，完善债务风险监测预警机制，分类管控资产负债率，开展债券全生命周期管理，依法处置债券违约风险，规范债务资金用途，全面推动国企深化改革，完善国有企业债务风险管控工作体系。

（二）融资租赁审计

融资租赁是另一个需要重点关注的领域。融资租赁是指出租人出资向供货商购买承租人选定的设备，然后租给承租人，以此获得租金。审计中需注意以下几点：

第一，虚假资产出让合同。一些国有平台公司可能与融资租赁公司签订虚假资产出让合同，将公司名下的部分资产虚假转让给融资租赁公司，实物和所有权并未真正转移。这种操作可能导致违规贷款的发生。

第二，“砍头贷（息）”。部分融资租赁公司在发放贷款时可能会扣除一笔保证金，待贷款到期后将其转作利息，导致资金成本大幅上升。审计时应核实所有贷款协议，确保不存在这种违规操作。

2017 年发布的《商务部办公厅关于开展融资租赁业风险排查工作的通知》要求重点排查是否违反国家有关规定向地方政府、地方政府融资平台公司提供融资或要求地方政府为租赁项目提供担保、承诺还款等。2018 年，深圳证券交易所发布的《深圳证券交易所融资租赁债权资产支持证券挂牌条件确认指南》指出，基础资产涉及的融资租赁债权应当基于真实、合法的交易活动，交易对价公允，具备商业合理性，并且不应违反地方政府债务管理相关规定。

（三）资产评估与备案

在国有融资平台公司审计中，资产评估和备案及价格确定是一个重要环节。国有融资平台公司在进行资产转移、重组或其他重大财产变动时，需要对相关资产进行评估。《企业国有资产法》第四十七条规定：“国有独资企业、国有独资公司和国有资本控股公司合并、分立、改制，转让重大财产，以非货币财产对外投资，清算或者有法律、行政法规以及企业章程规定应当进行资产评估的其他情形的，应当按照规定对有关资产进行评估。”《国有资产评估管理办法》进一步明确了资产评估的必要性，确保资产评估的合法性和准确性。在涉及重大资产转移或重组时，必须进行资产评估，以确保资产价值的公正和透明。评估过程应由具备资质的评估机构进行，并按照国家相关法律法规的要求执行。此外，评估结果应进行备案，以便相关部门进行审核和监督。备案的目的是确保评估过程的透明度和合法性，并为后续的审计工作提供依据。

（四）审计人员在国有融资平台公司审计中的重点关注事项

在进行国有融资平台公司审计时，审计人员应重点关注以下几个方面。

第一，被审计单位是否建立了完善的债务风险监测预警机制，确保能及时发现潜在风险，并采取有效措施进行控制，通过实时监控债务状况，提前预警并防范可能的财务危机。

第二，被审计单位是否根据自身情况，分类管控资产负债率，以确保公司的财务状况健康，制定相应的资产负债率控制标准，保持财务稳健性。

第三，被审计单位是否建立健全债券全生命周期管理制度，确保在债券发行、交易和到期过程中合法合规，防范和处置债券违约风险，通过严格的审计和管理，及时识别和应对债券违约风险，维护市场稳定。

第四，审计人员应核实被审计单位是否通过严格的审计和监管措施，确保经营活动合法合规，防范金融风险，维护国家和社会的经济安全。在审计过程中，审计人员必须严格依照相关法律法规，确保审计结果的真实、客观，为国有资产管理和运营提供有效保障。

思政研习

贯彻党中央决策部署 做好国有企业债务风险管控工作

2021 年 2 月 28 日，国务院国资委发布了《关于加强地方国有企业债务风险管控工作的指导意见》。该指导意见旨在防范和化解重大债务风险，确保地方国有企业的稳定运营和健康发展。

新中国成立以来特别是改革开放以来，国有企业发展取得巨大成就。我国国有企业为我国经济社会发展、科技进步、国防建设、民生改善作出了历史性贡献。由此看来，加强国有企业债务风险管控，是落实党中央、国务院决策部署的重要举措。地方国资委和国有企业应提高政治站位，增强责任意识，充分认识到债务风险管控的重要性和紧迫性。地方国有企业要严格落实主体责任，增强底线思维和风险意识，依法合规开展债务融资和风险处置，维护国有企业的市场信誉和金融市场稳定。

债务风险监测预警机制是防范和化解债务风险的重要工具。地方国资委应加快建立健全地方国有企业债务风险监测预警机制，完善重点债务风险指标监测台账，逐月跟踪分析。该机制利用信息化手段加强对各级企业债务风险的动态监测，做到早识别、早预警、早应对。债务风险监测预警机制通过综合债务水平、负债结构、盈利能力、现金保障、资产质量和隐性债务等指标，精准识别高风险企业，并对其采取特别管控措施，确保债务风险得到有效化解。

地方国资委应参照中央企业的资产负债率行业警戒线和管控线，对地方国有企业实施分类管控。对于高负债企业，应通过控投资、压负债、增积累、债转股等多种方式，推动其资产负债率回归合理水平。企业应转变过度依赖举债投资做大规模的发展理念，根据财务承受能力科学确定投资规模，从源头上防范债务风险。

防范地方国有企业债券违约是债务风险管控的重中之重。地方国资委应严格审核企业的债券发行方案，严禁欺诈发行债券、虚假披露信息、操纵市场价格等违法违规行为。对纳入债务风险重点管控范围的企业实行比例限制，确保融资结构与资金安全的平衡、偿债时间与现金流量的匹配。企业也应提前做好兑付资金的接续安排，通过债券展期、置换等方式主动化解风险，维护市场稳定。

对于已经发生债券违约的企业，地方国资委应及时报告本级人民政府，在地方政府的统一领导下，妥善做好风险处置工作。通过盘活土地、出售股权等方式补充资金，积极主动与债权人沟通协调，努力达成和解方案，防止发生风险外溢。对于无力化解风险、确需破产的企业，应依法合规履行破产程序，保障债权人和投资人的合法利益。

地方国资委应加强对国有企业债务融资资金用途的管控，督促企业将筹集的资金及时高效地投放到战略安全、产业引领、国计民生、公共服务等关键领域。企业应严格按照融资协议约定的用途安排资金，突出主业、聚焦实业，避免资金空转、脱实向虚，严禁挪用资金、违规套利。

地方国资委应坚决贯彻落实国企改革三年行动要求，通过全面深化改革提高企业抗风险能力。地方国企则通过加强“两金”管控、亏损企业治理、低效无效资产处置等措施，提高企业资产质量和运行效率。通过加快推进国有经济布局优化和结构调整，企业可以不断增强自主创新能力、市场核心竞争力和抗风险能力。

地方国资委应从投资规划、财务监管、考核分配、资本预算、产权管理、内控管理、监督追责和干部任免等环节综合施策，完善监管体系，发挥监管合力。而国资委通过加强与人民银行分支机构和证监局等部门的合作，可以推动债务风险信息共享，共同预警防范企业重大债务风险。通过建立健全工作联系机制、日常监测机制、风险评估指导机制和重大风险报告机制，地方国有企业债务风险管控工作得以落到实处。

研讨主题：在此背景下，国有企业审计应当如何响应和落实中央对国有企业债务风险管控的指示精神。

案例分析

案例背景：

A 公司及其关联单位的前身是中央某信托公司及其下属子公司，由冯某某担任法定代表人及总经理。该信托公司于 1997 年被依法关闭并划转至省国资委，直至 2012 年 11 月被划转至 W 市人民政府并由 W 市某集团公司接收。根据 2012 年年底市委市政府的专题会议纪要精神，W 市审计局于 2013 年 2 月派出审计组对 A 公司及其关联单位进行资产核实审计。审计后，W 市某集团公司予以接收。通过审前调查和中介审计报告发现，A 公司在 2011 年 12 月有一笔 5 亿元的巨额投资引起了接收单位的关注，并已支付了 3000 万元作为首付投资款。此外，A 公司关联单位 C 公司在北京、江苏等地有多个投资项目，部分投资项目涉及冯某某的亲属。为此，审计组决定将 A 公司及其关联单位的对外投资项目作为本次审计的重点，最终发现了三大问题。

（1）涉嫌签订虚假合同致 3000 万元国有资产流失风险。审计人员发现，A 公司法定代表人冯某某涉嫌对外签订虚假合同，致使 3000 万元国有资产面临流失风险。C 公司财务资料显示，2012 年 10 月，C 公司代 A 公司向北京某公司支付股款 3000 万元，支付凭证由冯某某签署。然而，审计过程中未见主管部门的审批资料，也未见集体决策资料。通过进一步调查，审计人员在网站上查询发现，合同中涉及的“某投资开发公司”并不存在，而“某开发投资公司”却真实存在。这表明冯某某签署的合同存在伪造嫌疑。

（2）房产投资项目未公开招标，低价内部承包造成巨额损失。2000 年，A 公司与胡某各出资 325 万元投资 H 市工具厂地块项目，各持 50% 份额。2008 年 4 月，C 公司将该地块的房产开发项目进行内部承包，与冯乙（冯某某的直系亲属，A公司员工）签订了一份3年期的承包协议。然而，审计发现该项承包没有经过公开招投标程序，而且承包价格明显低于市场公允价值。进一步调查显示，该项目的另一股东胡某在2007年以650万元将其所持份额转让，而C公司以325万元的原始价格进行内部承包，至少造成国有资产流失266.82万元。

（3）公司员工长期挪用公司资金20万元。2009年，C公司对北京某眼镜城投资项目进行转让，按约定公司员工张某应将20万元股款如数汇入公司账户。但审计发现，该笔资金直至2012年12月才汇入。进一步调查发现，张某在2010年将其中20万元转入其个人账户用于消费和现金支取，挪用公款时间长达两年多。审计组最终将此案移送至相关部门处理。

讨论问题：

（1）A公司法定代表人冯某某涉嫌对外签订虚假合同，导致国有资产流失。审计人员应采取哪些步骤来验证合同的真实性？

（2）房产投资项目未公开招标并低价内部承包，导致巨额损失。审计人员应如何审查和确认承包过程的透明度和公允性？

（3）公司员工长期挪用公司资金，审计过程中如何识别和追踪挪用资金的流向？审计人员应如何加强对资金流动的监控？

思考题

1. 什么是国有企业审计？国有企业审计与内部审计有何区别？
2. 什么是国有企业审计法规？请归纳国有企业审计法律法规的特征？
3. 国有企业审计的法律责任是指什么？
4. 国有企业审计法律责任的归责原则与类型有哪些？

第七章　经济责任审计专题研究与案例

学习目标

1. 熟悉经济责任审计的含义以及对象。
2. 了解经济责任审计的阶段和方法。
3. 熟悉领导干部经济责任审计的主要内容和重点难点。
4. 熟悉自然资源资产离任审计的主要内容和重点难点。

第一节　经济责任审计概述

一、经济责任审计的含义

经济责任审计是指对国家机关、企事业单位以及其他经济组织的领导干部或有关责任人在任职期间经济责任履行情况进行的专项审计。其主要目的是评价和监督被审计单位的财务状况、财务管理及其合法性、合规性和效益性，揭示存在的问题，提出改进意见和建议，从而促进领导干部或有关责任人的经济责任意识，提高单位的财务管理水平和工作效率，保障国家和公众的经济利益。

在经济责任审计中，审计人员会详细审查被审计单位的财务收支情况，确保其符合国家法律法规和财务管理制度的规定，不存在违规或违法行为。同时，审计人员还会评估被审计单位的资产、负债及净资产情况，确保资产的安全性、完整性和合理性，检查有无资产流失或损失的情况。

预算管理也是经济责任审计的一个重要方面。审计人员会审查预算编制、执行和调整的合理性和合规性，评估预算管理的有效性，检查是否存在预算超支或挪用资金等问题。此外，审计人员还会评估被审计单位内部控制制度的健全性和执行效果，检查内控制度是否存在漏洞或未严格执行的情况。

经济效益的评估是经济责任审计的另一关键内容。审计人员会分析被审计单位的经济活动是否实现了既定的经济目标，是否具有较高的经济效益和社会效益。专项资金的管理情况也在审计范围内，审计人员会审查专项资金是否用于规定的用途，检查是否存在挪用、滞留或浪费专项资金的情况。

此外，经济责任审计还包括对重大经济决策的评估。审计人员会评估重大经济决策的科学性、合理性和执行效果，分析决策过程中是否遵循了民主、科学和依法决策的原则。通过这些审计活动，经济责任审计能够揭示和预防财务风险，保障国家和公众的经济利益，维护社会经济秩序的稳定。

经济责任审计在现代社会中发挥着重要作用，不仅是对领导干部或责任人的经济行为进行监督和评价的重要手段，也是提高单位管理水平和经济效益的重要途径。通过提出审计意见和建议，可以帮助被审计单位改进财务管理制度和内部控制制度，提高管理水平和工作效率。通过不断完善审计制度和方法，可以更好地保障国家和公众的经济利益，促进社会经济的健康发展。

然而，经济责任审计也面临一些挑战。例如，审计人员应当确保审计过程中获取的数据真实、完整，并加强数据分析和挖掘技术的应用；保持审计机构和审计人员的独立性，避免受到外部干预和利益冲突的影响；提升审计人员的专业素质和技能，采用先进的审计技术和方法，提高审计工作的质量和效率；完善相关法律法规和制度，为经济责任审计提供坚实的法律和制度保障。

综上所述，经济责任审计在履责监督、业绩评价、管理优化和风险防范等方面发挥着重要作用。通过审计监督，可以发现和纠正领导干部或有关责任人在任职期间的经济责任问题，督促其依法、依规、廉洁履职。客观、公正地评价领导干部或有关责任人的经济责任履行情况，可以为其任职评价、考核和任免提供依据。通过提出审计意见和建议，可以帮助被审计单位改进财务管理制度和内部控制制度，提高管理水平和工作效率。通过揭示和预防财务风险，可以保障国家和公众的经济利益，维护社会经济秩序的稳定。

二、经济责任审计的对象

经济责任审计的对象主要包括国家机关、企事业单位及其他经济组织的领导干部或有关责任人，其范围和对象广泛，涉及多个层级和部门。领导干部经济责任审计对象具体包括以下几类：

首先是地方各级党委、政府、纪检监察机关、法院、检察院的正职领导干部或主持工作一年以上的副职领导干部。这些领导干部在任职期间，对本单位的财务管理和经济决策负有直接责任，因此成为经济责任审计的重要对象。

其次是中央和地方各级党政工作部门、事业单位和人民团体等单位的正职领导干部或主持工作一年以上的副职领导干部。这些单位的领导干部同样需要接受经济责任审计，以确保其在任职期间的经济责任履行情况符合国家法律法规和相关制度的要求。

国有和国有资本占控股地位或主导地位的企业（包括金融机构，以下统称国有企业）的法定代表人或者不担任法定代表人但实际行使相应职权的主要领导人员，也是经济责任审计的对象。这类企业的领导人员对企业的经营管理和财务状况负有重要责任，通过审计，可以评估其在任职期间的经济责任履行情况。

此外，对于上级领导干部兼任下级单位正职领导职务但不实际履行经济责任的情况，实际分管日常工作的副职领导干部也需接受经济责任审计。这一规定确保了所有实际履行经济管理职责的领导干部都能接受审计监督，不留监督空白。

最后，党中央和县级以上地方党委要求进行经济责任审计的其他主要领导干部也属于审计对象范围。这一条款为经济责任审计的实施提供了灵活性，可以根据实际需要，扩大审计覆盖面，确保审计工作全面、有效地开展。

综上所述，经济责任审计的对象涵盖了各级党政机关、事业单位、人民团体和国有企业的领导干部，确保对这些单位的经济管理活动进行全面监督和评价，从而保障国家和公众的经济利益，促进领导干部依法、依规、廉洁履职，提高单位的管理水平和工作效率。

三、经济责任审计的内容

经济责任审计的内容广泛而深入，主要围绕领导干部任职期间履行经济责任的情况展开。

首先，经济责任审计的一个核心内容是对财务收支情况的审查。审计人员会详细检查被审计单位的财务收支是否符合国家法律法规和财务管理制度的规定，是否存在违规或违法行为。这部分审计工作旨在确保财务收支的合法性、合规性和透明性。

其次，资产负债情况也是经济责任审计的重要内容之一。审计人员会评估被审计单位的资产、负债及净资产情况，确保资产的安全性、完整性和合理性。审计人员应当检查是否存在资产流失或损失的情况，并评估资产管理的有效性，以保障单位资产的保值增值。

预算管理情况同样是经济责任审计的一个关键方面。审计人员会审查预算编制、执行和调整的合理性和合规性，评估预算管理的有效性。审计人员应当检查是否存在预算超支、挪用资金等问题，以确保预算资金的合理使用和有效控制，避免财务风险和资金浪费。

在内部控制制度方面，经济责任审计会评估被审计单位内部控制制度的健全性和执行效果。审计人员会检查内控制度是否存在漏洞或未严格执行的情况，确保单位内部管理制度的有效运行，从而防范潜在的管理风险和操作风险。

经济效益的评估也是经济责任审计的重要内容。审计人员会分析被审计单位的经济活动是否实现了既定的经济目标，是否具有较高的经济效益和社会效益。审计人员应当评估经济活动的产出与投入比例，揭示潜在的低效或无效经济活动，提出改进建议，提升单位整体经济效益。

专项资金的管理情况是经济责任审计中的一个重点内容。审计人员应当检查专项资金是否用于规定的用途，检查是否存在挪用、滞留或浪费专项资金的情况。审计人员应当评估专项资金的使用效益和管理水平，确保专项资金的安全、合规和高效使用。

最后，经济责任审计还包括对重大经济决策的评估。审计人员会评估重大经济决策的科学性、合理性和执行效果，分析决策过程中是否遵循了民主、科学和依法决策的原则。审计人员应当检查决策执行的结果，评估其对单位经济状况的影响，确保重大决策的有效性和可行性。

通过这些审计内容的全面审查，经济责任审计能够有效监督和评价领导干部任职期间的经济责任履行情况，揭示问题，提出改进建议，促进单位财务管理和经济效益的提升，保障国家和公众的经济利益。

四、经济责任审计的目标

经济责任审计的目标是多层次的，旨在确保领导干部任职期间能够依法、依规、有效地履行其经济管理职责。

首先，经济责任审计会检查党和国家重大经济方针政策和决策部署的落实情况，确保党中央的政策和指示得以贯彻执行。审计工作会深入检查这些方针政策的实施效果，确保各项决策能够在各级单位中得到严格落实，从而维护党中央权威和集中统一领导。

其次，经济责任审计通过发现和揭示经济社会运行中存在的问题和风险隐患，促进制度健全、加强管理、维护国家经济安全。审计人员会在审计过程中识别出财务管理和经济活动中的薄弱环节和潜在风险，并提出改进建议。通过这种方式，审计工作有助于完善内部控制制度和管理机制，增强各单位的风险防控能力，确保国家经济运行的稳定和安全。

经济责任审计将科学评价领导干部的经济责任履职情况，激励领导干部担当作为，推进本部门、本地区、本单位的全面深化改革。审计人员会依据客观数据和事实，公正、公平地评估领导干部任职期间的工作表现。这种评价不仅为领导干部的考核和任免提供了重要依据，也有助于激发他们的工作积极性和主动性，推动各项改革措施的顺利实施。

此外，经济责任审计通过揭示领导干部履职情况中存在的问题，规范领导干部权力运行，促进领导干部廉洁自律，加强党风廉政建设，促进反腐倡廉。审计过程中发现的违规违纪问题将被及时揭露和处理，从而规范领导干部的行为，防止权力滥用。通过强化对领导干部的监督和约束，经济责任审计工作有助于提升领导干部的廉洁自律意识，推动廉政建设和反腐败工作深入开展。

综上所述，经济责任审计的目标不仅在于监督和评价领导干部的经济责任履行情况，更重要的是通过揭示问题、提出改进建议、推动制度完善和管理提升，确保党中央的政策和决策得以有效实施，维护国家经济安全，推进各级单位的改革和发展，加强党风廉政建设，促进反腐倡廉，从而实现经济社会的健康、稳定和可持续发展。

五、经济责任审计的类型

经济责任审计可以分为任中经济责任审计和离任经济责任审计两种类型，每种类型的审计在实施对象、时间和目的上都有所不同。

任中经济责任审计是指在领导干部任职期间进行的审计。其主要目的是通过定期检查和评价领导干部任职期间的经济责任履行情况，确保其在职期间严格遵守国家法律法规和相关制度。任中经济责任审计可以及时发现领导干部在经济管理和决策中的问题和不足，提出改进建议，促进领导干部改进工作，提升管理水平。通过任中经济责任审计，可以在领导干部在职时就发现问题并加以纠正，从而减少和防范潜在的风险和损失。

离任经济责任审计是指在领导干部离职时进行的审计。这种审计的主要目的是对领导干部任职期间的经济责任履行情况进行全面评价和总结，确保其在任期间的经济活动和决策符合法律法规和相关制度的要求。离任经济责任审计通常在领导干部调任、退休或因其他原因离开原岗位时进行，通过对其任期内的财务收支、资产负债、预算执行、内部控制等情况进行全面审查，评估其履职情况，揭示存在的问题和风险。离任经济责任审计有助于明确责任，为后续工作提供依据，保障单位工作的连续性和稳定性。

这两种类型的经济责任审计在时间节点和实施对象上有所区别，但其根本目的都是监督和评价领导干部的经济责任履行情况，确保其在职期间依法、依规、廉洁、高效地履行职责。通过任中经济责任审计，可以及时发现和纠正问题，促进领导干部改进工作；通过离任经济责任审计，可以对领导干部的任期工作进行全面总结和评价，为后续工作提供依据，保障单位的稳定和发展。无论是任中经济责任审计还是离任经济责任审计，都有助于推动经济责任审计工作深入开展，促进领导干部廉洁自律，加强党风廉政建设，推动国家经济健康发展。

六、经济责任审计的发展

早期的经济责任审计包括目标经济责任审计、破产经济责任审计、承包经营经济责任审计、离任经济责任审计等业务，其中，离任经济责任审计成为主要形式。从时间维度来看，经济责任审计的发展历程如下：

1986 年 9 月，中共中央、国务院印发《全民所有制工业企业厂长工作条例》，其中第十条规定："厂长任期内，实行任期目标责任制。厂长应当根据国家要求、社会需要，结合企业实际，提出企业的长远发展目标和实现长远发展目标的任期责任目标，经管理委员会和职工代表大会讨论并报企业主管机关批准后组织实施。任期责任目标的实施，应当作为对厂长考核、监督和决定可否连任的主要依据之一；厂长任期届满前，原任命或批准机关应当根据厂长在任期内的实绩，在听取职工代表大会意见的基础上作出连任或离任的决定。”这是我国首次提出开展经济责任审计工作。

1986 年 12 月，审计署发布《关于开展厂长离任经济责任审计工作几个问题的通知》，对厂长离任经济责任审计的范围、内容、程序和方法作出了具体规定。这是审计署对经济责任审计作出的最早规定。

1999 年 5 月，两办印发《县级以下党政领导干部任期经济责任审计暂行规定》和《国有企业及国有控股企业领导人员任期经济责任审计暂定规定》。这标志着我国经济责任审计相关法规制度初步建立。

2004 年 11 月，中央纪委、中央组织部、监察部、人事部和审计署联合印发《关于将党政领导干部经济责任审计范围扩大到地厅级的意见》，明确要求自 2005 年 1 月 1 日起，将党政领导干部经济责任审计范围从县级以下扩大到地厅级。这意味着经济责任审计的覆盖面不断扩大。

2010 年 10 月，两办印发《党政主要领导干部和国有企业领导人员经济责任审计规定》，对经济责任审计的对象、管理体制、组织协调、审计内容、审计实施、审计评价与结果运用等作出规定。2014 年 7 月，为健全和完善经济责任审计制度，规范经济责任审计行为，中央纪委机关、审计署、国务院国资委等部门联合印发《党政主要领导干部和国有企业领导人员经济责任审计实施细则》。

2015 年 11 月，两办印发《开展领导干部自然资源资产离任审计试点方案》，要求领导干部自然资源资产离任审计试点自 2015 年至 2017 年分阶段分步骤实施。2017 年 9 月，《领导干部自然资源资产离任审计规定（试行）》对领导干部自然资源资产离任审计工作提出了具体要求。

2019 年 3 月，中共中央印发《党政领导干部选拔任用工作条例》，要求坚持和加强党的全面领导，进一步推进干部选拔任用工作制度化、规范化、科学化。2019 年 7 月，为适应新形势新要求，完善经济责任审计制度，两办印发了《党政主要领导干部和国有企事业单位主要领导人员经济责任审计规定》（以下简称《经济责任审计规定》）。

2022 年，中央全面深化改革委员会通过《关于建立健全领导干部自然资源资产离任审计评价指标体系的意见》，该意见对自然资源资产离任审计评价体系的建立提供了详细指导。

这一路径展现了我国经济责任审计从无到有、从初步探索到逐步规范、从小范围到全覆盖的发展历程。每一步的法规制定和完善，都是为了确保领导干部在任职期间和离任时能够依法、依规履行经济责任，推动国家经济的健康发展。

第二节 经济责任审计的阶段和方法

一、经济责任审计的阶段

（一）审计准备阶段

审计准备阶段，又称审计计划阶段，主要包括成立项目组、开展审前调查、制订审计计划和制发审计通知书。

1. 成立项目组

在取得审计委派书后，审计机关应成立项目组，包括审计组组长、主审和审计组成员。组长负责整体统筹审计项目，对结果负责；主审协助组长，分配任务和制订计划；成员在组长和主审的指导下完成各自的审计工作。项目组的组建需符合独立客观的审计要求，根据项目复杂性、目标和需求，合理配备人员，确保按时按需完成审计任务。

2. 开展审前调查

在制订审计计划前，项目组应搜集和调查被审计对象的相关资料，包括政策要求、单位发展目标、领导干部的职责、行业状况、主营业务及业绩评价标准等。通过这些调查，了解领导干部的履职情况，为制订详细的审计计划奠定基础。

3. 制订审计计划

了解审计项目情况后，项目组要制订详细的审计计划，涵盖审计目标、对象、内容、重点、风险和安排。计划应包括总体审计计划和具体审计计划，并在审计过程中动态调整。

4. 制发审计通知书

在正式开始审计前，内审部门需向被审计对象制发审计通知书，内容包括被审计单位及领导干部名称、审计目的、范围等，并要求被审计对象配合提供必要资料，如领导干部的履职情况报告等。被审计领导干部需作出书面承诺，保证资料的真实性和完整性。

（二）审计实施阶段

审计实施阶段是整个过程的重点，项目组围绕审计目标展开审计程序，获取充分适当的审计证据。主要工作包括召开进点会议、获取审计资料、评价内部控制、实施审计程序、编制审计工作底稿和沟通审计意见。

1. 召开进点会议

进点会议是审计开始前的正式会议，审计项目组与被审计对象面对面接触。进点会议旨在宣传审计相关政策法规，解释审计工作，消除疑虑，确保程序合规，并展现审计人员的专业性和良好形象。成功的进点会议可以为后续工作奠定良好基础，使被审计对象充分理解审计目标。

2. 获取审计资料

进点会议召开后，项目组应在审前调查基础上进一步补充资料，要求被审计单位提供所有必要资料。随着审计的深入，可能需要更多资料，被审计单位需全力配合，项目组对资料负有保密义务。

3. 评价内部控制

与传统财务审计相似，评价内部控制是重点。审计人员通过检查、观察和测试等方法，评估被审计单位内部控制的有效性，判断审计风险。当被审计单位内部控制薄弱时，项目组需投入更多精力和资源；反之，则可适当减少工作量。

4. 实施审计程序

在评价内部控制基础上，项目组可确定重点领域，合理分配审计资源，实施具体审计程序，如查阅资料、询问人员、重新计算等，并运用大数据技术发现重点，形成初步审计意见。审计人员应当区分好传统财务审计和经济责任审计，避免盲目审计。

5. 编制审计工作底稿

在整个审计过程中，项目组应按照《第 2104 号内部审计具体准则——审计工作底稿》的要求，记录审计步骤、方法、证据和意见，编制审计工作底稿。

6. 沟通审计意见

在审计过程中，项目组应与被审计对象充分沟通发现的重大问题，并将沟通内容作为编制审计报告的重要依据。

（三）审计报告阶段

审计报告阶段包括编制审计报告初稿、征求被审计单位意见、修改审计报告、出具审计报告和复查审计报告等环节。

1. 编制审计报告初稿

审计项目组在结束审计实施阶段后，应根据获取的审计证据编制审计报告初稿。

2. 征求被审计单位意见

编制好审计报告初稿后，项目组应征求被审计单位及领导干部的意见。如有异议，被审计单位可在规定时间内提交书面意见，超过规定时间则视为无异议。

3. 修改审计报告

项目组对被审计单位提出的书面意见进行核实，决定是否采纳，并修改审计报告，最终将反馈提交给内部审计机构。

4. 出具审计报告

内部审计机构应在规定时间内出具经济责任审计报告，并在必要时出具简练的经济责任审计结果报告，以便相关部门运用审计结果。审计报告和结果报告需一并报送相关部门和被审计单位。

5. 复查审计报告

若被审计单位对审计报告有异议，可在 30 日内向内部审计机构申诉。内部审计机构应派遣非项目组成员成立复查小组，90 日内提出复查意见并报送相关部门，由党委等部门作出最终决定。

（四）后续审计阶段

后续审计阶段是出具审计报告后的跟进工作，包括责任追究、整改落实、评价整改情况和审计档案归档等。

1. 责任追究

相关部门根据审计报告，明确责任人并追究其经济责任，确保审计结果的落实。

2. 整改落实

被审计单位应根据审计意见进行整改，项目组需对整改情况进行跟踪检查，确保问题得到有效解决。

3. 评价整改情况

项目组对被审计单位的整改情况进行评价，确认整改效果，确保审计建议得到落实。

4. 审计档案归档

审计工作结束后，项目组应将所有审计资料整理归档，确保审计档案的完整性和规范性。

二、经济责任审计的方法

经济责任审计的方法多样，既包括传统财务审计的方法，也融入了特定的针对性方法，以全面评估领导干部在任职期间内的履职情况和重大决策事项。以下是经济责任审计常用的方法：

（一）检查法

检查法是指审计人员通过查阅被审计单位的会计记录、财务报表和其他相关文件，核实其真实性、完整性和准确性。这种方法用于审查财务状况，识别异常或违规行为。

（二）观察法

观察法是指审计人员亲自到被审计单位进行现场观察，了解实际操作情况和管理流程，核实账面记录与实际情况的一致性。这种方法能够直观地发现问题，提供可靠的审计证据。

（三）询问法

询问法是指审计人员通过与被审计单位的领导干部和相关人员进行面对面的交流，了解其履职情况和重大决策事项。这种方法可以获取详细的背景信息和深层次的见解，弥补书面资料的不足。

（四）函证法

函证法是指审计人员向被审计单位的客户、供应商和其他第三方发送询证函，确认相关交易和余额的真实性和准确性。这种方法有助于验证账面记录，确保数据的可靠性。

（五）重新计算法

重新计算法是指审计人员根据原始资料和记录重新计算，以验证被审计单位的财务数据和计算结果的准确性。这种方法能够发现计算错误或数据不一致。

（六）重新执行法

重新执行法是指审计人员按照被审计单位的操作流程，重新执行某些业务或交易，以验证流程的准确性和合规性。这种方法用于检查操作流程和内部控制的有效性。

（七）分析程序

分析程序是指审计人员通过对比被审计单位的财务数据和非财务数据，分析其变化趋势和异常波动，识别潜在问题和风险。这种方法能够有效发现被审计单位的异常情况和管理缺陷。

（八）调查访谈

调查访谈是指审计人员通过问卷调查、座谈会和设立意见箱等方式，收集被审计单位及领导干部的相关资料，以获取经营状况和履职情况的审计证据。这种方法适用于审计全过程。

具体实施时，审计人员应设计逻辑严谨、数据可量化的调查问卷，涵盖封闭式与开放式题目，覆盖被审计单位各层级，必要时包括社会公众。座谈会应做好充分准备，根据访谈对象设置不同内容和目的的话题，确保信息全面。审计人员还可以设立意见箱和匿名举报电话，鼓励全员监督。

（九）查阅分析

查阅分析是指审计人员通过查看被审计单位及领导干部的各种资料，分析经营业务和履职情况。例如，审计人员可以查阅规章制度分析内部控制的完善性，查阅战略规划评估管理理念和战略布局的合理性，查阅会议纪要和重要合同分析领导干部的尽职情况和重大决策的落实情况。

（十）重点核查

重点核查是指审计人员针对高风险领域和重要事项进行详细审查，识别重大问题。审计项目应结合内部控制评价和审计目的，识别高风险和重点领域，将审计资源集中于这些领域。例如，对重大经济决策、重要人事任免和重要合同进行全覆盖核查，对其他事项可采用抽样核查的方法。

第三节 领导干部经济责任审计

一、领导干部经济责任审计的主要内容

自党的十八大以来，以习近平同志为核心的党中央明确提出，要抓好领导干部这个“关键少数”，全面从严治党，把规范领导干部权力运行、促进领导干部履职尽责摆在更加突出的位置。新时代背景下，领导干部经济责任审计关键在于“责任”二字，审计人员应当关注领导干部在其管辖范围内贯彻执行党和国家经济方针政策、推动社会经济发展、管理财政收支等有关经济活动的履职尽责情况。在领导干部经济责任审计中，审计人员应紧扣权力运行这一主题，围绕领导干部行使经济权力的合法性、合规性、程序性、效益性情况开展审计。

（一）合法性检查

1. 国家政策落实情况

审计人员应当审查领导干部在任职期间是否落实了国家政策，检查被审计单位是否建立健全非税收入管理制度，是否存在借助行政审批事项向企业收取不合理费用的情况。

2. 财务收支合法性

审计人员应当重点关注被审计单位当年预算编制是否科学合理，是否存在漏报、瞒报、错报等情况，确保财务收支活动符合国家法律法规。

3. 依法行政情况

审计人员应当关注被审计单位是否存在疏于管理和行政不作为的情况，是否严格遵守

财经纪律和相关法律法规，确保依法行政的落实。

（二）合规性检查

1. 专项资金管理

审计人员应当审查领导干部在任职期间的各类专项资金的管理和使用情况，检查上级财政转移支付资金安排的重大项目是否按期实施，是否存在弄虚作假、挤占挪用等问题。

2. 国有资产管理

审计人员应当审查被审计单位国有资产管理制度的建立和执行情况，检查是否存在国有资产流失等问题，确保国有资产的安全和有效使用。

3. 政府投资项目

审计人员应当选择被审计单位投资规模较大的若干重点工程，检查是否存在擅自扩大规模、提高标准、拖欠工程款等问题，确保政府投资项目的规范管理。

（三）程序性检查

1. 重大经济决策程序

审计人员应当审查领导干部在任职期间的重大经济决策是否符合程序，特别是重大工程建设、土地出让、专项资金、国有资产处置等重大经济事项的决策程序是否合规，是否存在领导干部“一言堂”等问题。

2. 财务审批程序

审计人员应当关注被审计单位的财务开支是否按规定经过层层审批，检查是否存在虚列费用、假公济私等问题，确保财务审批程序的严格执行。

（四）效益性检查

1. 经济效益

审计人员应当关注被审计单位的事业发展规划、业务工作思路、职能工作目标是否符合实际情况，是否存在未完成的经济工作指标等问题，确保决策活动的经济效益。

2. 社会效益

审计人员应当关注交通运输、健康养老服务等重大社会性项目的完成情况，检查是否存在道路规划不当、养老金发放不到位等问题，确保决策活动的社会效益。

3. 环境效益

审计人员应当关注土地资源、水资源、大气污染防控等生态环境保护情况，检查是否存在违法占用耕地、污染水资源等问题，确保决策活动的环境效益。

通过合法性、合规性、程序性和效益性四个方面的全面审查，领导干部经济责任审计不仅可以揭示领导干部在任职期间存在的问题和不足，还能为未来的改进提供重要的参考依据，促进领导干部廉洁自律、履职尽责，提高党和政府的公信力，推动经济社会的可持续发展。

二、《经济责任审计规定》主要内容

2019 年 7 月，两办印发了《经济责任审计规定》，并要求各地区各部门认真遵照执行。《经济责任审计规定》的出台，是为了进一步完善我国的经济责任审计制度，适应新时代新形势的要求。此前，2010 年发布的相关规定在推动经济责任审计工作方面发挥了重要作用，但随着我国经济社会的发展和反腐倡廉建设的深入推进，对经济责任审计的要求也不断提高。因此，党中央决定对原有规定进行修订，以更好地加强对领导干部的管理监督，促进领导干部依法履职、廉洁从政，确保党中央决策部署的贯彻落实。

《经济责任审计规定》深入贯彻习近平新时代中国特色社会主义思想和党的十九大精神，强调党对审计工作的集中统一领导，聚焦领导干部经济责任，强化对权力运行的制约和监督。经济责任审计是中国特色社会主义审计监督制度的重要组成部分，其主要目的是通过对领导干部在任职期间履行经济责任情况的审计，客观评价其在经济决策、财务管理和内部控制等方面的绩效，揭示问题，提出改进意见，促进经济高质量发展和全面深化改革。《经济责任审计规定》详细规定了经济责任审计的对象，包括各级党委、政府、纪检监察机关、法院、检察院的正职领导干部和主持工作一年以上的副职领导干部，以及国有企业的法定代表人等。审计内容涵盖领导干部在贯彻执行党和国家经济方针政策、重大经济事项决策、财政财务管理、风险防范等方面的履职情况，特别强调对廉洁从政和党风廉政建设责任的落实情况进行审计。

在组织协调方面，《经济责任审计规定》要求各级党委和政府加强对经济责任审计工作的领导，建立健全经济责任审计工作联席会议制度，形成监督合力。联席会议由纪检监察机关和组织、审计、财政等相关部门组成，负责研究拟订审计制度文件，监督检查审计工作情况，协调解决审计工作中出现的问题，推进审计结果的运用。此外，《经济责任审计规定》明确了审计实施的具体程序，包括审计通知书的送达、审计报告的编制和复核、审计结果的反馈和整改等，确保审计工作依法依规进行。对于审计过程中发现的重大问题线索，审计机关应当依法移送纪检监察机关或者其他有关部门处理。

《经济责任审计规定》还强调了审计结果的运用，各级党委和政府应当将经济责任审计结果和整改情况作为考核、任免、奖惩领导干部的重要依据，推动审计结果在实际工作中的落实。通过对领导干部经济责任履行情况的全面审计和评价，可以更好地促进领导干部依法用权、秉公用权、廉洁用权，确保党中央令行禁止，推动形成风清气正的政治生态，促进国家治理体系和治理能力现代化。

《经济责任审计规定》共分为七章，分别是总则、组织协调、审计内容、审计实施、审计评价、审计结果运用和附则。

第一章“总则”明确了《经济责任审计规定》的制定背景和指导思想，强调经济责任审计工作要以马克思列宁主义、毛泽东思想、邓小平理论、“三个代表”重要思想、科学发展观、习近平新时代中国特色社会主义思想为指导，增强“四个意识”、坚定“四个自信”、做到“两个维护”，贯彻新发展理念，聚焦经济责任，客观评价，揭示问题，促进经济高质量发展，推动国家治理体系和治理能力现代化。

第二章“组织协调”规定了各级党委和政府要建立健全经济责任审计工作联席会议制度，联席会议由纪检监察机关和组织、机构编制、审计、财政、人力资源社会保障、国有资产监督管理、金融监督管理等部门组成。联席会议负责研究拟订经济责任审计制度文件，监督检查审计工作，协调解决审计工作中的问题，推进审计结果的运用。

第三章“审计内容”详细规定了经济责任审计的具体内容。地方各级党委和政府主要领导干部的审计内容包括贯彻执行党和国家经济方针政策、重大经济事项的决策执行、财政财务管理和经济风险防范等情况。党政工作部门、事业单位和国有企业主要领导人员的审计内容还包括企业发展战略规划、法人治理结构、内部控制制度的制定和执行情况等。通过全面的审计内容，确保对领导干部履职情况的全面评价。

第四章“审计实施”规定了审计实施的具体程序。审计委员会办公室和审计机关根据年度审计项目计划组成审计组，并向被审计领导干部及其所在单位送达审计通知书，安排审计工作事项。审计组应当在被审计单位公示审计项目名称和举报电话，听取被审计领导干部所在单位领导班子成员的意见，收集相关资料，并对审计报告进行审核和反馈，确保审计工作的透明和规范。

第五章“审计评价”强调审计委员会办公室和审计机关要根据审计查证或者认定的事实，综合运用多种方法，对领导干部履行经济责任情况进行客观公正的评价。审计评价应当有充分的审计证据支持，并坚持定性评价与定量评价相结合的原则。审计评价时，应把领导干部在改革创新中的失误和错误，与违纪违法行为区分开来，鼓励探索创新，支持担当作为，保护领导干部干事创业的积极性。

第六章“审计结果运用”要求各级党委和政府建立健全经济责任审计情况通报、责任追究、整改落实、结果公告等制度，将审计结果作为考核、任免、奖惩领导干部的重要依据。审计委员会办公室和审计机关应当通报或者公告审计结果，对审计发现问题的整改情况进行监督检查，确保审计结果的有效运用。

第七章“附则”明确了《经济责任审计规定》的解释和实施日期，由中央审计委员会办公室、审计署负责解释，自 2019 年 7 月 7 日起施行。《经济责任审计规定》还强调，各有关部门对内部管理领导干部开展经济责任审计，应参照《经济责任审计规定》执行，或者根据规定制定具体办法，确保《经济责任审计规定》的全面贯彻落实。

三、新修订《第 3204 号内部审计实务指南——经济责任审计》解读

2022 年 3 月 25 日，中国内部审计协会正式发布了修订后的《第 3204 号内部审计实务

指南——经济责任审计》（以下简称《指南》）。《指南》在系统性、规范性和创新性方面进行了全面的调整和细化，旨在进一步提高经济责任审计的质量和实效。

《指南》的一个显著特点是其系统性和全面性。与2011年发布的《内部审计实务指南第5号——企业内部经济责任审计指南》相比，《指南》在体例和内容上进行了大幅调整，增强了系统性和逻辑性。《指南》共分为六章和四个附录，内容涵盖了经济责任审计的各个方面，包括审计的目的、范围、程序和结果运用等。通过系统全面地介绍经济责任审计的关键问题，《指南》回答了“为什么审”、“审什么”、“怎么审”以及“审计结果如何运用”等重要问题。

在规范性和指导性方面，《指南》对2021年修订发布的《第2205号内部审计具体准则——经济责任审计》进行了丰富和细化，并力求与《经济责任审计规定》保持一致。《指南》以问题为导向，注重实用性和指导性，为经济责任审计提供了规范的操作指引。附录部分还包括审计通知书、述职报告、审计报告和审计结果报告等模板，方便内审人员参考使用。

《指南》在先进性和创新性方面也作出了突出贡献。结合各单位内部审计的实际情况，《指南》强调了内管干部经济责任审计的特点，并总结了近年来经济责任审计的理论和实践经验。《指南》在审计计划管理、程序优化、审计内容创新、审计报告撰写、审计评价和结果运用等方面进行了探索，旨在不断提升经济责任审计的质量和效果。

在重点修订内容上，《指南》明确了经济责任审计的指导思想、职责定位、工作目标和重点。经济责任审计应以习近平新时代中国特色社会主义思想为指导，准确把握新发展阶段的要求，聚焦领导干部的经济责任，客观评价、揭示问题，促进国家经济方针政策的落实和经济高质量发展。审计工作重点要关注重大资金分配、资产处置、公共资源交易等重要领域和关键环节，揭示与领导干部履职相关的典型性和普遍性问题，并推动审计整改和结果运用，预防和纠正权力失控、决策失误和行为失范。

《指南》还扩展了经济责任审计对象的范围，明确企业（包括金融机构）中层主要领导干部也是审计对象。针对上级领导兼任下级单位正职但不实际履行经济责任的情况，《指南》明确实际分管日常工作的副职领导干部为审计对象。

此外，《指南》明确了经济责任审计的六项工作原则，从组织领导、计划、实施到成果运用，系统阐述了经济责任审计的全过程工作思路和要求。《指南》特别强调了加强审计工作的统一领导和组织协调，科学制定年度经济责任审计计划，并确保计划的严肃性。

《指南》进一步细化了审计程序和方法，涵盖了审计准备、审计实施、审计报告和后续审计等阶段的详细要求。为引起被审计领导干部的重视，《指南》规定审计进点会上被审计领导干部应就任职期间履行经济责任的情况进行述职，并提供了述职报告模板。审计报告的撰写也有详细规定，强调报告的权威性和整改要求。

在责任认定和审计评价方面，《指南》明确了责任认定的具体情形和原则，强调审慎客观、权责一致、边界清晰等原则。审计评价则是经济责任审计的核心环节，要求审计评价要遵循全面性、重要性、客观性、相关性和谨慎性原则，并做到“三个区分开来”。

关于审计结果运用，《指南》强调审计结果的通报、责任追究、整改落实和结果公告等制度，明确不同主体在结果运用中的职责，确保审计结果的有效运用和审计目标的实现。通过这一系列详细规定，《指南》为经济责任审计提供了全面的指导和规范，促进领导干部依法履职、廉洁从政，推动经济责任审计工作的高质量发展。

《指南》共六章，包括概述、经济责任审计的内容、责任认定、审计评价、审计报告和审计结果报告、审计结果运用，还附有四个模板。其目的在于提升审计质量，提高审计效率，为经济责任审计实践提供全面的指引。

第一章“概述”明确了《指南》旨在加强对领导干部的管理监督，规范内部经济责任审计工作。经济责任审计是对领导干部任职期间履行经济责任情况的监督、评价和建议活动，适用于党政工作部门、纪检监察机关、法院、检察院、事业单位、人民团体和国有企业等单位。审计总体要求是以习近平新时代中国特色社会主义思想为指导，全面把握新发展阶段的要求，聚焦领导干部的经济责任，客观评价，揭示问题，促进高质量发展和反腐倡廉。

第二章“经济责任审计的内容”分为十个部分：

第一，贯彻执行党和国家经济方针政策及决策部署情况。审计领导干部是否及时、务实地部署落实重大政策措施，并评估其执行效果。

第二，发展战略规划制定及执行情况。审计战略规划是否符合国家和上级单位的要求，规划的制定和执行是否科学合理，阶段性目标是否实现。

第三，重大经济事项决策及执行情况。审计重大预算管理、基本建设、采购、投资、资产处置、大额资金运作等方面的决策和执行情况，确保程序合规，执行有效。

第四，组织治理情况。审计组织治理结构、机制和执行情况，包括是否建立健全法人治理结构，决策、执行和监督机制是否有效。

第五，内部控制和风险管理情况。审计内部控制和风险管理体系是否健全，运行是否有效，能否满足风险管理要求。

第六，财政财务管理情况。审计单位的预算编制、执行及调整情况，财政支出是否真实合规，预算绩效管理是否到位。

第七，自然资源资产管理和生态环境保护情况。审计领导干部是否贯彻执行中央的生态文明建设方针政策，履行自然资源资产管理和生态环境保护责任。

第八，境外机构、境外资产和境外经济活动情况。审计境外机构和资产的管理，确保其合法合规，风险可控。

第九，党风廉政建设责任和个人遵守廉洁从业规定情况。审计领导干部在履职过程中是否遵守廉洁从政的规定，是否存在违纪违法行为。

第十，以往审计发现问题整改情况。以往审计中发现的问题是否得到整改，整改措施是否有效。

第三章“责任认定”明确了责任认定的具体情形和原则，强调责任认定应坚持权责一致、审慎客观、边界清晰、重要事项和尽职免责原则。审计过程中应区分任期内和非任期内的时间界限，区分领导干部个人决策和领导班子集体决策的界限，以及区分主观原因和客观原因的界限。

第四章“审计评价”是经济责任审计的核心环节。《指南》明确了审计评价的总体要求，强调审计评价要遵循全面性、重要性、客观性、相关性和审慎性原则，并做到“三个区分开来”。审计评价应根据被审计领导干部的履职特点、岗位性质和实际需要，采用适当的评价方法。

第五章“审计报告和审计结果报告”规范了审计报告和审计结果报告的撰写要求。审计报告应包括基本情况、总体评价、主要业绩、审计发现的主要问题和责任认定、审计意见和建议。审计结果报告应与审计报告保持一致，但要对审计报告的内容进行高度概括，对领导干部承担直接责任的问题要详细表述定责依据。

第六章“审计结果运用”是经济责任审计的重要内容和关键环节。《指南》明确了审计结果运用的总体要求和不同主体在结果运用中的职责，强调被审计领导干部及其所在单位应落实审计整改的主体责任。审计结果运用的形式包括案件线索报告和移送、情况通报、责任追究、整改落实、专项或综合分析报告等。

第四节 领导干部自然资源资产离任审计

一、领导干部自然资源资产离任审计的含义

领导干部自然资源资产离任审计是指审计机关依法依规对主要领导干部在其任职期间履行自然资源资产管理和生态环境保护责任的情况进行的审计。这一审计旨在确保领导干部对其在任职期间的自然资源和生态环境管理行为负责，从而推动绿色发展和生态文明建设。

2013 年 11 月，党的十八届三中全会通过的《中共中央关于全面深化改革若干重大问题的决定》中明确提出，“探索编制自然资源资产负债表，对领导干部实行自然资源资产离任审计，建立生态环境损害责任终身追究制”。这一决定标志着我国在推进生态文明建设和实现绿色发展理念方面迈出了重要一步。

2017 年 9 月，两办印发的《领导干部自然资源资产离任审计规定（试行）》（以下简称《规定》）进一步明确了这一审计的具体内容和要求。《规定》指出，自然资源资产离任审计是对领导干部任职期间履行自然资源资产管理和生态环境保护责任情况的系统性审查，旨在促进自然资源资产的节约集约利用和生态环境安全。

根据《规定》第三条的定义，领导干部自然资源资产离任审计的核心是审计机关对主要领导干部在其任职期间，针对自然资源资产管理和生态环境保护责任的履行情况进行全面评估。这包括领导干部在土地、水、森林、草原、矿产、海洋等自然资源资产的管理开发利用，以及大气、水、土壤等环境保护和改善的责任履行情况。此外，还涵盖森林、草原、荒漠、河流、湖泊、湿地、海洋等生态系统的保护和修复，以及其他与自然资源资产管理和生态环境保护相关的事项。

《规定》第四条进一步明确了领导干部在自然资源资产管理和生态环境保护方面应履行的具体责任，包括：

第一，自然资源资产的管理开发利用。对土地、水、森林、草原、矿产、海洋等自然资源资产进行有效管理和合理开发利用。

第二，环境保护和改善。对大气、水、土壤等环境进行保护和改善，确保环境质量提升。

第三，生态系统保护和修复。保护和修复森林、草原、荒漠、河流、湖泊、湿地、海洋等生态系统，维护生态平衡。

第四，其他相关责任。履行其他与自然资源资产管理和生态环境保护相关的职责。

《规定》第五条规定了审计对象，主要包括地方各级党委和政府的主要领导干部，以及各级发展改革、国土资源、环境保护、水利、农业、林业、能源、海洋等部门（单位）的主要领导干部。这些领导干部在任期内对其所辖区域或部门的自然资源资产和生态环境保护负有直接责任，因此需要通过领导干部自然资源资产离任审计来评估其履职情况和成效。

通过领导干部自然资源资产离任审计，审计机关能够系统地评估和监督领导干部在任期内对自然资源和生态环境保护责任的履行情况，推动领导干部更加自觉地落实绿色发展理念，保障生态文明建设的顺利推进。

二、《规定》主要内容概述

（一）总体原则和适用范围

《规定》明确，领导干部离任时应当接受自然资源资产离任审计。该审计由审计机关依照《审计法》等相关法律法规开展，审计对象包括地方各级党委和政府主要领导干部及相关部门（如发展改革、国土资源、环境保护等部门）的主要领导干部。审计的主要目的是评价领导干部在任职期间对自然资源资产和生态环境保护责任的履行情况。

（二）审计内容

《规定》详细规定了领导干部自然资源资产离任审计的内容，主要包括以下几个方面：

第一，贯彻执行中央生态文明建设方针政策和决策部署情况。包括生态文明体制改革相关制度的建立和落实情况，国家有关战略的贯彻落实情况，以及推进供给侧结构性改革的情况。

第二，遵守自然资源资产管理和生态环境保护法律法规情况。包括地方相关规章制度的制定情况，资源环境规划的实施情况，以及重大经济活动或建设项目的合法性。

第三，自然资源资产管理和生态环境保护重大决策情况。涉及经济社会发展重大决策的审批和规划调整，落实国家资源生态环境保护政策的情况。

第四，完成自然资源资产管理和生态环境保护目标情况。包括国家确定的约束性指标和污染防治行动计划目标的完成情况。

第五，履行自然资源资产管理和生态环境保护监督责任情况。涉及资源资产开发、管理、使用的合法性和有效性，以及严重损毁资源和环境事件的预防和处置。

第六，组织自然资源资产和生态环境保护相关资金征管用和项目建设运行情况。包括相关税费和政府性基金的管理，生态环境保护资金的使用情况，以及重点项目的建设和运营情况。

（三）审计程序和方法

《规定》强调，审计机关应根据干部管理权限和组织部门的委托，制定审计计划，并在审计过程中坚持依法审计、问题导向、客观求实、鼓励创新、推动改革的原则。审计过程中，审计机关应考虑地域、气候、资源环境承载能力等因素，采用科学合理的审计方法，确保审计的全面性和有效性。

（四）审计评价

《规定》明确，审计评价应以自然资源资产负债表或相关数据资料为基础，结合定性和定量评价，对领导干部履行自然资源资产管理和生态环境保护责任情况作出客观公正的评价。审计评价的结论应有充分的审计证据支持，评价结果分为好、较好、一般、较差、差五个等次。

（五）审计结果运用

审计结果运用是《规定》的重要组成部分。审计机关应向被审计领导干部及其所在地区或部门出具审计意见，并将审计情况报告上级审计机关。审计发现的严重问题应依法移送有关部门处理，并对相关责任人员进行追责。各级党委和政府应逐步推行领导干部自然资源资产离任审计结果公告制度，并将审计结果和整改情况作为领导干部考核、任免、奖惩的重要依据。

（六）其他规定

《规定》还明确了审计机关和审计人员在审计中的职责和权利，规定了审计结果的保密义务和领导干部的异议处理程序。同时，《规定》强调各级党委和政府应加强对审计工作的领导，确保审计工作的独立性和公正性。审计机关在必要时可参照《规定》对领导干部在任期内的履职情况进行审计。

三、领导干部自然资源资产离任审计的重点难点

领导干部自然资源资产离任审计是确保领导干部在任职期间履行生态文明建设和资源环境保护责任的重要手段。然而，审计过程中存在诸多重点和难点，审计人员需要特别关注和解决这些问题，以确保审计工作的有效性和高质量。

（一）审计范围的确定

明确审计范围是进行领导干部自然资源资产离任审计的首要任务，范围应涵盖领导干部任职期间所有与自然资源资产管理和生态环境保护相关的活动。审计人员需要全面了解被审计地区的自然资源状况，并根据具体情况确定审计重点和范围。这包括对土地、水、森林、矿产、海洋等各类自然资源的管理、开发和保护活动进行审计。由于各地区自然资源的种类和特性不同，审计范围的确定必须考虑到地方实际情况，确保涵盖所有关键领域和重大事项，以全面评估领导干部的履职情况。

（二）审计指标体系的建立

建立科学合理的审计指标体系是评估领导干部履职情况的基础，指标应包括经济效益、社会效益、环境效益等多个维度。不同类型的自然资源和环境保护事项具有不同的评价标准，审计人员需要根据实际情况制定具体的、可量化的审计指标。例如，在土地管理方面，可以包括土地利用率、耕地保护率等指标；在水资源管理方面，可以包括用水总量、水质达标率等指标。审计指标体系应具有全面性和科学性，能够准确反映领导干部的工作成效和履职表现。

（三）数据获取和真实性验证

准确获取并验证审计数据的真实性是确保审计质量的关键，数据应包括财务数据、环境质量监测数据、资源利用数据等。自然资源和环境数据来源复杂，且部分数据可能存在不完整或不准确的问题。审计人员需要采用多种方法，如实地考察、第三方验证、专家评

审等，确保数据的真实性和完整性。此外，审计人员还应利用现代信息技术，如大数据分析和遥感技术，提高数据处理效率和精度，确保审计结论的可靠性和科学性。

（四）法规和政策的合规性检查

检查领导干部是否严格遵守相关法律法规和政策规定，是确保其在自然资源管理和环境保护方面合法性和合规性的关键。自然资源管理和环境保护领域的法律法规和政策繁多且不断更新，审计人员需要及时掌握最新法规和政策，准确判断领导干部的行为是否合规。例如，在环境保护方面，需要检查领导干部是否遵守了国家和地方环保法规，是否采取了有效的污染防治措施，是否存在违法排放等问题。审计人员应当详细记录和分析每一项政策法规的执行情况，确保审计工作全面覆盖、不留死角。

（五）重大决策和项目实施的效果评价

审计人员应当评估领导干部在重大决策和项目实施中的经济效益、社会效益和环境效益，确保其决策科学合理，项目实施有效。重大决策和项目实施的效果评价涉及多个方面，需考虑短期和长期影响。审计人员应综合运用定量和定性分析方法，全面评估决策和项目的实际效果。例如，在评价一项大型水利工程时，不仅要考虑工程的经济效益，还需评估其对当地生态环境和社会发展的综合影响。审计人员应通过现场调研、数据分析、专家访谈等多种手段，获取全面的评价信息，确保评价结果客观公正。

（六）生态环境保护的长期性和复杂性

生态环境保护具有长期性和复杂性，部分措施的效果难以在短期内显现。审计应关注领导干部在生态环境保护方面的长期责任和实际效果，确保其政策措施的持续性和有效性。审计人员需要结合历史数据和未来预期，综合评估领导干部的环保责任履行情况。例如，在森林资源管理方面，审计人员需要评估植树造林和森林保护措施的长期效果，包括森林覆盖率的变化、生物多样性的保护等。审计人员应通过长期跟踪和监测，全面评估环保措施的实际效果，提出改进建议，促进生态环境的可持续发展。

（七）跨部门协调和信息共享

自然资源资产管理和生态环境保护涉及多个部门，审计人员需要加强跨部门协调和信息共享，确保审计工作的全面性和协同性。部门间信息不对称和协调困难可能影响审计工作的顺利进行。审计人员应建立有效的沟通机制，确保各相关部门的积极配合和信息共享。例如，在进行水资源管理审计时，需要协调水利部门、环保部门和农业部门，共同提供相关数据和信息，确保审计结论的全面性和准确性。通过加强部门间的协作，审计人员可以更全面地掌握情况，提高审计工作的效率和质量。

（八）领导干部责任的界定

明确领导干部在自然资源管理和环境保护中的具体责任，区分直接责任和领导责任，是确保责任追究公平性和准确性的关键。领导干部的责任界定复杂，需综合考虑其决策过程、管理措施、执行情况等多方面因素。审计人员需要详细调查和分析，准确界定领导干部的具体责任。例如，对于一个环境污染事件，需要明确领导干部在决策中的角色和责任，判断其是否应对污染事件负直接责任或领导责任。通过科学、公正地界定责任，可以促进领导干部更加自觉地履行职责，推动生态文明建设。

（九）取证难

领导干部自然资源资产离任审计所涉及的内容不仅包括财务数据和会议文件数据，还包括各类自然资源数据，这需要相关职能部门的配合，从而增加了取证难度。审计人员在不同性质的审计项目中，在取证内容和方法上没有统一的标准和可靠的计量方法，存在取证程序不规范、取证质量不高、取证技术欠缺等问题。这些问题增加了审计风险，降低了审计报告的质量。因此，审计机关应当加强环境科学与工程、投资等领域专业人才的培养。审计人员应积极创新和不断学习生态文明建设领域的技术手段和方法，例如，遥感监测技术和地理信息系统（GIS）技术。此外，审计人员还应结合实地调查、资料审阅、统计等方法，才能实现自然资源审计目标。

（十）评价难

《规定》第十八条规定，审计机关应根据被审计领导干部任职期间所在地区或主管业务领域自然资源资产管理和生态环境保护情况，结合审计结果，对领导干部任职期间的自然资源资产管理和生态环境保护情况变化产生的原因进行综合分析，按照好、较好、一般、较差、差五个等次进行客观评价。然而，各地自然资源、环保政策和行业政策存在异质性，不同地域的领导干部自然资源和生态环境保护责任评价指标体系各有不同，导致审计人员在达到一致性、可比性和可靠性方面存在较大难度。现有政策对领导干部自然资源资产审计评价的指标尚未明确，审计内容具有高度概括性，五个等次的评价易受主观因素影响。此外，一些地区的自然资源资产所有权主体和权力界限不清晰，自然资源不易分割的特性导致领导干部的责任划分模糊。各地审计机关应尽快制定和实施领导干部自然资源资产离任审计指标体系，力求做到清晰明确、标准具体、指标统一。

（十一）定责难

审计人员应根据被审计领导干部任职期间发现问题的性质、产生后果的影响程度、涉及金额大小等方面界定其应当承担的自然资源和环境保护责任。然而，自然资源的污染破坏行为具有潜伏性、滞后性和长期性，某些自然资源问题可能涉及多任领导，甚至跨区域影响其他地域，这些特点极大地增加了审计人员在综合评价领导干部责任时的难度。审计人员和领导干部都应有共同的认知：遗留问题看整改、潜在问题看对策、常规问题看决策。对于上任领导遗留的环境问题，现任领导必须正视并采取措施整改，不得置之不理，审计人员应综合评价现任领导干部的整改态度、措施和效果。对于以前年度或相邻区域带来的隐患问题，现任领导必须采取措施遏制，将风险扼杀在萌芽阶段，否则，审计人员应客观评价其责任。对于常规问题如监管和决策，领导干部应对此负责，审计人员也应客观准确评价其监督责任。

第五节 经济责任审计前沿研究

一、经济责任审计的理论创新

（一）受托经济责任观的深化与发展

经济责任审计的理论基础主要来源于受托经济责任观。这一理论认为，受托人（如政府官员或企业管理者）在管理和使用公共资源或国有资产时，必须对委托人（如社会公众或企业股东）承担经济责任。秦荣生（1994）提出，审计与受托经济责任存在“血缘”关系，审计的主要目标之一就是确保受托经济责任的履行。蔡春和陈晓媛（2007）进一步指出，经济责任审计的本质目标是评价受托经济责任，确保受托经济责任得到良好履行。随着经济社会的发展，受托经济责任观也在不断深化，更多地强调透明度、责任感和问责制。这种责任观不仅涉及财务层面，还涵盖了管理效率、政策执行和社会影响等方面。郭振乾（1997）认为，经济责任审计的实质是委托审计，是社会公众委托政府管理使用国有资产，以提供公共产品，审计机关应对该委托进行审计，以监督责任的履行情况。

（二）公共治理视角下的经济责任审计

随着公共治理理论的发展，经济责任审计被赋予了新的内涵。公共治理理论强调政府和公共部门应在多元参与、透明和问责的原则下运作，以实现公共利益的最大化。在这一背景下，经济责任审计不仅是财务监督的工具，更是公共治理的重要手段。通过经济责任审计，政府和公共部门可以发现和纠正管理中的问题，提升治理效能。政府审计在监督和控制风险方面发挥重要作用，可以为政府部门提供审计信息支持，帮助其完善治理机制。

国家审计被比作人体的“免疫系统”，其具有预防、揭示和防御功能，有助于实现良好治理，促进经济社会健康发展。

公共治理视角下的经济责任审计不仅关注传统的财务合规性，还涉及绩效审计、政策执行审计等多方面内容。经济责任在中国的特殊制度背景下，融合了经济监督和行政监督，具有特殊的审计风险。这种视角下的经济责任审计强调通过审计提高公共部门的透明度和问责性，确保公共资源的有效利用和管理。

（三）可持续发展与绿色经济责任审计

近年来，随着可持续发展理念的普及，绿色经济责任审计成为经济责任审计研究的重要前沿领域。绿色经济责任审计旨在评估和监督公共部门和企业在环境保护和资源管理方面的责任履行情况，确保经济活动与环境保护相协调。绿色经济责任审计的目标是推动公共部门和企业在追求经济利益的同时，注重环境保护和资源的可持续利用。环境保护责任作为审计内容的一部分，促使领导干部在决策和管理中更多地考虑环境因素，从而推动绿色发展。近年来，实证研究也证明了绿色经济责任审计的有效性。实施领导干部自然资源资产离任审计显著降低了 PM10 和 SO_2 等污染物的排放浓度，有助于改善环境质量。

绿色经济责任审计不仅关注环境保护，还涵盖了资源管理、污染控制和生态修复等方面。基于绿色创新视角，自然资源资产离任审计对环境治理的作用机制表明，离任审计促进了试点城市的绿色创新水平，增加了地方政府财政环保支出，加大了环境行政处罚力度，发挥了重要的环境治理作用。绿色经济责任审计的实践和研究，为经济责任审计注入了新的活力，推动其向更高层次、更广领域发展。

（四）国际比较与借鉴

在全球范围内，经济责任审计的发展和实施情况因各国的政治、经济、法律环境不同而有所差异。对各国经济责任审计进行比较分析，可以帮助我们理解不同背景下的审计实践及其成效，从而为我国的经济责任审计提供有益的借鉴。

在美国，经济责任审计被广泛应用于联邦、州和地方政府层面。美国政府问责局（Government Accountability Office，GAO）作为独立的审计机构，负责审计政府支出的合法性和效率。GAO 的审计工作不仅包括财务审计，还涵盖绩效审计和合规审计。美国的审计制度注重透明度和公众参与，审计结果通常公开发布，接受公众和媒体的监督。

在英国，国家审计署（National Audit Office，NAO）承担经济责任审计职能。NAO 的审计范围广泛，既包括对公共部门财务报告的审计，也包括对公共项目和政策实施效果的绩效审计。英国的审计制度强调问责制，审计报告不仅提交给议会，还对外公开，以确保政府对公共资金使用的透明度和责任感。

澳大利亚的审计制度则以其独立性和权威性著称。澳大利亚国家审计署（Australian

National Audit Office，ANAO）对联邦政府部门和机构进行审计，确保其遵循法律法规和管理规定。ANAO 的审计工作包括财务审计、绩效审计和合规审计。澳大利亚的审计制度注重改进政府管理，通过提出具体的改进建议，帮助政府部门提高管理效率和服务质量。

在日本，会计检查院（Board of Audit of Japan，BAJ）是日本的最高政府审计机关，是负责经济责任审计的最高机构。日本的审计制度主要关注财政审计和绩效审计，重点审查政府支出的合法性和有效性。BAJ 具有较高的独立性，其审计报告提交给内阁和国会，并向公众公开。日本的审计制度强调对审计结果的跟踪和整改，确保发现的问题得到及时解决。

通过对各国经济责任审计的比较分析，可以总结出一些国际最佳实践，对我国的经济责任审计具有重要的启示作用。

首先，独立性是确保经济责任审计有效性的关键。美国、英国、澳大利亚和日本的审计机构都具有较高的独立性，能够在不受干预的情况下开展审计工作。这启示我们，应进一步加强我国审计机构的独立性，确保其能够独立、公正地履行审计职责。

其次，审计范围的广泛性和多样性是提高审计效果的重要保障。各国的经济责任审计不仅限于财务审计，还包括绩效审计和合规审计。这种多元化的审计方式可以全面评估政府和公共部门的责任履行情况。我国在推进经济责任审计时，应借鉴这一做法，扩大审计范围，提升审计的广度和深度。

再次，审计结果的公开和透明是增强审计公信力的重要手段。国际上，审计报告通常向公众和媒体公开，以接受广泛的社会监督。这种做法不仅提高了审计工作的透明度，也增强了政府和公共部门的责任感。我国在经济责任审计结果的运用上，应加强信息公开，增强透明度，促进社会监督。

此外，审计整改和跟踪机制的建立是确保审计发现的问题得到解决的重要措施。各国的审计制度都强调对审计结果的跟踪和整改，确保审计发现的问题能够及时得到解决。我国应借鉴这一做法，建立健全审计整改和跟踪机制，确保经济责任审计的实效。

最后，公众参与和媒体监督是提升审计影响力的有效途径。美国和英国的审计制度注重公众参与和媒体监督，通过公开审计报告，邀请公众和媒体对审计结果进行监督。这种做法不仅提升了审计工作的透明度和公信力，也促进了政府和公共部门的责任履行。我国在推进经济责任审计时，应积极借鉴这一做法，鼓励公众参与，加强媒体监督，提升审计的社会影响力。

二、经济责任审计的内容拓展与深化

（一）多维度审计内容

1. 环境保护与自然资源资产离任审计

随着环境保护和可持续发展的重要性日益凸显，环境保护与自然资源资产离任审计成为经济责任审计的重要内容之一。这种审计不仅关注政府和企业在环境保护方面的责任履行情况，还审查自然资源管理和利用的合法性、合理性和效率。黄溶冰等（2019）的研究发现，自然资源资产离任审计在降低污染物排放和改善空气质量方面具有显著效果。领导干部在任期结束时必须对其任期内自然资源的管理情况进行审计，确保其在管理过程中遵守相关法律法规，合理开发利用自然资源，并有效控制环境污染。这种审计不仅有助于保护生态环境，还可以推动领导干部在决策过程中更加注重环境因素，促进绿色发展和可持续发展。

2. 政策执行与绩效评价审计

政策执行与绩效评价审计是经济责任审计的重要组成部分，旨在评估政府部门和公共机构在政策执行过程中的效果和效率。通过审计，发现政策实施中的问题和不足，提出改进建议，确保政策目标的实现。周云平和陈通（2006）在乡镇党政主要负责人的经济责任审计中，将政策执行情况作为重要审计内容之一。这种审计不仅关注政策执行的合法性和合规性，还评估政策的实际效果，衡量政策执行的经济效益和社会效益。绩效评价审计可以帮助政府部门识别政策执行中的问题，提高政策执行的透明度和问责性，促进公共资源的有效利用和管理。

3. 廉政审计与权力监督

廉政审计与权力监督是防范腐败和滥用权力的重要手段。廉政审计主要审查政府官员和公共部门在履行职责过程中是否存在腐败行为、权力滥用和利益冲突。陈荣高（2011）在党政主要领导干部经济责任同步审计中，突出了对权力运行和决策行为的审计。这种审计强调通过监督和检查，揭示和预防腐败问题，确保权力的合法运行和廉洁行使。权力监督不仅限于对个人行为的审查，还包括对权力运行机制的审查，确保权力运行的公开、透明和公正。廉政审计和权力监督的有效实施，可以增强政府和公共部门的公信力，提升公众对政府的信任。

（二）动态与综合评价

1. 审计内容的动态调整与更新

经济责任审计的内容应随着社会经济环境的变化而动态调整和更新。经济责任审计不仅关注传统的财务和合规性问题，还需要及时纳入新出现的经济责任领域。韦小泉和王立彦（2015）提出，经济责任审计的评价体系应包括区域经济和社会发展状况、地方财政收支状况等多方面内容，这些内容需要根据实际情况不断调整和完善。动态调整和更新审计内容，可以确保审计工作的及时性和针对性，更好地反映审计对象的实际情况和责任履行情况。通过不断调整和更新审计内容，经济责任审计能够更好地适应环境变化，提供更为精准和全面的审计服务。

2. 综合审计与多领域融合

综合审计是经济责任审计的发展趋势，强调将多种审计类型和内容进行融合，以提供全面的审计评价。综合审计不仅关注单一领域的经济责任，还涵盖财务审计、绩效审计、环境审计、廉政审计等多个领域。经济责任审计的定义和内容应包括财务收支的真实性、合法性和效益性。这种综合性的审计方式，可以全面评估审计对象在各个方面的责任履行情况，提供更为全面的审计报告。

综合审计与多领域融合的实践，促进了审计工作的系统性和整体性。例如，在对某一政府部门进行经济责任审计时，可以同时进行财务审计、绩效审计和环境审计，通过多领域的融合，全面了解该部门的整体责任履行情况。这种综合审计方法，不仅可以提高审计的全面性和准确性，还可以通过多方面的信息交叉验证，发现隐藏的问题和风险。综合审计已成为一种新型审计模式，体现了从受托经济责任到管理责任、政治责任、社会责任的拓展。

三、经济责任审计的功能创新与实践探索

（一）审计功能的拓展

1. 从监督到治理：经济责任审计在国家治理中的角色

经济责任审计在国家治理中的角色不断从传统的监督职能向治理职能拓展。审计不仅限于发现和报告问题，还积极参与到国家治理中，通过提出改进建议、推动政策调整和优化治理结构等方式，促进公共部门和企业的管理水平提升。经济责任审计的拓展创新了审计制度，加强了权力监督，最终提高了政府和企业的治理水平。经济责任审计作为国家治理体系中的重要组成部分，承担着预防腐败、提升公共管理透明度和增强公共信任的重要使命。通过强化经济责任审计在国家治理中的作用，可以有效提升政府和公共部门的治理能力，推动国家治理体系和治理能力现代化。

2. 风险控制与预警功能

经济责任审计在风险控制与预警功能方面的作用日益凸显。审计不仅要发现已经发生的问题，还要通过系统的风险评估和预警机制，帮助政府和企业识别潜在风险，采取预防措施，降低风险发生的可能性和影响程度。政府审计在监督和控制风险方面发挥重要作用，可以为政府部门提供审计信息支持，帮助其完善治理机制。通过建立和完善风险预警机制，经济责任审计可以及时发现并预警可能的财务风险、管理风险和政策风险，为决策者提供可靠的信息支持，确保公共资源的安全和有效利用。

（二）经济责任审计的实践探索

1. 经济责任审计对企业行为的影响

经济责任审计对企业行为的影响是近年来研究的一个重要方向。通过实证研究，可以揭示审计对企业管理和经营行为的具体影响。自然资源资产离任审计实施会导致重污染企

业和资源型企业面临更高的权益资本成本，这表明审计压力可以促使企业加强环境保护和资源管理。此外，领导干部自然资源资产离任审计有助于提升资源型和重污染型上市公司的全要素生产率，推动企业转型升级。经济责任审计通过影响企业行为，促进企业在遵纪守法、资源管理和环境保护等方面不断改进，提高企业的整体经营水平和社会责任履行能力。

2. 环境治理与经济责任审计的互动关系

经济责任审计在环境治理中的作用越来越受到重视。通过对环境保护责任和自然资源管理的审计，可以推动政府和企业加强环境治理，改善生态环境质量。实施领导干部自然资源资产离任审计降低了 PM10 和 SO_2 等污染物的排放浓度，有助于改善空气质量。这种审计不仅有助于发现和纠正环境管理中的问题，还可以通过提出改进建议，推动环境政策和措施的优化，提高环境治理的效果和效率。经济责任审计与环境治理的互动关系，体现了审计在促进可持续发展和生态文明建设中的重要作用。

3. 政府问责机制中的审计作用

审计在政府问责机制中发挥着重要作用，是实现政府透明度和责任制的关键手段。审计是一种重要的问责方式，有助于加强和改进政府问责机制。通过经济责任审计，可以评估和监督政府官员和公共部门的责任履行情况，发现并揭示违规和失职行为，提出纠正措施和改进建议。审计报告不仅为政府内部问责提供依据，也为公众和媒体监督政府提供信息支持，提升政府管理的透明度和责任感。通过强化审计在政府问责机制中的作用，可以有效提升政府的公信力和治理水平。

四、经济责任审计的评价方法与技术创新

（一）评价指标体系的创新

1. 新型评价指标的设计与应用

科学合理的评价指标体系是经济责任审计的基础。近年来，学者们致力于新型评价指标的设计与应用，以提高审计的准确性和全面性。经济责任审计评价指标应遵循相关性、可比性和重要性原则。在此基础上，研究者开发了更加细化和多维度的评价指标，如环境保护、资源管理、政策执行和社会效益等方面的指标。这些新型评价指标不仅关注传统的财务数据，还涵盖了非财务指标，通过多维度评价，可以全面反映被审计对象的责任履行情况，为决策者提供更为丰富和翔实的信息支持。

2. 跨学科评价指标体系的构建

经济责任审计涉及多个领域和学科的知识，需要构建跨学科的评价指标体系。自然资源资产离任审计评价指标体系应考虑各地区自然资源资产的不同，因地制宜选择评价指标。这一观点强调了在评价体系构建过程中，必须结合经济学、管理学、环境科学等多个

学科的理论和方法，综合考虑不同领域的特征和要求。通过跨学科的综合评价，可以提高审计的科学性和全面性，更好地反映被审计对象的实际情况和责任履行效果。

（二）量化分析与技术应用

1. 大数据与人工智能在经济责任审计中的应用

随着信息技术的发展，大数据和人工智能在经济责任审计中的应用日益广泛。大数据技术可以处理和分析海量数据，从中发现潜在问题和风险，为审计提供数据支持和决策依据。人工智能技术则可以通过机器学习和智能分析，提高审计的效率和准确性。将大数据和人工智能应用于审计，可以实现数据的自动化处理和智能化分析，显著提升审计工作的质量和效率。这种技术创新不仅可以提高审计的全面性和精准性，还可以大幅降低审计成本，提高审计效率。

2. 模糊综合评价法与层次分析法的结合

模糊综合评价法和层次分析法（Analytic Hierarchy Process，AHP）是经济责任审计中常用的量化分析方法。模糊综合评价法可以处理复杂和模糊的信息，通过模糊数学的方法，对评价对象进行综合分析和评价。层次分析法则通过构建层次结构模型，对评价指标进行权重计算，确定各指标在综合评价中的相对重要性。将模糊综合评价法和层次分析法结合使用，可以有效解决领导干部经济责任的多样性、复杂性和模糊性问题，提高评价的科学性和合理性。通过这种量化分析方法的应用，经济责任审计可以实现更加精准和全面的评价，为审计决策提供有力支持。

五、经济责任审计结果的运用与影响

（一）审计结果的利用

1. 审计结果在政策制定中的应用

经济责任审计的结果不仅用于评估和监督，还应在政策制定中发挥重要作用。通过对审计结果的分析，决策者可以发现政策执行中的问题和不足，并据此进行政策调整和优化。例如，当审计发现某个公共项目在执行过程中存在资金浪费、管理效率低下等问题时，政府部门可以据此调整预算分配、改进管理流程，以提高公共资源的利用效率。通过将审计结果纳入政策制定过程，可以确保政策更加科学、合理和有效，推动经济社会的可持续发展。此外，审计结果还可以用于制定和完善法律法规，通过发现法律实施中的漏洞和不足，提出立法建议，推动法律体系的健全和完善。

2. 审计结果公开与社会监督

审计结果的公开和透明是提高审计公信力的重要手段。通过公开审计报告，接受公众和媒体的监督，可以增强审计工作的透明度和责任感。公开的审计结果可以为公众提供信息支持，使其了解政府和公共部门的工作情况和责任履行情况，增强公众对政府的信任和支持。经济责任审计成果的利用率不高，部分原因在于审计结果的公开性不够。通过加强审计结果的公开和宣传，增强社会监督的力度，可以提高审计工作的公信力和影响力，推动审计发现的问题得到及时解决和整改。例如，在环境审计中，公开排放数据和环境治理成效，可以让公众了解环境保护工作的实际进展，促进社会各界共同参与环境治理，提高环保工作的整体水平。

此外，审计结果公开可以促进政府和公共部门的问责机制建设。通过公开审计结果，可以明确责任主体，追究责任，防止腐败和滥用权力行为的发生。同时，公开的审计结果可以作为学术研究和媒体报道的重要素材，推动对审计结果的深入分析和讨论，提高审计工作的影响力和社会关注度。

（二）效果评估与反馈机制

1. 审计整改与反馈机制的完善

建立健全审计整改与反馈机制，是确保审计发现的问题得到解决的重要措施。审计整改与反馈机制包括审计报告的跟踪、整改方案的制定与实施、整改效果的评估等环节。审计报告发布后，相关部门需要根据审计结果制定整改方案，明确整改目标、措施和时间节点，确保审计发现的问题得到及时整改。通过完善审计整改和反馈机制，可以提高审计工作的实效和影响力。

此外，审计机关应建立有效的沟通机制，与被审计单位保持密切联系，及时反馈审计发现的问题和整改建议，帮助被审计单位理解审计结果，积极配合整改工作。通过建立反馈机制，可以提高审计工作的协同性和互动性，增强审计整改的效果和可操作性。

2. 审计结果对决策和管理的实际影响

审计结果对决策和管理的实际影响，是衡量审计效果的重要标准。通过对审计结果的评估和反馈，可以了解审计对政策制定、管理改进和治理提升的实际效果。审计结果可以为决策者提供重要的参考依据，帮助其制定更加科学合理的政策。例如，在审计中发现某个政府部门在执行某项政策时存在效率低下的问题，决策者可以根据审计结果调整政策执行方案，优化资源配置，提高政策执行效果。通过不断评估和反馈审计结果的实际影响，可以不断改进审计方法和措施，提高审计工作的质量和效果，为国家治理提供有力支持。

审计结果还可以用于绩效考核和奖惩机制。通过对审计结果的分析，可以评价各级政府部门和公共机构的工作绩效，为干部选拔和任用提供依据。对于表现突出的部门和个人，可以给予表彰和奖励；对于存在问题的部门和个人，则需要进行问责和处理，确保责任落实，推动工作改进。

在企业管理中，审计结果同样具有重要影响。通过经济责任审计，可以发现企业在经营管理中的问题和不足，提出改进建议，帮助企业优化管理流程，提高经营效率。例如，在对某企业的财务审计中，审计人员发现其内部控制存在缺陷，审计报告提出加强内部控制的建议，企业可以据此进行管理改进，提升财务管理水平和风险控制能力。

通过上述措施和机制，审计结果可以有效运用于政策制定、管理改进和治理提升，发挥审计在国家治理中的重要作用。审计结果的利用和反馈不仅有助于解决审计发现的问题，还可以推动审计工作的持续改进和发展，提高审计工作的整体水平和社会影响力。

思政研习

加强经济责任审计工作 促进领导干部履职尽责

2019 年 7 月 15 日，中共中央办公厅、国务院办公厅印发了《党政主要领导干部和国有企事业单位主要领导人员经济责任审计规定》（以下简称《经济责任审计规定》）。《经济责任审计规定》明确指出，经济责任审计工作以马克思列宁主义、毛泽东思想、邓小平理论、“三个代表”重要思想、科学发展观、习近平新时代中国特色社会主义思想为指导，增强“四个意识”、坚定“四个自信”、做到“两个维护”，认真落实党中央、国务院决策部署，紧紧围绕统筹推进“五位一体”总体布局和协调推进“四个全面”战略布局，贯彻新发展理念，聚焦经济责任，客观评价，揭示问题，促进经济高质量发展，促进全面深化改革，促进权力规范运行，促进反腐倡廉，推进国家治理体系和治理能力现代化。

《经济责任审计规定》明确了领导干部经济责任审计的对象，包括地方各级党委、政府、纪检监察机关、法院、检察院的正职领导干部或主持工作一年以上的副职领导干部；中央和地方各级党政工作部门、事业单位和人民团体等单位的正职领导干部或主持工作一年以上的副职领导干部；国有和国有资本占控股地位或主导地位的企业（含金融机构）的法定代表人或不担任法定代表人但实际行使相应职权的主要领导人员；上级领导干部兼任下级单位正职领导职务且不实际履行经济责任时，实际分管日常工作的副职领导干部；党中央和县级以上地方党委要求进行经济责任审计的其他主要领导干部。

经济责任审计是中国特色社会主义审计监督制度的重要组成部分，有关部门要加强协作配合，把审计监督与纪检监察、组织人事、巡视巡察等监督贯通起来，形成监督合力。各级领导干部要带头贯彻执行《经济责任审计规定》，自觉接受审计监督，做到依法用权、秉公用权、廉洁用权。

中国特色社会主义进入新时代，以习近平同志为核心的党中央高度重视发挥审计在党和国家监督体系中的重要作用，把审计摆在治国理政更加重要的位置，围绕加强审计工作、完善审计制度、改革审计管理体制作出了一系列重大决策部署，组建中央审计委员会，作为党中央决策议事协调机构，优化审计署职责，整合审计监督力量，增强监督效能。经济责任审计作为审计体系的重要分支之一，在贯彻党的二十大精神、坚持党对审计工作的集中统一领导、聚焦领导干部经济责任、维护国家财政经济秩序、提高财政资金使用效益、促进廉政建设、保障社会经济健康发展、履行审计监督职责等方面发挥着重要作用。

研讨主题：经济责任审计如何推进新时代新征程审计工作高质量发展？

案例分析

案例1：某市民政局领导干部经济责任审计案例

案例背景：

2021年，D市审计局实施民政局党组书记、W局长经济责任审计，主要审计项目包括民政惠民三项资金和政策执行专项审计、台风救灾资金和物资跟踪审计、低保特困流浪乞讨人员等社会救助政策执行审计等，运用巡审结合方式发现，该民政局领导干部存在保障老弱病残人员社会福利不到位、未贯彻落实社会救助管理和殡葬管理政策、套取养老服务工程财政资金等5个方面40个问题，出具审计建议16条，移送问题线索2件，处理责任干部8名，上报审计情况专报2份。

审计人员在接到开展民政局党组书记、W局长的经济责任审计项目时，以“1+1+N”为核心思路，运用1个经济责任审计平台，突出1个民生主题，审计N个惠民政策。审计组以民政局为核心，横向调查残联、乡村振兴、医疗、养老领域，纵向审查重点下属单位，深入资金末端，全面调查评价该民政局领导干部经济责任的履行情况。此次审计工作恰逢D市巡察组启动专项巡察，故审计组与巡察组决定以巡审同步的方式，政治监督和经济监督并行。

审计小组使用数据综合分析方法，将人社部门、卫健委部门和公安部门三方的高龄老人、死亡人员等数据进行对比，充分发挥巡察组的政治监督优势，在全市范围逐一核实，发现W局长任职期间，存在1000多名已死亡人员发放高龄津贴达上百万元、大批老人应享未享津贴补助政策、高龄补贴政策宣传普及不到位等问题，此外，审计人员还发现公安部门的数据信息错乱，存在已死亡未注销、未死亡已注销的问题。

针对低保特困流浪乞讨人员救助政策，审计人员发现民政局的救助对象与省级市级文件要求的救助对象不一致，存在补助范围“缩水”问题；对比预算资金与实际结算资金，发现存在超范围支付医疗费用问题；检查流浪乞讨病人医院明细发现，存在医疗费用虚高问题；甚至临时性危重病人救助支出存在上限，造成医院救助危急病人时因费用问题而未尽力抢救等，种种问题表明W局长任职期间，未按规定贯彻落实低保特困流浪乞讨人员救助政策。

针对殡葬管理政策，审计人员发现D市仅有一家公益性公墓承包企业，这家公司垄断了殡葬服务，通过民政局协调市发改委、市综合执法局等单位联动执法，调查发现，存在墓位出售价格过高、大量预售公墓等违法行为，严重背离公墓的公益性，表明W局长任职期间，未按规定贯彻落实殡葬管理政策。

针对养老服务工程财政资金项目，审计人员走访调查发现，民政局下属单位养老服务中心私自收取老人床位费和护理费，并且W局长将财政资金用于儿子实际控制的施工企业进行养老院更新改造，拆旧路修新路；下属单位儿童福利院如出一辙，W局长将财政资金发放给儿子实际控制的施工企业进行绿化改造，通过如此手段虚构工程项目，套取财政资金几十万元。显然，W局长肆意操纵养老服务工程财政资金项目，吞没政府资源。

此案例是一个以惠民政策为切入点，审计W局长任期期间的专项资金审计，发现W局长未按规定贯彻落实惠民政策，造成国家专项资金损失，民生福利保障不到位，且以权谋私。本案例充分体现了巡审结合方式下，政治监督和经济监督双向并行，充分体现了一审多项、一审多果、一果多用，反映了“经济责任审计＋主题项目＋N个政策落实项目”组合式审计的优势，为经济责任审计的实践与发展提供了宝贵的经验。

讨论问题：

此案例中审计人员使用了哪些领导干部经济责任审计的方法。

案例2：某支队领导干部经济责任审计案例

案例背景：

20××年5月，审计人员对某支队领导干部实施经济责任审计，发现被审计单位存在“公油私用”、“私车公养”的问题。

在审计准备阶段，审计组开展的审前调查在此次经济责任审计项目中发挥了关键作用。具体地，审计组在接到对该支队的审计任务之后，并不是直接查阅台账、报表和凭证等由被审计单位提供的资料，而是从第三方中石化加油总站处调查该支队2016年1月以来的加油明细记录。正因有了审前调查，才能发现该支队上报的审前准备资料存在多处疑点。

通过比较第三方明细记录与该支队上报的明细记录，审计人员发现三处疑点：第一，该支队上报的明细记录比第三方明细记录少了两张油卡，存在漏报瞒报的嫌疑；第二，该支队上报的资料中显示为“暂未使用”的油卡，在第三方明细记录中存在使用记录；第三，该支队上报的资料显示某个小队的加油量异常高于其他小队，且不符合小队使用需求。

在此基础之上，审计人员确定重点，正式调查后发现，该支队的车辆维修清单、油量使用台账两年未装订成册，管理混乱，结合外部函证以及后期利用公务油卡管理系统、监控系统和公安“天眼”系统等信息，最终判定被审计单位存在“公油私用”、“私车公养”的问题。此种新型腐败形式，给当前监管部门敲响了警钟，一家如此，很可能意味着其他地方支队也存在贪污腐败情况，这也给审计人员带来了更大的挑战。

讨论问题：

此案例中，审前调查发挥了怎样的关键作用？

案例3：某村改居干部经济责任审计案例

案例背景：

某社区居民委员会于2003年调整村改为社居委，现有工作人员42人，下辖党支部40个，在册党员527名，收入来源主要是街道拨付的日常经费、租金收入和拆迁补偿费等。为响应《经济责任审计规定》，审计机关对该村改居干部进行经济责任审计。

审计人员发现的主要问题包括：往来款项未及时清理、资产管理不规范、出租收入不规范、代领代发收入疑似未发放到位、大额现金支出不规范等。

（1）往来款项未及时清理。截至2017年年底，该社居委的应收账款账面余额为3758.07万元，其中11.98万元系2015年至2017年新增，其余3746.09万元系2009年前挂账。此外，该社居委的应付账款账面余额为4340.06万元，此长期挂账未及时清付，经查发现，主要涉及拆迁土地款和青苗费。

（2）资产管理不规范。2015年至2017年，该社居委新购置办公桌椅、液晶电视等27.88万元，直接费用化处理，均未纳入固定资产核算。此外，该社居委存在未入账房屋建筑物和土地19处，包括出租资产和长期闲置资产；2005年已拆除账面价值41.8万元的旧社区办公室，但账面未进行会计处理。

（3）出租收入不规范。2015年至2017年，该社居委应收房租109.55万元，账面显示已收74.61万元，其余未及时催收，且经查发现，其中15户租金低于同期市场租金，未按合同收取履约保证金等。

（4）代领代发收入疑似未发放到位。2015年至2017年，该社居委代领“生活费、征地专户人员生活补贴、失地农民医保返还”款项合计128.71万元，然而社居委无法提供发放记录证明。

（5）大额现金支出不规范。该社居委的活动经费、临时用工劳务费等支出均采用现金结算方式，大量现金保管在报账员工手中，存在重大隐患。

审计人员在该社居委干部经济责任审计中使用的评价体系包括经济发展责任、经济决策责任、经济管理责任和廉政监督责任四个方面，审计人员也是据此构建相关指标，开展审计工作，才能发现以上问题。因此，领导干部经济责任审计中，使用科学合理的经济责任评价体系至关重要。

讨论问题：

此案例中，审计人员从哪几个方面构建领导干部经济责任审计的评价体系？

案例4：某高校A学院领导干部经济责任审计案例

案例背景：

此案例是根据《××大学中层主要领导干部和企业领导人员经济责任审计规定》，审计机关受××大学党委组织委托，对A学院院长任职期间的受托经济责任履行情况进行审计，包括：院长聘任合同的合同指标、学院财务收支情况、经济决策情况和经济管理情况。

A学院是××大学的二级学院，成立于2001年，有3个一级学科，教职工近150人，学生近1600人，学院院长系海外公开招聘的外聘院长，本次经济责任审计期间为2010年7月至2014年6月。

经过调查，审计组发现主要问题包括：重要经济决策未做到充分民主、合作办学合同存在纠纷、存在体外循环私设账外账、贪墨学院答辩费、骗取科研经费、研发外包招投标不合规。

（1）重要经济决策未做到充分民主。审计人员调查了解到，该学院院长未在党政联席会议上讨论学院财政预算和通报决策情况，并且学院与合作机构成立的技术分院的管理情况也未在学院领导班子中公开讨论，因此，审计人员认为A学院院长在重要经济决策方面未做到充分民主。

（2）合作办学合同存在纠纷。审计人员通过访谈发现，学院存在国际合作办学纠纷，系"与英国某大学4+1合作项目"。深入了解发现，由于合作办学的学费分成比例不合理，学校并没有通过该合作项目，然而，A学院院长系海外外聘院长，不了解国内法规，与合作方签订了不合理协议，但是学院属于非独立法人单位，故该协议不具备法律效力，然而，合作机构已对学生提供了留学服务，并在继续合作，此合同纠纷势必给学校带来重大经济纠纷。因此，审计人员认为，A学院院长未经批准，私自签订不合理协议，导致重大经济纠纷。

（3）存在体外循环私设账外账。审计组发现，A学院已对外接受某工程硕士专业的研究生，但是学院财务部门账上却不存在对应学费收入，因此，审计人员判断A学院可能存在体外循环，账外设账。深入调查发现，A学院负责教学培养任务，校内另一B学院负责提供该专业招生资质，校外中介结构作为一个中转以掩盖此事。由B学院收取全额学费，然后按商定比例将部分学费以办班管理费的方式转出给中介公司，中介公司再与A学院分成。进一步调查发现，校外中介公司的法人代表系A学院某教师，甚至该中介公司在学院教学办公大楼开展业务，这项违法体外循环从2009年持续至2012年，该中介公司收取办班管理费近500万元，分红给A学院200余万元，A学院将其全部用于教职工年终福利发放。

（4）贪墨学院答辩费。A学院在2010年和2011年共报销研究生答辩费200万元，但是报账凭证均未附教师酬金明细发放表。经查发现，A学院会计领取相关款项后存于学院行政副院长的个人银行卡中，部分款项在领导班子成员小范围内发放，显然，A学院在资金使用和管理层面监督管理不到位。

（5）骗取科研经费。由于审计期间正值教育部出台的关于规范管理科研行为、科研项目和科研经费的规章制度，因此，审计组重点关注A学院的科研经费，包括劳务费、设备采购费等，经查发现，A学院某教师的某项科研项目向其配偶注册的公司共支付科研协作费151万元，然而，该科研项目未能提供相关资金支出的支持性材料，即该科研经费支出不合理，未取得实质上的科研协助服务。因此，审计人员认为A院长在任职期间，对科研经费的审批不到位，未贯彻落实国家教育部门对于科研的方针政策。

（6）研发外包招投标不合规。审计人员调查发现，A学院成立的某子公司的研发外包决策未经集体决策，并且外包招投标不规范，存在重大财务风险。具体地，该子公司的所有外包合同的52.07%皆由同一家公司所得，金额达114.89万元，然而，该项目未履行招投标程序，无集体决议记录，无合同签订审批表，并且研发外包产品交付使用后效果较差，多次修改仍不满足使用需求。

综上所述，审计组认为A学院院长在任职期间，在合作办学管理、子公司管理、财务审批、合同签订、科研管理等方面存在重大风险，内部控制薄弱，存在较大的合规性风险。

讨论问题：

本案例中，高校领导干部经济责任审计的高风险领域有哪些？

案例5：某县领导干部自然资源资产离任审计探索案例

案例背景：

2016年，G市审计局对某县领导干部自然资源资产管理和生态环境保护责任履行情况开展审计工作。审计组基于试点方案要求，结合当地实际情况，将当地自然资源资产森林、土地和矿产作为审计重点，调查被审计领导干部任职期间内的自然资源资产情况和生态环境质量情况，从中发现可能存在的重大违法违规问题、自然资源资产管理不力和生态环境保护不善等问题，分析产生问题的原因，界定其中领导干部应当承担的责任，从而对其受托责任履行情况进行综合评价。

此次自然资源资产离任审计的重点和难点在于：自然资源资产的核实以及生态环境质量的测算。由于此次审计工作涉及多维立体空间，与传统财务审计有着显著区别，因此，审计局及时引入地理信息技术专业人才，通过地理信息系统（GIS）技术辅助审计工作，查询调用部门地籍数据，实地获取遥感影像数据等信息，探索新的审计方法和审计思路，提高了审计效率和审计准确性，为自然资源资产离任审计的探索提供了宝贵方案。

在审计准备阶段，审计组通过学习领导干部自然资产离任审计文件，参加相关视频培训，借鉴参考全国自然资源资产离任审计案例，对此次审计工作有了初步认识。然后结合当地实际情况，及时引入地理信息系统专业技术人员，计划运用地理信息系统（GIS）技术辅助审计工作。

在审计实施阶段，结合当地实际情况，审计组的主要审计工作包括：审计采矿区重要河流情况、审计矿区管理情况、审计植树造林情况。

（1）审计采矿区重要河流情况。由于当地矿产资源丰富，但是矿产资源附近存在几条重要河流，因此，审计组认为，该县可能由于采矿不规范带来河流污染情况。为此，审计人员获取国土部门的地籍数据以及矿产数据，通过遥感影像技术和地理信息系统（GIS）技术，将矿产区域反映在遥感影像图上，以此分析河流附近是否存在矿区。

（2）审计矿区管理情况。由于当地矿产资源丰富，审计组认为可能存在矿区重叠情况和矿业权纠纷问题。为此，审计人员获取矿产资源数据，借助 ArcCatalog 软件画出各矿区区域图，以此判断是否存在矿区重叠，资源管理不善的情况。

（3）审计植树造林情况。被审计领导干部任职期间，上级下拨较多造林补助资金，因此，审计组认为植树造林任务是重点审计领域。审计人员获取当地林业部门的数据资料，实地获取遥感影像数据，结合任职期间的林地采伐和林地占用数据，汇总调查并评价被审计领导干部的植树造林责任履行情况。

该案例综合运用财政大数据审计，辅助地理信息系统（GIS）技术、结构化查询语言（Structured Query Language，SQL）、图表分析和科技手段，解决了传统审计无法解决的问题，为自然资源资产离任审计提供了审计思路、丰富了审计技术、完善了审计方法、开拓了审计方向。

讨论问题：

此案例中，自然资源离任审计的内容主要包括什么？

思考题

1. 经济责任审计的类型有哪些？
2. 经济责任的阶段和方法是什么？
3. 领导干部经济责任审计的主要内容包括什么？
4. 领导干部自然资源资产离任审计的主要内容有哪些？

第八章　IPO 审计专题研究与案例

学习目标

1. 熟悉 IPO 审计基础。
2. 了解 IPO 审计法规体系结构。
3. 熟悉《中华人民共和国证券法》有关 IPO 审计的主要内容。
4. 了解 IPO 审计部门规章。
5. 了解 IPO 审计规范性文件。
6. 掌握 IPO 审计相关的法律责任。

第一节　IPO 审计基础

长期以来，会计师事务所作为资本市场的“看门人”，在企业 IPO 过程中履行核查和对财务信息把关的职责，极大地提升了资本市场财务信息披露的质量，保护了投资者的合法权益，并优化了资本市场的资源配置。2023 年 2 月 17 日，我国全面实行注册制，这对会计师事务所等中介机构提出了更高的核查和把关要求。因此，有必要结合最新的法律规范，深入了解会计师事务所从事 IPO 审计业务的基本要求，从而有效发挥其在建设中国特色现代资本市场过程中的积极推动作用。

一、我国资本市场 IPO 概况

资本市场，又称长期资金市场。一个成熟的多层次资本市场应能够同时为大、中、小型企业提供融资平台和股份交易服务，其市场规模通常呈“金字塔”结构。20 世纪 90 年代初，我国相继设立了上海证券交易所和深圳证券交易所。经过 30 余年的发展，目前我国已经形成了由主板、创业板、科创板和北京证券交易所构成的场内市场，以及由新三板和区域性股权交易市场构成的场外市场，具备了发展多层次资本市场的雏形（见图 8－1）。这一结构为各类企业提供了多样化的融资渠道和交易平台，促进了我国资本市场的健康发展。

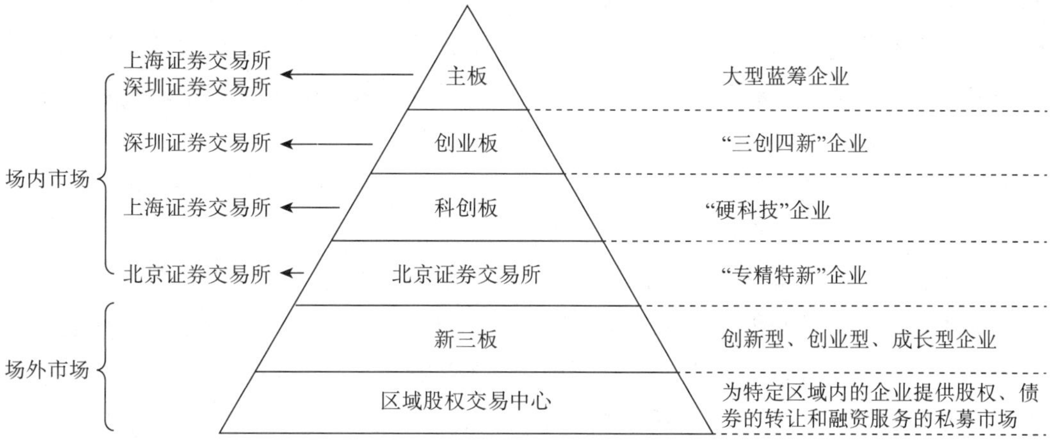

图 8－1　我国多层次资本市场体系

在 IPO 板块方面，我国资本市场主要包括主板、创业板、科创版和北京证券交易所这四个板块。第一，主板作为我国开办最早、规模最大、上市标准最高的市场，突出“大盘蓝筹”特色，重点支持业务模式成熟、经营业绩稳定、规模较大、具有行业代表性的优质企业。第二，创业板定位于深入贯彻创新驱动发展战略，适应发展更多依靠创新、创造、创意的大趋势，主要服务成长型创新创业企业，并支持传统产业与新技术、新产业、新业态、新模式深度融合。第三，科创板面向世界科技前沿、面向经济主战场、面向国家重大需求，优先支持符合国家战略、拥有关键核心技术、科技创新能力突出的“硬科技”企业，包括新一代信息技术、高端装备、新材料、新能源、节能环保以及生物医药等。第四，北京证券交易所主要服务于具有专业化、精细化、特色化、新颖化特征的中小企业，为继续支持中小企业创新发展、深化新三板改革、扎实推进高质量发展提供动力。

在 IPO 制度方面，自 1990 年资本市场建立之初，我国就一直在不断探索符合中国国情的制度安排，并经历了“审批制—核准制—注册制”三大阶段的渐进式改革。1990 年至 2001 年，为了稳定资本市场，企业上市采取审批制。审批制是指由地方政府或部门根据发行额度或指标推荐发行上市，证券监管部门行使审批职能的发行制度。然而，伴随着中国加入国际经济大循环及国有企业市场化改革的逐步深入，前期颇见成效的审批制形成了长期利用行政干预方式管控股票供给的路径依赖，客观上导致了市场估值整体错位。2001 年至 2020 年，为了减少行政干预，我国出台了核准制。核准制又分通道制和保荐制两个时期。其中，2001 年至 2004 年是通道制时期，由证券监管部门根据各家证券企业的实力和业绩事先确定发行股票通道数量，证券企业按照“发行一家、再报一家”的原则推荐企业，内容审核由中国证监会和承销机构共同负责；2005 年至 2020 年是保荐制时期，由保荐人对发行人发行证券进行推荐和辅导，并核实企业发行文件中所载资料是否真实、准确、完整，协助发行人建立严格的信息披露制度。2019 年，为了打造一个规范、透明、开放、有活力、有韧性的资本市场，我国先后在科创板、创业板、北京证券交易所试点注册制。经历了四年的试点，注册制的基本架构、制度规则得到了市场的总体认同，已经具备了向全市场推广的条件。2023 年 2 月 17 日，中国证监会发布《首次公开发行股票注册管理办法》，标志着我国股票发行进入全面注册制时代。

与核准制相比，注册制在审查核心、发行效率、责任主体、发行监管制度、企业上市条件、发行定价、退市标准和监管侧重点等方面存在较大区别，如表 8－1 所示：（1）审查核心：注册制下上市审核以信息披露为核心，以形式性审查为主，由投资者自行判断企业价值和风险，而核准制需要对申请文件进行实质性审查；（2）发行效率：注册制简化了审核流程，周期较短，发行效率较高，而相比之下，核准制的审核流程较为严格，审核周期较长，发行效率较低；（3）责任主体：注册制下由保荐机构、会计师事务所以及律师事务所等中介机构对发行作出实质判断，而核准制下由中介机构和中国证监会共同负责；（4）发行监管制度：注册制下由中国证监会负责形式审查，中介机构负责实质性审查，而核准制下由中介机构和中国证监会分担实质性审核职能；（5）企业上市条件：注册制弱化了盈利指标方面的审核，不再对企业的发展前景和价值投资作出判断，各种符合条件的企业均可以申请上市，而核准制下需要审核企业的盈利指标，初步判断企业的投资价值与风险，因此上市的多为成熟型企业；（6）发行定价：注册制下企业上市发行定价由市场自主决定，询价和竞价方式较多，核准制下则是由政府主导，政策、法律监管的参与度高；（7）退市标准：注册制下退市制度较为完善，有严格的退市要求且违规处罚力度大，而核准制下企业退市主要以业绩指标为依据，退市制度相对不完善，且退市效率和频率较低；（8）监管侧重点：注册制注重加强事中事后监管，核准制则是强调事前监管。从以上对比可以看出，全面注册制的实施对于建立和完善符合市场化导向、便利投融资活动、信息披露严格、机构责任到位、风险防控有效的股票发行上市制度具有重要意义。

表 8－1　　注册制和核准制的对比

项目	注册制	核准制
审查核心	信息披露为核心，形式性审查为主	实质性审查为主，核准发行
发行效率	简化审核流程，审核周期短	流程较为严格，审核周期较长
责任主体	中介机构	中介机构、中国证监会
发行监管制度	中国证监会形式审查，中介机构实质性审核	中介机构和中国证监会分担实质性审核职能
企业上市条件	成熟企业和成长型企业，一般不要求企业满足盈利条件	主要是成熟企业，一般要求企业满足盈利条件
发行定价	由市场自主决定，询价、竞价方式较多	由市场主导，政策、法律监管的参与度高

续表

项目	注册制	核准制
退市标准	退市制度完善，退市效率和频率较高	退市制度相对不完善，退市效率和频率相对较低
监管侧重点	事中、事后监管	事前监管

在 IPO 流程方面，《证券法》《首次公开发行股票注册管理办法》中均作出了明确规定，具体流程如图 8－2 所示。

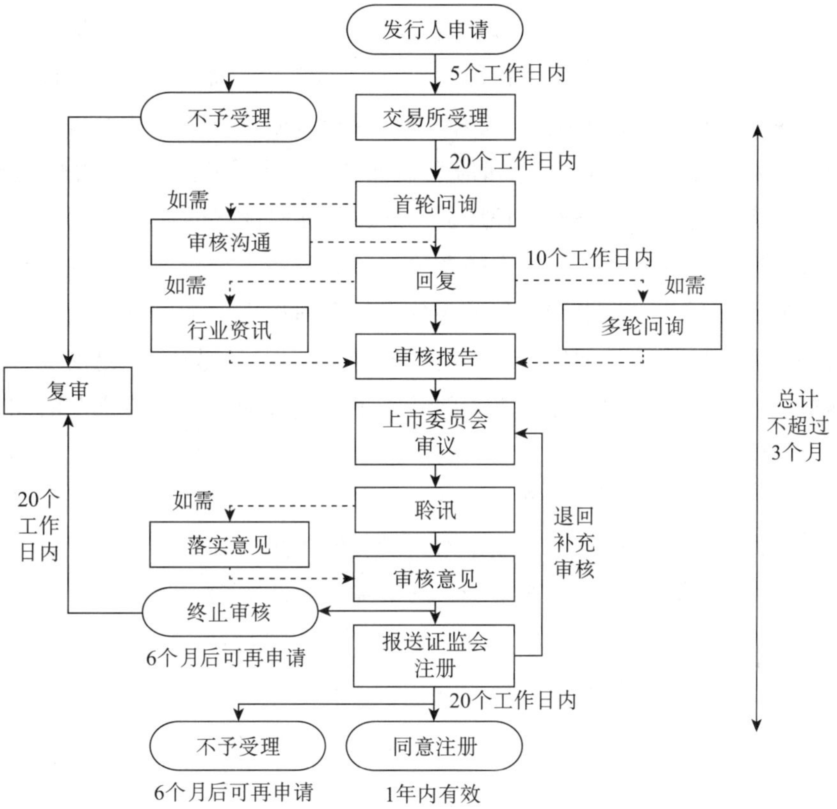

图 8－2 注册制下企业 IPO 流程

第一步是发行人申请。《证券法》第十二条规定："公司首次公开发行新股，应当符合下列条件：（1）具备健全且运行良好的组织机构；（2）具有持续经营能力；（3）最近三年财务会计报告被出具无保留意见审计报告；（4）发行人及其控股股东、实际控制人最近三年不存在贪污、贿赂、侵占财产、挪用财产或者破坏社会主义市场经济秩序的刑事犯罪；（5）经国务院批准的国务院证券监督管理机构规定的其他条件。"在满足上述发行条件的基础上，还应满足《首次公开发行股票注册管理办法》第十五条规定："发行人股东大会应当就本次发行股票作出决议，决议至少应当包括下列事项：（1）本次公开发行股票的种类和数量；（2）发行对象；（3）定价方式；（4）募集资金用途；（5）发行前滚存利润的分配方案；(6) 决议的有效期；(7) 对董事会办理本次发行具体事宜的授权；(8) 其他必须明确的事项。”此外，《首次公开发行股票注册管理办法》第十六条规定：“发行人申请首次公开发行股票并上市，应当按照中国证监会有关规定制作注册申请文件，依法由保荐人保荐并向交易所申报。交易所收到注册申请文件，五个工作日内作出是否受理的决定。”

第二步是交易所审核。《首次公开发行股票注册管理办法》第十九条明确了审核主体及其责任：“交易所设立独立的审核部门，负责审核发行人公开发行并上市申请；设立科技创新咨询委员会或行业咨询专家库，负责为板块建设和发行上市审核提供专业咨询和政策建议；设立上市委员会，负责对审核部门出具的审核报告和发行人的申请文件提出审议意见。交易所主要通过向发行人提出审核问询、发行人回答问题方式开展审核工作，判断发行人是否符合发行条件、上市条件和信息披露要求，督促发行人完善信息披露内容。”第二十条规定了交易所审核的条件和程序：“交易所按照规定的条件和程序，形成发行人是否符合发行条件和信息披露要求的审核意见。认为发行人符合发行条件和信息披露要求的，将审核意见、发行人注册申请文件及相关审核资料报中国证监会注册；认为发行人不符合发行条件或者信息披露要求的，作出终止发行上市审核决定。交易所审核过程中，发现重大敏感事项、重大无先例情况、重大舆情、重大违法线索的，应当及时向中国证监会请示报告，中国证监会及时明确意见。”第二十一条明确了交易所审核的时限要求：“交易所应当自受理注册申请文件之日起在规定的时限内形成审核意见。发行人根据要求补充、修改注册申请文件，或者交易所按照规定对发行人实施现场检查，要求保荐人、证券服务机构对有关事项进行专项核查，并要求发行人补充、修改申请文件的时间不计算在内。”

第三步是中国证监会注册。在按照规定的条件和程序对发行人的发行条件和信息披露要求作出审核后，由交易所将审核意见、发行人注册申请文件及相关审核资料报中国证监会注册。《首次公开发行股票注册管理办法》第二十四条规定：“中国证监会收到交易所审核意见及相关资料后，基于交易所审核意见，依法履行发行注册程序。在二十个工作日内对发行人的注册申请作出予以注册或者不予注册的决定。前款规定的注册期限内，中国证监会发现存在影响发行条件的新增事项的，可以要求交易所进一步问询并就新增事项形成审核意见。发行人根据要求补充、修改注册申请文件，或者中国证监会要求交易所进一步问询，要求保荐人、证券服务机构等对有关事项进行核查，对发行人现场检查，并要求发行人补充、修改申请文件的时间不计算在内。中国证监会认为交易所对新增事项的审核意见依据明显不充分，可以退回交易所补充审核。交易所补充审核后，认为发行人符合发行条件和信息披露要求的，重新向中国证监会报送审核意见及相关资料，前款规定的注册期限重新计算。”第二十五条规定：“中国证监会的予以注册决定，自作出之日起一年内有效，发行人应当在注册决定有效期内发行股票，发行时点由发行人自主选择。”第二十八条规定：“交易所认为发行人不符合发行条件或者信息披露要求，作出终止发行上市审核决定，或者中国证监会作出不予注册决定的，自决定作出之日起六个月后，发行人可以再次提出公开发行股票并上市申请。”

二、IPO 审计主要职责

在以信息披露为核心的股票发行制度下，选择权已交到市场手中，投融资活动变得更加便利，但是需要严格把好信息披露质量关，保障资本市场的健康长远发展。会计师事务所作为中介机构之一，在企业上市过程中需要满足基本的备案要求，并履行勤勉尽责、及时报告、配合监管等职责。

第一，承担 IPO 审计业务的会计师事务所应满足备案要求。根据《证券法》第一百六十条规定：“从事证券投资咨询服务业务，应当经国务院证券监督管理机构核准；未经核准，不得为证券的交易及相关活动提供服务。从事其他证券服务业务，应当报国务院证券监督管理机构和国务院有关主管部门备案。”

第二，在满足备案要求的基础上，会计师事务所需要从以下六个方面判断申报企业是否符合上市条件及财务规范要求。一是企业最近三年一期的财务报表是否公允披露。《首次公开发行股票注册管理办法》第十一条规定：“发行人会计基础工作规范，财务报表的编制和披露符合企业会计准则和相关信息披露规则的规定，在所有重大方面公允地反映了发行人的财务状况、经营成果和现金流量，最近三年财务会计报告由注册会计师出具无保留意见的审计报告。”二是财务独立性。申报企业须具备独立的财务核算体系、独立作出财务决策、具有规范的财务会计制度和对分企业、子企业的财务管理制度，不得与控股股东、实际控制人及其控制的其他企业共用银行账户。三是注册资本必须足额缴纳。审计人员需要判断申报企业是否存在出资不实甚至是虚假出资的情形。四是企业必须依法纳税。近三年内不存在严重的偷逃税或被税务部门严重处罚，且不存在严重依赖税收优惠的现象，发行后企业的税种、税率应合法合规。五是关注申报企业的内部控制制度是否符合可靠性、合法性和效率性要求。《首次公开发行股票注册管理办法》第十一条规定：“发行人内部控制制度健全且被有效执行，能够合理保证企业运行效率、合法合规和财务报告的可靠性，并由注册会计师出具无保留结论的内部控制鉴证报告。”六是企业须具有持续盈利能力，不得存在最近一年的营业收入或净利润对关联方或者有重大不确定性的客户存在重大依赖、最近一年的净利润主要来自合并报表范围以外的投资收益等情形。

第三，除了对申报企业的财务信息披露等方面勤勉尽责外，会计师事务所在 IPO 审计中还应承担报告义务。依据《证券法》第六十一条：“……证券服务机构及其从业人员对证券交易中发现的禁止的交易行为，应当及时向证券监督管理机构报告。”《上市公司信息披露管理办法》第四十三条也规定：“……证券服务机构在为信息披露出具专项文件时，发现上市公司及其他信息披露义务人提供的材料有虚假记载、误导性陈述、重大遗漏或者其他重大违法行为的，应当要求其补充、纠正。信息披露义务人不予补充、纠正的，证券服务机构应当及时向公司注册地证监局和证券交易所报告。”

三、IPO 审计业务分类

（一）改制审计与验资

在我国，公司 IPO 前通常需要进行改制审计与验资，以确保公司财务状况和资产的真实性。随着我国多层次资本市场的发展，股份有限公司是上市公司的法定主体条件，也是企业迈入上市门槛的必经之路。例如，《首次公开发行股票注册管理办法》第十条规定：“发行人是依法设立且持续经营三年以上的股份有限公司，具备健全且运行良好的组织机构，相关机构和人员能够依法履行职责。”改制审计是指公司在从非股份制企业转变为股份有限公司时所进行的审计，目的是确保公司资产的真实性、完整性和合法性，并为公司的资产评估和净资产折股提供依据。《中华人民共和国企业国有资产法》第四十一条规定：“企业改制应当制定改制方案，载明改制后的企业组织形式、企业资产和债权债务处理方案、股权变动方案、改制的操作程序、资产评估和财务审计等中介机构的选聘等事项。”第四十二条规定：“企业改制应当按照规定进行清产核资、财务审计、资产评估，准确界定和核实资产，客观、公正地确定资产的价值。”

验资是指在公司设立或增资过程中，由具有法定资格的验资机构（如会计师事务所）对公司的注册资本进行验证并出具验资报告的过程，目的是确认公司的注册资本是否真实到位，以及出资者是否按照法律规定和公司章程履行了出资义务。《公司法》第一百零一条规定：“向社会公开募集股份的股款缴足后，应当经依法设立的验资机构验资并出具证明。”《注册会计师法》第三十九条规定：“会计师事务所、注册会计师违反本法第二十条、第二十一条的规定，故意出具虚假的审计报告、验资报告，构成犯罪的，依法追究刑事责任。”这些规定进一步明确了注册会计师应当依法进行验资业务，出具的验资报告必须真实、准确、完整。中国注册会计师协会发布的《中国注册会计师审计准则第 1602 号——验资》详细规定了验资的程序和要求，确保验资工作的规范性和合法性。

综上所述，改制审计确保公司在改制过程中资产、负债的真实和准确，提供公司财务报表的基础数据，有助于规范公司治理结构，促进公司合规经营。验资确保公司注册资本的真实性和合法性，为公司增资提供法律依据，确保出资到位，增强投资者信心，促进资本市场的健康发展。改制审计和验资在 IPO 审计中发挥着关键作用，是保障公司财务信息真实可靠的重要手段，相关法律法规为此提供了明确的规范和要求，确保了审计工作的合规性和有效性。

（二）申报财务报表审计

申报财务报表审计是 IPO 过程中的一项关键步骤，对于拟上市公司和投资者都具有重要的意义。一是提高透明度。会计师事务所作为独立第三方，通过对发行人的申报财务报表进行审计，能够对财务报表真实性和准确性提供合理保证，从而提高财务信息的透明度，增强投资者和其他利益相关方对企业的信任程度。二是符合法律法规要求。企业在上市过程中必须遵守证券交易所和监管机构的规定，包括提交经过独立审计的财务报表。三是减少信息不对称。审计能够缓解企业与投资者之间的信息不对称问题，有助于投资者了解企业的财务状况，从而更好地作出投资决策。四是降低投资风险。审计有助于发现潜在的财务风险和问题，提前防范可能的会计错误，有助于企业进行投资决策，降低投资项目的潜在风险。

《公开发行证券的公司信息披露内容与格式准则第 57 号——招股说明书》对发行人财务会计信息的披露提出了明确要求。例如，第五十一条规定："发行人应使用投资者可理解的语言，采用定量与定性相结合的方法，清晰披露所有重大财务会计信息，并结合自身业务特点和投资者决策需要，分析重要财务会计信息的构成、来源与变化等情况，保证财务会计信息与业务经营信息的逻辑一致性。发行人应披露与财务会计信息相关的重大事项及重要性水平的判断标准。发行人应提示投资者阅读财务报告、审计报告和审阅报告（如有）全文。"第五十二条规定："发行人应披露报告期的资产负债表、利润表和现金流量表，以及会计师事务所的审计意见类型和关键审计事项；编制合并财务报表的，原则上只披露合并财务报表，同时说明合并财务报表的编制基础、合并范围及变化情况；存在协议控制架构或类似特殊安排的，应披露其是否纳入合并范围及依据；存在多个业务或地区分部的，应披露分部信息。"

此外，在审计过程中，注册会计师还应关注拟上市企业的申报财务报表是否符合《公开发行证券的公司信息披露编报规则第 15 号——财务报告的一般规定》中的相关规定。根据《公开发行证券的公司信息披露编报规则第 15 号——财务报告的一般规定》的要求，申报财务报表审计应重点关注以下几点：一是明确重要性判断原则，对于披露事项涉及重要性标准判断的，企业应披露重要性标准确定方法和选择依据。二是减少冗余信息披露，对于其他规则已明确要求披露的信息不再要求重复披露，提升财务报告可读性。三是压缩模版化披露空间，对于收入、存货跌价准备、应收款项坏账准备等在不同行业和企业之间存在较大差异的会计政策，企业不得照搬照抄《企业会计准则》，而应结合自身情况充分披露相关确认原则、计量方法及依据。四是细化重要报表项目附注披露要求，主要包括强化应收款项、存货、投资性房地产、长期股权投资相关信息披露要求，以及优化现金流量表披露要求。五是增设专节明确研发支出附注信息披露要求，要求企业全面披露研发支出的归集范围、金额增减变动、资本化费用化判断标准及依据、减值测试情况等重要信息，引导市场各方恰当评价企业科技创新能力。

从报告期间来看，对于申请 IPO 的企业，会计师事务所应对其三年一期财务报表出具审计报告。《首次公开发行股票注册管理办法》第四十六条规定："……招股说明书引用经审计的财务报表在其最近一期截止日后6个月内有效。特别情况下可以适当延长，但至多不超过3个月。财务报表应当以年度末、半年度末或者季度末为截止日。”《关于首次公开发行股票并上市公司招股说明书财务报告审计截止日后主要财务信息及经营状况信息披露指引》规定：“发行人财务报告审计截止日至招股说明书签署日之间超过4个月的，应补充提供经会计师事务所审阅的期间1个季度的财务报表；超过7个月的，应补充提供经会计师事务所审阅的期间2个季度的财务报表。”对于向不特定合格投资者公开发行股票并在北京证券交易所上市的企业，《北京证券交易所向不特定合格投资者公开发行股票注册管理办法》以及《公开发行证券的公司信息披露内容与格式准则第47号——向不特定合格投资者公开发行股票并在北京证券交易所上市申请文件》规定：“如最近三年及一期财务报告在前期公开披露挂牌企业定期报告时已经审计，其审计报告在本次申报时可直接引用；如前期财务报告存在会计差错，会计师事务所需出具关于会计差错更正的专项鉴证报告；会计师事务所无需重新出具审计报告。”

（三）盈利预测审核

对于拟上市企业而言，盈利预测一般是指企业对上市后一个会计年度内的经营成果所做的预计和测算。盈利预测审核是指注册会计师接受被审核企业委托，审查并评价其编制盈利预测所依据的基本假设、所选用的会计政策和编制基础，从而得出审核结论，并发表审核意见。作为重要的对外披露信息，盈利预测的质量直接影响到市场投资者的价值判断和投资决策。《公开发行证券的公司信息披露内容与格式准则第57号——招股说明书》在第五条中明确要求：“发行人在招股说明书中披露的财务会计信息应有充分依据，引用的财务报表、盈利预测报告（如有）应由符合《证券法》规定的会计师事务所审计、审阅或审核。”也就是说，对于披露盈利预测报告的发行人来说，只有经过注册会计师鉴证的盈利预测报告才符合《上市公司信息披露管理办法》的披露要求。

从盈利预测报告的披露属性看，1997年之前，根据《股票发行与交易管理暂行条例》规定，我国拟上市企业需要在招股说明书中强制披露盈利预测信息；1997年至2001年，《公开发行股票公司信息披露的内容与格式准则第1号——招股说明书的内容与格式》中将拟上市企业的盈利预测信息由强制披露改为自愿披露，但由于中国证监会在此期间重新将盈利预测与上市定价挂钩，该阶段的盈利预测信息实质为强制披露；2001年以后，《公开发行证券公司信息披露内容与格式准则第9号——首次公开发行股票申请文件》中，第一次明确了核准制下盈利预测信息不再是新股发行强制性的披露要求；在全面注册制的背景下，《首次公开发行股票注册管理办法》再次明确了盈利预测信息的自愿披露属性。

从注册会计师业务类型来看，盈利性预测审核属于鉴证业务的一种，因此，当对管理层采用的假设的合理性发表意见时，注册会计师仅提供有限保证。根据《中国注册会计师其他鉴证业务准则第3111号——预测性财务信息的审核》规定，在执行预测性财务信息审核业务时，注册会计师应当就下列事项获取充分、适当的证据：一是基本假设。基本假设是盈利预测的基础，具体包括被审核单位在一定的政治格局、经济环境、市场情况、相关金融政策等条件下开展经营活动，以及被审核单位的假定状况，例如，市场状况良好、税收政策不发生改变等，注册会计师应当针对上述情况搜集有无证据表明管理层所依据的最佳估计假设是不合理的。二是会计政策。注册会计师应当关注预测性财务信息的编制基础是否与历史财务报表一致，并选用了恰当的会计政策。三是编制基础。盈利预测的编制基础是指被审核单位的本期会计报表和下一年度的投资计划、生产经营计划以及所选用的会计政策等。该项审核重点在于判定被审核企业的盈利预测信息是否依据编制基础恰当编制，包括审核其计算的正确性以及逻辑上的合理性。四是审核意见。审核意见是盈利预测审核的最终目的和最终产品，注册会计师应当判断被审核单位的预测性财务信息是否已恰当列报，所有重大假设是否已充分披露，包括在意见中说明预测采用的是推测性假设还是最佳估计假设。

四、IPO 审计与其他参与方的法律关系

在 IPO 审计中，会计师事务所与发行人、监管机构以及其他证券服务机构之间的法律关系是复杂而密切的。会计师需遵循相关法规，确保审计程序的合规性和透明度，同时积极协同其他参与方，共同确保企业在上市过程中财务报表的真实性、准确性和完整性。

首先，在 IPO 审计中最直接的是发行人与会计师事务所之间的委托关系。会计师事务所受发行人委托，出具三年一期的财务报表审计报告、内部控制鉴证报告、非经常性损益专项审核报告以及盈利预测审核报告等。这种关系基于双方签订的合同，合同内容应明确规定双方的权利和义务，包括审计范围、审计标准、保密条款等。例如，《公开发行证券的公司信息披露内容与格式准则第 57 号——招股说明书》第八十九条规定："为本次发行承担审计业务的会计师事务所应在招股说明书正文后声明：'本所及签字注册会计师已阅读招股说明书，确认招股说明书与本所出具的审计报告、审阅报告（如有）、盈利预测审核报告（如有）、内部控制鉴证报告及经本所鉴证的非经常性损益明细表等无矛盾之处。本所及签字注册会计师对发行人在招股说明书中引用的审计报告、审阅报告（如有）、盈利预测审核报告（如有）、内部控制鉴证报告及经本所鉴证的非经常性损益明细表等的内容无异议，确认招股说明书不致因上述内容而出现虚假记载、误导性陈述或重大遗漏，并承担相应的法律责任。'声明应由签字注册会计师及所在会计师事务所负责人签字，并由会计师事务所盖章。"该项规定直接体现了 IPO 审计中会计师事务所与发行人之间的委托关系，同时也明确了会计师事务所有义务保证所出具文件的真实性、准确性和完整性。

其次，监管机构与会计师事务所之间的监管与被监管关系，可以分为证券审计市场行政监管和证券审计市场自律监管。其中，证券审计市场行政监管是指中国证监会、中华人民共和国财政部等行政监管部门依据《证券法》《注册会计师法》等法律法规对从事 IPO

审计的会计师事务所的机构、人员、业务活动进行监督管理。如图 8－3 所示，目前，在行政监管方面，我国已经形成了由中国证监会会计部、各派出机构、会内相关部门等对会计师事务所从事 IPO 审计业务的全链条监管体系。具体而言，中国证监会会计部作为证券市场审计监管的主管部门，负责对全系统审计监管工作进行统筹规划、组织协调、督促指导，制定并解释相关监管制度与规则，依法对会计师事务所采取处理处罚措施；各派出机构受中国证监会垂直领导，负责辖区一线审计监管工作，对辖区内从事 IPO 审计业务的会计师事务所进行监督管理；会内相关部门根据各自监管职责开展相应审计监管工作，其中，稽查部门负责统筹审计违法违规行为的立案和调查，行政处罚委负责统筹审理调查完毕的案件，拟定行政处罚意见。证券审计市场自律监管是指各交易所以《证券法》等法律法规为核心，以中国证监会发布的规章制度为框架，通过不断完善基本自律规则，并辅之以各种指引、通知等形式，对会计师事务所提供 IPO 审计业务的行为进行自律监管。通常来说，交易所的自律监管是以年报问询函、风险提示函、约谈、现场检查等方式，对于涉及违法违规的重大事项，提交纪律处分委员会表决，并据结果实施自律监管措施和纪律处分。

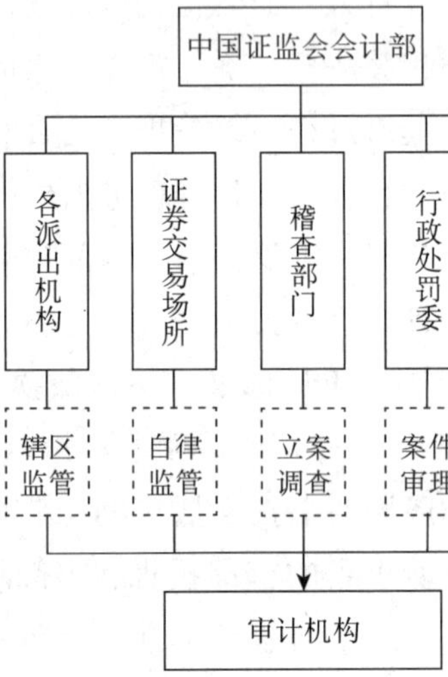

图 8－3　监管机构与审计机构之间的监管关系

最后，企业 IPO 过程离不开会计师事务所与保荐机构、律师事务所、资产评估机构等其他证券服务机构的沟通与协作。《证券发行上市保荐业务管理办法》强调进一步压实各中介机构责任，明确督促中介机构各尽其责、合力把关，从而提高保荐业务质量。在 IPO 审计过程中，会计师事务所通常需要与保荐机构以及律师事务所合作，以确保发行人符合上市条件以及相关的法律规范要求。以在科创版申请上市的企业为例，首先需要保荐机构和律师事务所按照《首次公开发行股票注册管理办法》第三条规定，核查发行人是否符合相应的板块定位，判断发行人是否属于符合国家科技创新战略、拥有关键核心技术、科技创新能力突出、科技成果转化能力突出、行业地位突出或者市场认可度高等的科技创新企业。在此基础上，还需要会计师事务所从财务层面同步进行关注。例如，发行人所拥有的关键核心技术、突出的创新能力以及较高的市场认可度最终都会以财务数据的形式加以反映，包括但不限于企业的毛利率以及毛利率的增速是否领先于同行业的其他企业。

五、IPO 审计中的专项意见和专项报告

从报告类型来看，会计师事务所在 IPO 审计中除了需要出具申报财务报表审计报告和内部控制鉴证报告等基础报告，还需要出具非经常性损益明细表专项审核报告、主要税种纳税情况专项意见、原始财务报表与申报财务报表的差异情况专项意见以及关于会计差错更正的专项审核报告等专项报告。

（一）非经常性损益明细表专项审核报告

非经常性损益是指与企业正常经营业务无直接关系，以及虽与正常经营业务相关，但由于其性质特殊和偶发性，影响报表使用人对企业经营业绩和盈利能力做出正常判断的各项交易和事项产生的损益。在以信息披露为核心的全面注册制下，《公开发行证券的公司信息披露解释性公告第 1 号——非经常性损益》（以下简称《1 号解释性公告》）对发行人披露的非经常性损益信息作出了明确规定："注册会计师为企业招股说明书、定期报告、申请发行证券材料中的财务报告出具审计报告或审核报告时，应对非经常性损益项目、金额和附注说明予以充分关注，并对企业披露的非经常性损益及其说明的真实性、准确性、完整性及合理性进行核实。"

从报告内容来看，非经常性损益明细表专项审核报告主要包括管理层的责任、注册会计师的责任以及鉴证结论三个部分。

首先，管理层的责任是指拟上市公司的管理层应按照《1 号解释性公告》的规定编制非经常性损益明细表，包括设计、实施和维护与非经常性损益明细表编制相关的内部控制，并保证非经常性损益明细表的真实性、准确性、完整性，不存在由于舞弊或错误而导致的重大错报。《1 号解释性公告》对非经常性损益明细表应包含的内容也作出了原则性说明："企业除应披露非经常性损益项目和金额外，还应当对重大非经常性损益项目的内容增加必要的附注说明。""公司根据定义和原则将本规定列举的非经常性损益项目界定为经常性损益的，应当在附注中单独披露该项目的名称、金额及原因；公司将本规定未列举的项目认定为非经常性损益的，若金额重大，则应单列其项目名称和金额，同时在附注中单独披露该项目的名称、金额及原因，若金额不重大，可将其计入'其他符合非经常性损益定义的损益项目'列报。"

其次，注册会计师的责任是指在执行鉴证工作的基础上对非经常性损益明细表发表鉴证结论。注册会计师应按照《中国注册会计师其他鉴证业务准则第 3101 号——历史财务

信息审计或审阅以外的鉴证业务》的要求，计划和实施鉴证工作，实施包括核对、询问、抽查等必要的程序，对非经常性损益明细表是否在所有重大方面按照《1 号解释性公告》的相关规定编制获取合理保证。在此过程中，注册会计师需要重点关注以下几方面内容：一是定义分类的准确性。拟上市公司是否结合行业特点和业务模式、基于交易和事项的经济性质并遵循重要性原则对非经常性损益进行认定。针对实务中存在争议的事项，如：公司因相关经营活动不再持续而发生的安置职工的支出等一次性费用，以及因税收、会计等法律、法规的调整对当期损益产生的一次性影响，《1 号解释性公告》中均明确规定应按照交易或事项的经济性质将其计入非经常性损益。二是会计估计的合理性。针对与非经常性项目相关的会计估计，注册会计师需要评估估计的合理性，通过对关键估计进行敏感性分析等方法，以判断拟上市公司是否基于恰当、合理的基础来确定估计值。三是风险披露的完整性。根据《1 号解释性公告》规定，企业除应披露非经常性损益项目和金额外，还应当对重大非经常性损益项目的内容增加必要的附注说明。因此，注册会计师在审核时，应关注企业对非经常性项目的风险揭示，确保公司全面披露了相关的不确定性，这对投资者更全面地了解公司财务状况并做出价值判断具有重要意义。四是内部控制的有效性。注册会计师在执行鉴证工作时，应评估拟上市公司关于非经常性项目的内部控制有效性，包括是否制定了适当的流程和控制措施以确保非经常性损益项目得到有效的确认、记录、计量和报告。五是前后期间的一致性。主要是指注册会计师检查拟上市公司在前后期间对非经常性项目的处理是否一致，这有助于确保财务报表的可比性和连续性。

最后，注册会计师依据《1 号解释性公告》的指引，按照《中国注册会计师其他鉴证业务准则第 3101 号——历史财务信息审计或审阅以外的鉴证业务》的要求开展专项审核工作，对发行人申报的非经常性损益发表恰当的审核意见。

（二）主要税种纳税情况专项意见

《公开发行证券的公司信息披露内容与格式准则第 58 号——首次公开发行股票并上市申请文件》中明确规定了首次公开发行股票并上市申请文件包括注册会计师对主要税种纳税情况说明出具的意见。

具体而言，拟上市公司申报的主要税种纳税情况包括主要税种和税率与税收优惠两部分。其中，主要税种和税率通常包括报告期内企业主要缴纳税种及执行税率情况，如：增值税、城市维护建设税、教育费附加、地方教育附加等，以及报告期内企业及合并范围内各子企业执行的企业所得税税率。税收优惠主要是指拟上市公司对于主要税种所享受的税收优惠进行的详细说明，注册会计师在对该部分内容进行审核时，应重点关注拟上市公司是否符合相关法律法规的优惠条件以及税收优惠的适用期间等。

（三）原始财务报表与申报财务报表的差异情况专项审核报告

根据《公开发行证券的公司信息披露内容与格式准则第 58 号——首次公开发行股票

并上市申请文件》的有关规定，发行人首次公开发行股票并上市应提交包括原始财务报表与申报财务报表的差异比较表以及注册会计师对差异情况出具的意见。

首先，应明确上市语境下原始财务报表和申报财务报表的定义。对于股份制改造之前（有限责任公司依法变更为股份有限公司）的阶段，原始财务报表是指企业报告期各年度提供给地方财政、税务部门的财务报表；股份制改造之后的阶段，原始财务报表是指企业报告期各年度经审计的财务报表。申报财务报表则是指发行人提交的申请文件中经由具备证券从业资格的会计师事务所审计的三年及一期的财务报表。

在明确了原始财务报表和申报财务报表的定义后，注册会计师应执行包括但不限于以下核查程序对差异情况进行鉴证：一是对财务部门及财务负责人进行访谈，了解企业财务报告相关的内控制度及财务核算情况，评价财务岗位的设置情况、财务人员的专业胜任能力；二是查阅企业的内部控制制度，参照《企业内部控制基本规范》及配套指引的要求，评价企业相关内部控制制度的设计合理性，复核主要科目相关内部控制流程的执行情况，评价企业主要内部控制的执行有效性；三是获取企业初始报税报表，逐笔核对全部差异调整事项的性质及原因，逐项分析差异产生的原因，会计处理是否符合企业会计准则的相关规定；四是查询《监管规则适用指引——发行类第5号》中有关财务内控不规范情形的规定，并根据中国注册会计师协会发布的《内部控制审核指导意见》对发行人资产负债日与财务报表相关的内部控制有效性的认定进行审核。

基于上述鉴证工作，注册会计师应按照《中国注册会计师其他鉴证业务准则第3101号——历史财务信息审计或审阅以外的鉴证业务》的规定，对报告期内企业申报报表与初始报税报表差异是否存在故意遗漏或虚构交易的事项、企业会计工作基础是否具有规范性、财务报告编制是否有良好基础、企业会计基础工作是否规范以及内部控制制度是否健全且得到了有效执行获取充分、适当的证据，从而为发表恰当的审核结论提供合理基础。

（四）关于会计差错更正的专项审核报告

根据《公开发行证券的公司信息披露内容与格式准则第46号——北京证券交易所公司招股说明书》以及《公开发行证券的公司信息披露内容与格式准则第47号——向不特定合格投资者公开发行股票并在北京证券交易所上市申请文件》，会计师事务所对于向不特定合格投资者公开发行股票并在北京证券交易所上市的公司应出具关于会计差错更正的专项审核报告（如有）。

对于拟上市公司报告期内出现的会计差错，《北京证券交易所向不特定合格投资者公开发行股票并上市业务规则适用指引第1号》作出了明确规定："报告期内发行人如出现会计差错更正事项，申报会计师应重点核查以下方面并发表明确意见：会计差错更正的时间和范围，是否反映发行人存在故意遗漏或虚构交易、事项或者其他重要信息，滥用会计政策或者会计估计，操纵、伪造或篡改编制财务报表所依据的会计记录等情形；差错更正对发行人的影响程度，是否符合《企业会计准则第 28 号——会计政策、会计估计变更和差错更正》的规定。发行人是否存在会计基础工作薄弱和内控缺失，是否按照《公开发行证券的公司信息披露编报规则第 19 号——财务信息的更正及相关披露》及相关日常监管要求进行了信息披露。申报前后，发行人因会计基础薄弱、内控不完善、未及时进行审计调整的重大会计核算疏漏、滥用会计政策或者会计估计以及恶意隐瞒或舞弊行为，导致重大会计差错更正的，将依据相关制度采取自律监管措施或纪律处分，进行严肃处理；涉及财务会计文件虚假记载的，将依法移送中国证监会查处。”

综上所述，拟上市公司申报财务报表中的非经常性损益明细表、主要税种纳税情况、原始财务报表与申报财务报表的差异情况以及会计差错的更正情况是交易所和监管机构在审核时的重要关注点，也是申报会计师在按照相关企业会计准则以及监管规则的要求对拟上市公司发表专项审核意见、出具专项审核报告的主要对象。申报会计师提供的各类专项说明、专项意见和专项报告有助于确保上市过程的透明度、合规性，为投资者提供真实、可靠的财务信息，并为进一步完善全面注册制下的信息披露制度提供了保障。

第二节　IPO 审计法规概述

一、IPO 审计法规的概念

IPO 审计法规是指由国家立法机关、证券监管机构和相关行业组织制定的，用于规范和指导上市公司审计活动的法律、法规和准则。这些法规旨在确保上市公司财务报告的真实性、准确性、完整性和及时性，维护证券市场的公开、公平和透明，保护投资者的合法权益。

IPO 审计法规的主要目的是为公司 IPO 审计活动提供系统的框架和标准，确保审计过程的规范化和透明化。通过明确外部审计的独立性、客观性和专业性，这些法规有助于提升审计工作的效率和效果，并确保审计结果的准确性和可靠性。同时，IPO 审计法规还强调审计工作的独立性，防止审计人员受到上市公司管理层的干扰，确保审计工作的公正性和权威性。

二、IPO 审计法规的特征

第一，法律性。IPO 审计法规由国家立法机关、证券监管机构等权威机构制定，具备明确的法律效力。这些法规涵盖了《证券法》《公司法》《审计法》等法律，为上市公司在财务报告编制和信息披露方面设定了清晰的责任与义务。这种强制性的法律约束确保了法规的权威性和执行力，有效维护了资本市场的秩序和广大投资者的合法权益。

第二，全面性。IPO 审计法规覆盖了审计活动的各个方面，提供了系统的框架和标准。这种全面性在法规内容上尤为显著，包括财务报告编制、信息披露要求、内部控制制度、外部审计程序等方面。这些法规要求上市公司定期编制和披露财务报告，建立健全内部控制制度，并聘请独立的会计师事务所进行审计。

第三，透明性。IPO 审计法规要求公司通过定期报告（如年度报告、中期报告、季度报告）和临时报告（如重大事项公告）的形式，定期向公众披露财务信息和重大事项，增强信息的透明度和公开性。这些信息必须真实、准确、完整、及时地向公众披露，以提高市场的信息对称性，增强投资者的信心，保障投资者的知情权。同时，透明性也有助于市场监督和舆论监督，促进公司治理和市场健康发展。

第四，专业性。IPO 审计法规包含大量专业技术标准和操作规范，要求外部审计机构和审计人员具备高水平的专业知识和技能，包括基础的财务知识、上市的业务流程和重点环节、相关的法律知识储备等。此外，审计人员必须遵守职业道德和行为准则，保持职业独立性和客观性。

三、IPO 审计法规的作用

IPO 审计法规作用主要体现在以下方面：

第一，规范市场行为。IPO 审计法规对上市公司的财务报告、信息披露、内部控制和外部审计等各方面作出了明确的规定。这些规定确保了上市公司的财务管理和信息披露行为的规范性、严谨性和高效性。通过强制性法律框架，法规约束了上市公司和审计机构的行为，减少了违规操作和财务造假的可能性，维护了市场的秩序和公正性。

第二，提升信息透明度。IPO 审计法规要求上市公司定期披露财务信息和重大事项，增强了市场的信息透明度。这种透明性使投资者可以及时获得真实、准确和完整的财务信息，有助于其作出明智的投资决策。同时，更加透明的信息披露也增强了市场的公开性和公信力，吸引更多的投资者参与资本市场。

第三，加强公司治理。IPO 审计法规推动上市公司建立健全内部控制制度，并对其有效性进行独立审计。通过规范内部控制和治理结构，IPO 审计法规提升了公司管理层的责任意识和风险管理能力，确保公司运营的合法性和有效性。这不仅有助于提高公司治理水平，也能防范和化解潜在的经营风险。

第四，保护投资者权益。法规通过确保上市公司财务信息的真实性、准确性和完整性，保护了投资者的合法权益。规范的信息披露和独立的外部审计，使投资者能够获得可靠的财务数据，从而减少投资决策的风险。法规还通过法律制裁措施，打击财务欺诈和违规行为，进一步保障了投资者的利益。

第五，促进资本市场健康发展。IPO 审计法规是资本市场规范运行的重要保障。通过严格的审计和信息披露制度，法规规范了市场参与者的行为，减少了市场上的违规操作和欺诈行为。这不仅维护了市场的公平和公正，也增强了市场的稳定性和运行效率，有助于提升市场的整体健康发展水平。

综上所述，IPO 审计法规在规范市场行为、提升信息透明度、加强公司治理、保护投资者权益和促进资本市场健康发展等方面发挥着重要作用，共同构建了一个健康、透明和公正的资本市场环境，为经济发展打下了坚实的基础。

四、IPO 审计法规的体系结构

我国上市相关法律规范体系主要分为法律、部门规章、规范性文件以及交易所业务规则四个层次。

首先，法律层面。IPO 审计法规体系的基础是由国家立法机关制定的法律，如《证券法》《公司法》《审计法》等。这些法律为 IPO 审计提供了宏观的法律框架和基本原则，规定了上市公司在财务报告、信息披露、审计要求和内部控制方面的基本义务和责任。作为最高法律效力的规范，这些法律是整个法规体系的核心，确保了审计工作的合法性和权威性。

其次，部门规章层面。在法律基础上，由国务院和相关部门（如中国证监会）制定的行政法规和部门规章进一步细化了具体操作要求和执行标准。例如，《上市公司信息披露管理办法》详细规定了上市公司信息披露的具体内容和形式。这些部门规章为具体审计活动提供了详细的指引和标准，确保审计工作有章可循。

再次，规范性文件层面。证券监管机构和其他相关部门根据市场情况和监管需要，发布各种规范性文件、公告和通知，对上市公司和审计机构的具体行为进行监督和指导。这些文件具有较强的时效性和针对性，能够及时回应市场变化和新出现的问题。例如，证监会发布的审计监管公告和问答，提供了最新的监管要求和解读，确保审计工作符合最新的监管标准和市场需求。

最后，交易所业务规则层面。作为资本市场的重要组成部分，各证券交易所（如上海证券交易所和深圳证券交易所）制定的业务规则是 IPO 审计法规体系的重要部分。这些规则包括上市规则、信息披露指引、公司治理准则等，对上市公司在交易所市场中的行为提出了具体要求。例如，《上海证券交易所股票上市规则》详细规定了上市公司的持续信息披露义务和退市标准。这些业务规则与国家法律、部门规章和规范性文件共同构成了上市公司审计的全面监管框架。

综上所述，我国 IPO 审计法规体系结构主要由法律、部门规章、规范性文件和交易所业务规则四个层次组成。通过这四个层次的有机结合，IPO 审计法规体系确保了审计工作的合法性、规范性、时效性和具体操作性，为维护市场秩序、保护投资者权益和促进资本市场健康发展提供了坚实的法律和制度保障。

第三节 IPO 审计基本法律

一、IPO 审计基本法律的含义

IPO 审计基本法律是指由国家立法机关制定的、对上市公司财务报告、信息披露、内部控制等方面作出明确规定的法律，主要包括《证券法》《公司法》《审计法》等。这些法律构成了 IPO 审计法规体系的基础，为审计工作的开展提供了法律依据和框架。

IPO 审计基本法律的主要目的是保障上市公司财务信息的真实性、准确性和完整性，维护资本市场的公开、公平和透明。通过制定和实施这些基础法律，有助于规范上市公司的财务管理和信息披露行为，保护投资者的合法权益，增强市场信心，促进资本市场的健康发展。同时，这些法律也通过规范审计机构和审计人员的行为，进一步提高了审计工作的质量和公正性。

二、《证券法》中涉及 IPO 审计的相关内容

《证券法》作为 IPO 审计基本法律的核心，于 2019 年 12 月 28 日由中华人民共和国第十三届全国人民代表大会常务委员会第十五次会议修订通过，自 2020 年 3 月 1 日起施行。《证券法》共十四章二百二十六条，为 IPO 审计工作提供了全面的法律框架和具体的行为要求，主要体现在以下八个方面：

第一，基本原则。《证券法》第三条规定："证券的发行、交易活动，必须遵循公开、公平、公正的原则。"《证券法》第四条规定："证券发行、交易活动的当事人具有平等的法律地位，应当遵守自愿、有偿、诚实信用的原则。"《证券法》第五条规定："证券的发行、交易活动，必须遵守法律、行政法规；禁止欺诈、内幕交易和操纵证券市场的行为。"

第二，备案要求。《证券法》第一百六十条规定："……从事证券投资咨询服务业务，应当经国务院证券监督管理机构核准；未经核准，不得为证券的交易及相关活动提供服务。从事其他证券服务业务，应当报国务院证券监督管理机构和国务院有关主管部门备案。"

第三，勤勉尽责。《证券法》第十九条规定："……为证券发行出具有关文件的证券服务机构和人员，必须严格履行法定职责，保证所出具文件的真实性、准确性和完整性。"《证券法》第一百六十三条规定："证券服务机构为证券的发行、上市、交易等证券业务

活动制作、出具审计报告及其他鉴证报告……应当勤勉尽责，对所依据的文件资料内容的真实性、准确性、完整性进行核查和验证。其制作、出具的文件有虚假记载、误导性陈述或者重大遗漏，给他人造成损失的，应当与委托人承担连带赔偿责任，但是能够证明自己没有过错的除外。”

第四，报告义务。《证券法》第六十一条规定：“……证券服务机构及其从业人员对证券交易中发现的禁止的交易行为，应当及时向证券监督管理机构报告。”

第五，配合监管。《证券法》第一百七十三条规定：“国务院证券监督管理机构依法履行职责，被检查、调查的单位和个人应当配合，如实提供有关文件和资料，不得拒绝、阻碍和隐瞒。”

第六，文件保管。《证券法》第一百六十二条规定：“证券服务机构应当妥善保存客户委托文件、核查和验证资料、工作底稿以及与质量控制、内部管理、业务经营有关的信息和资料，任何人不得泄露、隐匿、伪造、篡改或者毁损。上述信息和资料的保存期限不得少于十年，自业务委托结束之日起算。”

第七，保守秘密。《证券法》第二十三条规定：“……发行证券的信息依法公开前，任何知情人不得公开或者泄露该信息。”《证券法》第四十一条规定：“……证券服务机构及其工作人员应当依法为投资者的信息保密，不得非法买卖、提供或者公开投资者的信息。……不得泄露所知悉的商业秘密。”

第八，禁止性规定。关于内幕交易及利用未公开信息交易行为，《证券法》第四十二条规定：“为证券发行出具审计报告或者法律意见书等文件的证券服务机构和人员，在该证券承销期内和期满后六个月内，不得买卖该证券。除前款规定外，为发行人及其控股股东、实际控制人，或者收购人、重大资产交易方出具审计报告或者法律意见书等文件的证券服务机构和人员，自接受委托之日起至上述文件公开后五日内，不得买卖该证券。实际开展上述有关工作之日早于接受委托之日的，自实际开展上述有关工作之日起至上述文件公开后五日内，不得买卖该证券。”第五十条规定：“禁止证券交易内幕信息的知情人和非法获取内幕信息的人利用内幕信息从事证券交易活动。”关于操纵、扰乱证券市场行为，《证券法》第五十五条和第五十六条作出了相关解释，并明确规定承担 IPO 审计的证券服务机构及其从业人员给投资者造成损失的，应当依法承担赔偿责任。

综上所述，《证券法》为 IPO 审计工作提供了系统化和全面的法律框架，从多个层面规范和保障了上市公司的审计工作，有助于维护资本市场的健康运行和投资者的合法权益。

三、《公司法》中涉及 IPO 审计的相关内容

《公司法》中有关 IPO 审计的内容主要涉及公司财务报告、内部控制、审计制度和信息披露等方面。以下是《公司法》中与 IPO 审计相关的主要内容：

第一，验资业务。《公司法》第一百零一条规定："向社会公开募集股份的股款缴足后，应当经依法设立的验资机构验资并出具证明。"

第二，财务报表审计。《公司法》第二百零八条规定："公司应当在每一会计年度终了时编制财务会计报告，并依法经会计师事务所审计。财务会计报告应当依照法律、行政法规和国务院财政部门的规定制作。"第二百一十六条规定："公司应当向聘用的会计师事务所提供真实、完整的会计凭证、会计账簿、财务会计报告及其他会计资料，不得拒绝、隐匿、谎报。"

第三，会计师事务所的聘用和解聘。《公司法》第二百一十五条规定："公司聘用、解聘承办公司审计业务的会计师事务所，按照公司章程的规定，由股东会、董事会或者监事会决定。"第一百三十七条规定："上市公司在董事会中设置审计委员会的，董事会对下列事项作出决议前应当经审计委员会全体成员过半数通过：（1）聘用、解聘承办公司审计业务的会计师事务所；（2）聘任、解聘财务负责人；（3）披露财务会计报告；（4）国务院证券监督管理机构规定的其他事项。"

第四，法律责任。《公司法》第二百五十七条规定："承担资产评估、验资或者验证的机构提供虚假材料或者提供有重大遗漏的报告的，由有关部门依照《中华人民共和国资产评估法》《注册会计师法》等法律、行政法规的规定处罚。承担资产评估、验资或者验证的机构因其出具的评估结果、验资或者验证证明不实，给公司债权人造成损失的，除能够证明自己没有过错的外，在其评估或者证明不实的金额范围内承担赔偿责任。"

四、《审计法》中涉及 IPO 审计的相关内容

《审计法》是我国在审计领域的基本法律，它为审计工作的有序开展提供了坚实的法律基础。以下是《审计法》中与 IPO 审计相关的主要内容：

首先，《审计法》明确规定了审计机关的职责，其中包括对上市公司的财务信息进行审计监督。上市公司作为公众公司，其财务信息不仅关系到公司的运营状况，更直接关系到广大投资者的切身利益。因此，《审计法》要求审计机关依法对上市公司的财务报表、会计记录等进行审计，确保其真实、合法、完整，防止财务信息失真，保护投资者的合法权益。

其次，《审计法》规定了审计机关在审计过程中的权限。审计机关有权查阅、复制上市公司的相关文件资料，有权要求上市公司提供必要的配合和协助。这些权限的设定，确保了审计机关能够全面、深入地了解上市公司的财务状况，为审计结论的准确性提供保障。

再次，《审计法》还规定了审计结果的处理和公布机制。对于上市公司审计中发现的重大问题和违规行为，审计机关有责任及时向社会公布，保障公众知情权。审计结果不仅需要向有关主管部门报告，还应按照规定向社会公开发布，接受社会监督。这一规定有助

于提高审计的透明度和公信力，增强上市公司的信息披露质量。

最后，《审计法》强化了审计的法律责任和法律效力。对于在审计过程中发现的违法违规行为，审计机关有权提出处理意见和建议，并依法移送有关部门处理。对于上市公司及其管理层在审计过程中存在的故意隐瞒、虚报、伪造资料等行为，审计机关可以依法追究其法律责任。这不仅维护了法律的严肃性，也保护了投资者的合法权益，促进了资本市场的健康发展。

综上所述，《审计法》通过明确审计机关的职责和权限、完善审计结果的处理和公布机制、强化审计的法律责任等多方面内容，对上市公司的审计进行了全面而详细的规定。这些规定不仅保障了审计工作的有效开展，也为维护资本市场的秩序和稳定提供了坚实的法律基础。

第四节　IPO 审计部门规章

IPO 审计部门规章是指由中国证监会针对企业上市过程中各主体行为作出的规范，包括《首次公开发行股票注册管理办法》《证券发行与承销管理办法》和《上市公司信息披露管理办法》等。

一、《首次公开发行股票注册管理办法》

《首次公开发行股票注册管理办法》作为上市部门规章的核心文件，于 2023 年 2 月 17 日由中国证券监督管理委员会审议通过，自公布之日起施行。《首次公开发行股票注册管理办法》共六章七十一条，包括总则、发行条件、注册程序、信息披露、监督管理和法律责任、附则，为全面实行注册制搭建起整体制度框架体系。

第一章“总则”。总则中提出全面实行注册制的核心内容：一是明确主板、科创板、创业板的板块定位。二是明确交易所发行上市全面实行注册制，由交易所负责发行上市审核并报中国证监会注册。三是明确发行人和保荐人、证券服务机构的主体责任，发行人披露信息必须真实、准确、完整，充分揭示当前及未来可预见的、对发行人构成重大不利影响的直接风险和间接风险；保荐人需对申请文件进行审慎核查并对真实性、准确性、完整性负责；证券服务机构对与其专业职责有关的内容负责。

第二章“发行条件”。《首次公开发行股票注册管理办法》股票公开发行条件借鉴科创板、创业板的经验做法，以信息披露为核心，强调按照重大性原则把握企业的基本法律合规性和财务规范性，防控好风险。它取消了现行主板发行条件中关于不存在未弥补亏损、无形资产占比限制等方面的要求，并规定申请首发上市应当满足以下四方面的基本条件：一是组织机构健全，持续经营满三年；二是会计基础工作规范，内控制度健全有效；三是发行人股权清晰，业务完整并具有直接面向市场独立持续经营的能力；四是生产经营合法合规，相关主体不存在《首次公开发行股票注册管理办法》规定的违法违规记录。同时，根据主板定位特点，规定企业申请在主板上市的，相较科创板、创业板，在实际控制人、管理团队和主营业务方面应满足更长的稳定期要求。

第三章“注册程序”。《首次公开发行股票注册管理办法》股票公开发行审核注册程序主要规定以下四方面内容：一是明确在交易所审核环节，交易所通过问询等方式开展发行上市审核工作，形成发行人是否符合发行条件和信息披露要求的审核意见；二是明确在中国证监会注册环节，收到交易所审核意见及相关资料后，中国证监会基于交易所审核意见依法履行注册程序，在二十个工作日内对发行人的注册申请作出予以注册或者不予注册的决定；三是规定发行人及其控股股东、实际控制人、董事、监事、高级管理人员，以及相关中介机构及其责任人员，自注册申请文件申报之日起即承担相应法律责任，不得影响或干扰发行上市审核注册工作；四是明确交易所和中国证监会应当提高审核和注册工作透明度，审核标准、流程、进度、反馈意见及发行人的回复情况、审议意见等全流程重要节点均对社会公开，接受社会监督。

第四章“信息披露”。《首次公开发行股票注册管理办法》贯彻注册制改革理念，以投资者需求为导向强化信息披露要求，并压实市场主体信息披露责任。一是明确发行人必须保证信息披露真实、准确、完整，无论规则是否明确规定，凡是投资者作出价值判断和投资决策所必需的信息，都必须充分披露。二是严格落实发行人及其董事、监事、高级管理人员、控股股东、实际控制人，以及保荐人、证券服务机构及相关人员在信息披露方面的责任，要求控股股东、实际控制人应按照诚实信用原则履行其在招股说明书中披露的相关承诺，为加大信息披露违规处罚力度夯实基础。三是针对不同板块的企业特点，规定企业应当按照拟上市板块要求进行专门披露，如拟在主板上市的，应充分披露业务模式的成熟度、经营稳定性和行业地位；拟在科创板上市的，应充分披露科研水平、科研人员、科研资金投入以及募集资金重点投向科技创新领域的具体安排等相关信息。四是规定存在特别表决权股份的，应当在招股说明书中披露相关情况和风险，中介机构需对特别表决权股份设置是否合规发表专业意见。

第五章“监督管理和法律责任”。《首次公开发行股票注册管理办法》建立了全流程监管体系，并对责任主体加大追责力度。一是规定证监会建立对发行上市监管的权力运行全流程监督制约机制，对发行上市审核程序和发行注册程序相关内控制度运行情况进行督导督察，对廉政纪律的执行情况和相关人员的履职尽责情况进行监督监察。二是进一步规定对交易所发行上市审核工作的监督机制，证监会定期或不定期对交易所开展现场检查，按标准选取或按一定比例随机抽取交易所发行上市审核过程中的项目，同步关注交易所审核理念、标准的执行情况。三是明确交易所存在审核过程中未按审核标准程序开展发行上市审核工作，重大敏感事项、重大无先例情况、重大舆情、重大违法线索未请示报告或请示报告不及时等情形的，证监会可责令改正、追究直接责任人员相关责任。四是加大违法违规行为追责力度，证监会和交易所实行更严格的法律责任体系，发挥证券市场禁入措施制度作用，强化交易所自律监管。五是强化自律监管，规定交易所可以对相关主体采取较长时间不接受与证券发行相关的文件等纪律处分。

二、《证券发行与承销管理办法》

《证券发行与承销管理办法》于 2023 年 2 月 17 日由中国证券监督管理委员会审议通过，自公布之日起施行。修订后的《证券发行与承销管理办法》共七章六十一条，其中，对 IPO 审计过程中会计师事务所的责任作出了明确规定。例如，第四条指出："……为证券发行出具相关文件的证券服务机构和人员，应当按照本行业公认的业务标准和道德规范，严格履行法定职责，对其所出具文件的真实性、准确性和完整性承担责任。"第五十五条规定："发行人及其控股股东和实际控制人、证券公司、证券服务机构、投资者及其直接负责的主管人员和其他直接责任人员有失诚信，存在其他违反法律、行政法规或者本办法规定的行为的，中国证监会可以视情节轻重采取责令改正、监管谈话、出具警示函、责令公开说明等监管措施；情节严重的，可以对有关责任人员采取证券市场禁入措施；依法应予行政处罚的，依照有关规定进行处罚；涉嫌犯罪的，依法移送司法机关，追究其刑事责任。"

《证券发行与承销管理办法》的制定和实施在规范证券发行与承销行为，维护市场秩序，便利投融资等方面发挥了重要作用。此次修订的主要内容如下：一是充分借鉴前期科创板和创业板试点注册制成功经验，对新股发行价格、规模等不设任何行政性限制，完善以机构投资者为参与主体的询价、定价、配售等机制，平衡好发行人、承销机构和投资者之间的利益，实现新股市场化发行。二是统一沪深市场证券发行承销主要制度，规章层面明确定价、配售、发行程序、信息披露和监管处罚等制度的重点问题，各板块统一适用，证券交易所制定修订本所统一的发行承销细则，根据板块定位对网下投资者范围、网上网下回拨比例等制度作出差异化安排，报中国证监会批准后公布实施。三是切实落实注册制改革监管转型要求，进一步厘清职责边界。明确证券交易所和中国证券业协会负责对发行承销过程实施一线监管，中国证监会负责统筹协调和对其监督检查。加大对违法违规行为的责任追究力度，督促市场各方归位尽责。

三、《上市公司信息披露管理办法》

《上市公司信息披露管理办法》于 2021 年 3 月 4 日由证监会 2021 年第 3 次委务会议修订通过，自 2021 年 5 月 1 日起施行。自实施以来，《上市公司信息披露管理办法》在规范上市公司及其他义务人的信息披露行为，加强公司信息披露事务管理方面发挥了积极作用，此次修订主要内容如下：

第一，完善信息披露基本要求。一是新增简明清晰、通俗易懂的原则要求，完善公平披露原则；二是完善自愿披露制度，细化自愿披露的具体标准，明确自愿披露的持续性和一致性原则，强调不得利用自愿披露的信息不当影响公司证券交易价格，进一步规范自愿披露行为；三是细化披露媒体要求，根据《证券法》规定将指定媒体改为规定媒体，同时，为进一步降低企业信息披露成本，明确定期报告、收购报告书等信息披露文件仅摘要需要在纸质媒体披露，其他内容在证券交易所的网站和符合中国证监会规定条件的报刊依法开办的网站披露。

第二，完善定期报告制度。一是明确定期报告的范围，根据《证券法》要求，明确定期报告包括年度报告和中期报告，不在《上市公司信息披露管理办法》中规定季度报告内容，季度报告的披露要求可由证券交易所在其业务规则中明确，保障对投资者知情权的保护力度不降低；二是完善上市公司董监高异议声明制度，例如，明确要求定期报告内容应当经上市公司董事会审议通过，未经董事会审议通过的定期报告不得披露，并且强调董监高发表意见应当遵循审慎原则，不得滥用异议声明制度。董监高保证定期报告内容真实性、准确性、完整性的责任不因发表意见而免除，最终董监高是否需要承担责任，关键在于是否已勤勉尽责。

第三，细化临时报告要求。一是补充完善重大事件的情形。《上市公司信息披露管理办法》对《证券法》第八十条第二款已规定的重大事件作了援引规定，并补充完善了其他情形；二是完善上市公司重大事件披露时点，明确董事、监事或者高级管理人员知悉该重大事件发生时，上市公司即触发披露义务。

第四，完善信息披露事务管理制度。一是强化内幕信息知情人登记管理要求，明确规定上市公司应当建立内幕信息知情人登记管理制度；二是强化中介机构“看门人”责任，明确为信息披露义务人履行信息披露义务出具专项文件的证券服务机构及其人员应当按照法律、行政法规、证监会规定、行业规范、业务规则等发表专业意见，新增证券服务机构保存工作底稿及配合证监会监督管理的义务，并完善了会计师事务所的执业要求。

第五，提升监管执法效能。一是完善监督管理措施类型，补充了上市公司监管领域常用的监管措施类型；二是不再对股东、实际控制人未配合履行信息披露义务单独设置法律责任，如相关主体属于信息披露义务人，或者相关主体为控股股东、实际控制人，可直接按照《证券法》第一百九十七条追究法律责任；三是针对上市公司董事、监事在董事会或者监事会审议、审核定期报告时投赞成票，又在定期报告披露时表示无法保证定期报告内容的真实性、准确性、完整性或者有异议的行为，专门设置了法律责任。

第五节 IPO 审计规范性文件

上市相关规范性文件是指由证监会发布的、针对上市过程中各主体行为的具体规范，包括《监管规则适用指引——审计类第 1 号》《监管规则适用指引——审计类第 2 号》和《监管规则适用指引——上市类第 1 号》等。

一、《监管规则适用指引——审计类第 1 号》

《监管规则适用指引——审计类第 1 号》是证监会结合证券审计业务特点及资本市场监管需求，就注册会计师对上市公司财务报表发表非标准审计意见作出的规范。审计机构作为资本市场信息披露“看门人”，发挥着越来越重要的核查和把关作用，但监管中发现，部分注册会计师发表的审计意见不恰当，特别是非标准审计意见中存在标准不清晰、执行不到位，甚至不同类型审计意见间存在替代等问题，影响了审计意见的有效性。因此，《监管规则适用指引——审计类第 1 号》着重突出了提升审计信息有用性、服务资本市场改革发展、借鉴国际最佳实践这三个特点，旨在推进执业准则体系在资本市场的有效、一贯执行和监管口径的统一，共同提升资本市场审计执业质量和上市企业财务信息披露质量。

具体而言，一是提升审计信息有用性。审计意见是对上市公司信息的简化披露，其信息含量对资本市场中投资决策发挥着重要作用。《监管规则适用指引——审计类第 1 号》在执业准则和相关问答的基础上，结合证券业务特点和投资者诉求，对审计意见特别是非标准审计意见中涉及的错报、受限、重大性、广泛性、持续经营等关键内容提出针对性要求，对与之相关的信息披露也作出明确规范，进一步提升审计信息的有用性。二是服务资本市场改革发展。随着资本市场全面深化改革的持续推进，注册会计师在其中发挥的作用愈加重要，审计意见直接与股票发行注册制改革中的发行上市基础条件、与上市公司退市制度改革的关键指标等直接相关。《监管规则适用指引——审计类第 1 号》立足服务资本市场改革发展目标，落实市场化、法治化的具体要求，解决改革难题，例如，明确涉及非标准审计意见退市及相关风险警示中，有关广泛性的认定标准和重大性的量化标准，明确规范与上市公司持续经营相关的非标准审计意见，助力提升上市公司信息披露质量等。三是借鉴国际最佳实践。在紧密结合我国证券审计市场执业实践的基础上，《监管规则适用指引——审计类第 1 号》也充分借鉴了国际审计执业的最佳实践，进一步提升其针对性和适用性，解决一线监管诉求。例如，为明确有关重大性与错报的关系，《监管规则适用指引——审计类第 1 号》参考国际规范，要求注册会计师在非标准审计意见专项说明中披露财务报表整体的重要性水平信息；为解决滥用审计受限、规避发表错报类型的审计意见等问题，《监管规则适用指引——审计类第 1 号》借鉴国际经验，要求注册会计师明确披露受限事项下，应继续获取何种审计证据方可解决该受限问题。

二、《监管规则适用指引——审计类第 2 号》

为指导开展证券业务的注册会计师在收入审计中更好地保持职业怀疑，识别和应对财务报表重大错报风险特别是舞弊风险，中国证监会于 2023 年 8 月 23 日发布了《监管规则适用指引——审计类第 2 号》。

职业怀疑贯穿审计执业全过程，是注册会计师执行审计业务时必须保持的职业态度。近年来，公众公司基于融资、市值和业绩操纵、避免退市等目的，实施财务造假情况时有发生。其中，收入造假最为常见和典型，成为会计审计风险高发领域，对注册会计师保持职业怀疑提出了更高要求。监管发现，部分注册会计师在收入审计中，未识别和评估由于舞弊导致的重大错报风险，未对与收入相关的舞弊动机、控制偏差、行业差异、矛盾证据、不符事项和显著变动等异常情形保持职业怀疑。为解决上述收入审计中的突出问题，中国证监会结合证券审计业务特点及资本市场监管需求，对注册会计师在收入审计中如何更好地保持职业怀疑进行规范。

《监管规则适用指引——审计类第 2 号》突出以下特点：一是目标问题导向。坚持服务资本市场改革发展，围绕全面注册制改革、提高上市公司质量等目标，通过指导注册会计师采取系统性、针对性的审计措施，进一步优化审计执业生态，为审计有效应对公众公司财务造假的突出问题增加制度供给。二是全面系统规范。按照风险导向审计全流程，对注册会计师在风险评估、控制测试和实质性程序中保持职业怀疑进行规范指导，并进一步对函证、分析程序、存货审计、检查、期后事项、延伸检查这六个实质性程序的关键环节进行细化规定。三是聚焦实务操作。结合近年来资本市场收入造假和审计失败的典型案件，剖析总结收入舞弊风险迹象和造假手段，系统性梳理提出注册会计师在收入审计中未能保持职业怀疑的各种异常情形和常见问题，并针对性提出收入审计实务操作中的具体执业要求，提供更为明细的操作指引。

三、《监管规则适用指引——上市类第 1 号》

《监管规则适用指引——上市类第 1 号》是为落实衔接《证券法》等法律规定，进一步完善资本市场法规体系，提高监管透明度，由中国证监会于 2020 年 7 月 31 日印发实施的指引。《监管规则适用指引——上市类第 1 号》共有十六项，涉及募集配套资金、业绩补偿及奖励、并购重组内幕交易核查要求等问题。相较于原监管问答，《监管规则适用指引——上市类第 1 号》主要修改情况如下：

一是拓宽并购重组“小额快速”审核通道。本次修订取消募集配套资金金额不得超过5000万元的要求，同时取消不得构成重大资产重组的要求。拓宽“小额快速”审核通道，为交易金额小、发股数量少的小额并购交易构建更加畅通的审核机制，激发市场活力，提升监管效能。

二是统一募集配套资金用于补流的比例。原监管问答对配套募集资金的用途进行了明确，并要求一般重组中“募集配套资金用于补流、偿债的比例不得超过交易作价的25%，或不超过配募总金额的50%。”重组上市中“募集配套资金用于补充公司流动资金的比例不应超过交易作价的5%；或者不超过30%。”本次修订，对重组上市配募资金用于补流、偿债的一并适用“不超过配募总金额的50%”的比例要求，以支持重组上市企业进一步促进资本形成、获得发展壮大所需的资金支持。

三是明确并购重组中业绩奖励对象范围。目前监管规则允许重组方案中设置业绩奖励，奖励对象可以是标的资产交易对方、管理层或核心技术人员。考虑到大股东对标的资产的操控能力较强，如设置业绩奖励，可能进一步助长大股东操纵业绩的动力，引发道德风险，实践中一般不予支持。为便于市场理解，本次修订明确大股东注资的重组不得对上市公司控股股东、实际控制人及其关联人进行业绩奖励。

四是明确业绩承诺及奖励适用新会计准则的监管要求。根据财政部发布的新收入准则要求，境内上市公司自2020年1月1日起执行新收入准则，上市公司并购重组实施完成后，标的资产应与上市公司保持一致自2020年起执行新收入准则。对于有业绩补偿承诺及奖励等安排，且相关期间包含新收入准则首次执行日之后期间的，目前交易双方就相关计算基础适用新旧收入准则的问题大多未明确约定，为避免存在争议影响业绩补偿实施，损害上市公司利益，本次修订增加对标的资产业绩承诺、业绩奖励期适用的会计准则发生变更的监管要求。

五是放宽发行股份购买资产的交易对象数量限制。根据《证券法》规定，上市公司发行股份不论发行对象数量多少，均构成公开发行。为便利企业并购，本次修订明确发行股份购买资产的交易对象可以超过200人。同时要求发行股份购买资产应在上市公司首次董事会披露预案时有确定的发行对象。以并购新三板公司为例，如首次董事会时标的公司的股东确定且不会发生变化，则可以采用发行股份购买资产的方式；如标的公司股票处于持续交易中、股东在不断变化，则可以采用吸收合并方式。

六是完善并购重组内幕交易核查相关要求。根据市场主体反映，实践中上市公司首次披露报告书时，中介机构难以完成核查工作。为进一步明确各阶段责任，本次修订分阶段明确要求：上市公司首次披露报告书时，中介机构应对内幕信息知情人登记制度的制定和执行情况发表核查意见；在相关交易方案提交股东大会之前，上市公司完成自查报告，中介机构进行核查并发表意见。

第六节 IPO 审计法律责任

一、IPO 审计法律责任形式

在 IPO 审计中，注册会计师及其所在的会计师事务所可能面临的法律责任形式主要包括行政处罚、民事赔偿和刑事处罚。这些责任形式旨在确保审计工作的准确性和公正性，维护市场秩序和投资者权益。

行政处罚是 IPO 审计中最为常见的法律责任形式。根据《中华人民共和国行政处罚法》第二条规定："行政处罚是指行政机关依法对违反行政管理秩序的公民、法人或者其他组织，以减损权益或者增加义务的方式予以惩戒的行为。"第九条规定："行政处罚的种类：（1）警告、通报批评；（2）罚款、没收违法所得、没收非法财物；（3）暂扣许可证件、降低资质等级、吊销许可证件；（4）限制开展生产经营活动、责令停产停业、责令关闭、限制从业；（5）行政拘留；（6）法律、行政法规规定的其他行政处罚。"在 IPO 审计中，若会计师事务所或有关责任人员存在未按规定备案、未勤勉尽责、出具不实文件、内幕交易、利用未公开信息交易、操纵证券市场、编造传播虚假或误导性信息等违法行为，证监会将依法采取责令改正、没收违法所得、处相应罚款、证券市场禁入等措施进行处罚。

民事赔偿是指在 IPO 审计中因注册会计师的审计行为给投资者或其他利益相关者造成损失而需承担的赔偿责任。为正确审理涉及会计师事务所在审计业务活动中民事侵权赔偿案件，维护社会公共利益和相关当事人的合法权益，最高人民法院于 2007 年 6 月 4 日通过了《最高人民法院关于审理涉及会计师事务所在审计业务活动中民事侵权赔偿案件的若干规定》（以下简称《若干规定》）。该规定依据《注册会计师法》《公司法》《证券法》等法律法规，结合审判实践经验制定，旨在为会计师事务所在上市公司审计过程中明确民事赔偿责任提供重要的法律指导依据。

刑事处罚主要针对会计师事务所以及有关责任人员作出的故意提供虚假证明文件、内幕交易、操纵证券市场等严重违法行为。根据《刑法》规定，刑罚分为主刑和附加刑。主刑主要包括管制、拘役、有期徒刑、无期徒刑和死刑；附加刑则包括罚金、剥夺政治权利以及没收财产。在 IPO 审计中，若会计师事务所以及有关责任人员存在上述违法行为，人民法院将根据具体情况判处相应的有期徒刑、拘役或罚金等刑事处罚。

二、IPO 审计法律责任认定

（一）行政处罚类

1. 未按规定备案

根据《证券法》第二百一十三条规定："……会计师事务所……违反本法第一百六十条第二款的规定，从事证券服务业务未报备案的，责令改正，可以处二十万元以下的罚款。"同时，《证券法》第二百一十五条规定："国务院证券监督管理机构依法将有关市场主体遵守本法的情况纳入证券市场诚信档案。"

2. 未勤勉尽责、出具不实文件

《证券法》第一百六十三条规定："证券服务机构为证券的发行、上市、交易等证券业务活动制作、出具审计报告及其他鉴证报告、资产评估报告、财务顾问报告、资信评级报告或者法律意见书等文件，应当勤勉尽责，对所依据的文件资料内容的真实性、准确性、完整性进行核查和验证。其制作、出具的文件有虚假记载、误导性陈述或者重大遗漏，给他人造成损失的，应当与委托人承担连带赔偿责任，但是能够证明自己没有过错的除外。"此外，《证券法》第二百二十一条规定："违反法律、行政法规或者国务院证券监督管理机构的有关规定，情节严重的，国务院证券监督管理机构可以对有关责任人员采取证券市场禁入的措施。前款所称证券市场禁入，是指在一定期限内直至终身不得从事证券业务、证券服务业务，不得担任证券发行人的董事、监事、高级管理人员，或者一定期限内不得在证券交易所、国务院批准的其他全国性证券交易场所交易证券的制度。"

3. 内幕交易及利用未公开信息交易

《证券法》第五十三条规定："证券交易内幕信息的知情人和非法获取内幕信息的人，在内幕信息公开前，不得买卖该企业证券，或者泄露该信息，或者建议他人买卖该证券。……内幕交易行为给投资者造成损失的，应当依法承担赔偿责任。"

针对违反上述法律行为的会计师事务所以及有关责任人员，《证券法》第一百九十一条作出了明确的处罚规定："证券交易内幕信息的知情人或者非法获取内幕信息的人违反本法第五十三条的规定从事内幕交易的，责令依法处理非法持有的证券，没收违法所得，并处以违法所得一倍以上十倍以下的罚款；没有违法所得或者违法所得不足五十万元的，处以五十万元以上五百万元以下的罚款。单位从事内幕交易的，还应当对直接负责的主管人员和其他直接责任人员给予警告，并处以二十万元以上二百万元以下的罚款。国务院证券监督管理机构工作人员从事内幕交易的，从重处罚。违反本法第五十四条的规定，利用未公开信息进行交易的，依照前款的规定处罚。"

4. 操纵证券市场

《证券法》第五十五条规定："禁止任何人以下列手段操纵证券市场，影响或者意图影响证券交易价格或者证券交易量：（1）单独或者通过合谋，集中资金优势、持股优势或者利用信息优势联合或者连续买卖；（2）与他人串通，以事先约定的时间、价格和方式相互进行证券交易；（3）在自己实际控制的账户之间进行证券交易；（4）不以成交为目的，频繁或者大量申报并撤销申报；（5）利用虚假或者不确定的重大信息，诱导投资者进行证券交易；（6）对证券、发行人公开作出评价、预测或者投资建议，并进行反向证券交易；（7）利用在其他相关市场的活动操纵证券市场；（8）操纵证券市场的其他手段。操纵证券市场行为给投资者造成损失的，应当依法承担赔偿责任。”

针对操纵证券市场的行为，《证券法》第一百九十二条作出了明确的行政处罚规定：“违反本法第五十五条的规定，操纵证券市场的，责令依法处理其非法持有的证券，没收违法所得，并处以违法所得一倍以上十倍以下的罚款；没有违法所得或者违法所得不足一百万元的，处以一百万元以上一千万元以下的罚款。单位操纵证券市场的，还应当对直接负责的主管人员和其他直接责任人员给予警告，并处以五十万元以上五百万元以下的罚款。”

5. 编造、传播虚假信息或误导性信息

《证券法》第五十六条规定：“……编造、传播虚假信息或者误导性信息，扰乱证券市场，给投资者造成损失的，应当依法承担赔偿责任。”《证券法》第一百九十三条规定：“违反本法第五十六条第一款、第三款的规定，编造、传播虚假信息或者误导性信息，扰乱证券市场的，没收违法所得，并处以违法所得一倍以上十倍以下的罚款；没有违法所得或者违法所得不足二十万元的，处以二十万元以上二百万元以下的罚款。”

6. 未按规定保存文件资料

《证券法》第二百一十四条规定：“……证券服务机构未按照规定保存有关文件和资料的，责令改正，给予警告，并处以十万元以上一百万元以下的罚款；泄露、隐匿、伪造、篡改或者毁损有关文件和资料的，给予警告，并处以二十万元以上二百万元以下的罚款；情节严重的，处以五十万元以上五百万元以下的罚款，并处暂停、撤销相关业务许可或者禁止从事相关业务。对直接负责的主管人员和其他直接责任人员给予警告，并处以十万元以上一百万元以下的罚款。”

7. 不配合监管工作

《证券法》第二百一十八条规定：“拒绝、阻碍证券监督管理机构及其工作人员依法行使监督检查、调查职权，由证券监督管理机构责令改正，处以十万元以上一百万元以下的罚款，并由公安机关依法给予治安管理处罚。”

（二）民事赔偿类

《若干规定》对民事侵权赔偿案件中利害关系人、不实报告以及共同被告的认定作出了详细说明。第二条规定：“因合理信赖或者使用会计师事务所出具的不实报告，与被审计单位进行交易或者从事与被审计单位的股票、债券等有关的交易活动而遭受损失的自然人、法人或者其他组织，应认定为注册会计师法规定的利害关系人。会计师事务所违反法律法规、中国注册会计师协会依法拟定并经国务院财政部门批准后施行的执业准则和规则以及诚信公允的原则，出具的具有虚假记载、误导性陈述或者重大遗漏的审计业务报告，应认定为不实报告。”第三条规定：“利害关系人未对被审计单位提起诉讼而直接对会计师事务所提起诉讼的，人民法院应当告知其对会计师事务所和被审计单位一并提起诉讼；利害关系人拒不起诉被审计单位的，人民法院应当通知被审计单位作为共同被告参加诉讼。利害关系人对会计师事务所的分支机构提起诉讼的，人民法院可以将该会计师事务所列为共同被告参加诉讼。利害关系人提出被审计单位的出资人虚假出资或者出资不实、抽逃出资，且事后未补足的，人民法院可以将该出资人列为第三人参加诉讼。”

在明确以上三个核心概念的基础上，《若干规定》进一步细化了会计师事务所在故意、过失和免责等不同情形下的法律责任。

第一，故意行为的认定及其法律责任。《若干规定》第五条规定：“注册会计师在审计业务活动中存在下列情形之一，出具不实报告并给利害关系人造成损失的，应当认定会计师事务所与被审计单位承担连带赔偿责任：（1）与被审计单位恶意串通；（2）明知被审计单位对重要事项的财务会计处理与国家有关规定相抵触，而不予指明；（3）明知被审计单位的财务会计处理会直接损害利害关系人的利益，而予以隐瞒或者作不实报告；（4）明知被审计单位的财务会计处理会导致利害关系人产生重大误解，而不予指明；（5）明知被审计单位的会计报表的重要事项有不实的内容，而不予指明；（6）被审计单位示意其作不实报告，而不予拒绝。对被审计单位有前款第（2）至第（5）项所列行为，注册会计师按照执业准则、规则应当知道的，人民法院应认定其明知。”

第二，过失行为的认定及其法律责任。《若干规定》第六条规定：“注册会计师在审计过程中未保持必要的职业谨慎，存在下列情形之一，并导致报告不实的，人民法院应当认定会计师事务所存在过失：（1）违反《注册会计师法》第二十条第（二）、第（三）项的规定；（2）负责审计的注册会计师以低于行业一般成员应具备的专业水准执业；（3）制定的审计计划存在明显疏漏；（4）未依据执业准则、规则执行必要的审计程序；（5）在发现可能存在错误和舞弊的迹象时，未能追加必要的审计程序予以证实或者排除；（6）未能合理地运用执业准则和规则所要求的重要性原则；（7）未根据审计的要求采用必要的调查方法获取充分的审计证据；（8）明知对总体结论有重大影响的特定审计对象缺少判断能力，未能寻求专家意见而直接形成审计结论；（9）错误判断和评价审计证据；（10）其他违反执业准则、规则确定的工作程序的行为。”

第三，免责情形的认定。《若干规定》第七条规定：“会计师事务所能够证明存在以下情形之一的，不承担民事赔偿责任：（1）已经遵守执业准则、规则确定的工作程序并保持必要的职业谨慎，但仍未能发现被审计的会计资料错误；（2）审计业务所必须依赖的金融机构等单位提供虚假或者不实的证明文件，会计师事务所在保持必要的职业谨慎下仍未能发现其虚假或者不实；（3）已对被审计单位的舞弊迹象提出警告并在审计业务报告中予以指明；（4）已经遵照验资程序进行审核并出具报告，但被验资单位在注册登记后抽逃资金；（5）为登记时未出资或者未足额出资的出资人出具不实报告，但出资人在登记后已补足出资。”《若干规定》第八条规定：“利害关系人明知会计师事务所出具的报告为不实报告而仍然使用的，人民法院应当酌情减轻会计师事务所的赔偿责任。”《若干规定》第九条规定：“会计师事务所在报告中注明‘本报告仅供年检使用’、‘本报告仅供工商登记使用’等类似内容的，不能作为其免责的事由。”

（三）刑事处罚类

《证券法》第二百一十九条规定：“违反本法规定，构成犯罪的，依法追究刑事责任。”《刑法》第二百二十九条针对提供虚假证明文件罪和出具证明文件重大失实罪作出了明确的刑事处罚规定：“承担资产评估、验资、验证、会计、审计、法律服务、保荐、安全评价、环境影响评价、环境监测等职责的中介组织的人员故意提供虚假证明文件，情节严重的，处五年以下有期徒刑或者拘役，并处罚金；有下列情形之一的，处五年以上十年以下有期徒刑，并处罚金：（1）提供与证券发行相关的虚假的资产评估、会计、审计、法律服务、保荐等证明文件，情节特别严重的；（2）提供与重大资产交易相关的虚假的资产评估、会计、审计等证明文件，情节特别严重的；（3）在涉及公共安全的重大工程、项目中提供虚假的安全评价、环境影响评价等证明文件，致使公共财产、国家和人民利益遭受特别重大损失的。有前款行为，同时索取他人财物或者非法收受他人财物构成犯罪的，依照处罚较重的规定定罪处罚。第一款规定的人员，严重不负责任，出具的证明文件有重大失实，造成严重后果的，处三年以下有期徒刑或者拘役，并处或者单处罚金。”

三、IPO 审计法律责任风险

2019 年修订的《证券法》显著提高了证券违法违规成本，进一步完善了投资者保护制度。例如，针对 IPO 审计中会计师事务所提供不实报告的行为，《证券法》取消了投资人起诉前置程序，并引入了特别代表人诉讼制度。此外，《刑法修正案（十一）》中也大幅提高了会计师事务所等中介机构提供虚假证明文件等证券期货犯罪的刑事惩戒力度。可见，我国资本市场立体式追责体系正初步构建，注册会计师行业面临的法律责任风险显著提升，主要体现在以下三个方面。

一是审计期望抬高、报表责任转移。从 2019 年在科创版试点注册制，到 2023 年全面实行注册制，以信息披露为核心的基本原则要求监管机构进一步压实会计师事务所等中介机构“看门人”的责任，资本市场对审计质量的期望也进一步提高。很多情况下，社会公众认为注册会计师有责任发现所有财务舞弊，并将会计师事务所发布的无保留意见审计报告误解为注册会计师对发行人财务报告的背书。一旦发生财务舞弊案件，会计师事务所往往首当其冲成为被问责和索赔的对象。即使审计准则中对会计责任与审计责任作出了区分，但由于审计准则仅限于对注册会计师执业活动进行规范和指导，因此在司法实践中，两种责任仍难以得到准确区分，这导致判决时会计师事务所往往被迫承担连带赔偿责任。此外，在行政处罚方面，对会计主体和被审计主体的处罚力度也存在失衡现象。例如，在康美药业案中，上市公司和审计机构的处罚金额分别为 60 万元和 5700 万元。虽然上述行政处罚有相关法律作为判决依据，但难以对财务造假的始作俑者产生足够的震慑作用，无法从源头上遏制财务舞弊行为，同时也增加了审计风险。

二是民事责任范围扩大、惩罚力度加重。《证券法》取消了投资人起诉前置程序后，民事侵权诉讼中人民法院的受理条件由原告提供有关部门的行政处罚决定或人民法院的刑事判决，拓展到只需提交信息披露义务人实施虚假陈述及投资损失相关证据。此外，代表人诉讼制度中“默示加入、明示退出”的诉讼方式极大扩充了原告范围，过错推定原则和举证责任倒置对注册会计师提出了更高要求。《若干规定》区分了 IPO 审计中注册会计师承担故意、过失和免责等法律责任所包括的各种情形，但对于承担的责任类型，如：连带赔偿责任、一般过错责任还是补充责任，以及承担的责任比例，相关法律法规仍未作出明确说明。

三是缺少向第三方追责机制。近年来，资本市场配合造假的案件层出不穷，财务造假案的实施主体不再仅限于发行人本身，其下游客户、上游供应商甚至银行等金融机构也可能串通一气。针对上述情况，注册会计师发现财务舞弊的难度极大提高，同时也对注册会计师的专业能力以及经验提出了更高的要求。《最高人民法院关于审理证券市场虚假陈述侵权民事赔偿案件的若干规定》（以下简称《关于虚假陈述的若干规定》）第二十二条规定：“有证据证明发行人的供应商、客户，以及为发行人提供服务的金融机构等明知发行人实施财务造假活动，仍然为其提供相关交易合同、发票、存款证明等予以配合，或者故意隐瞒重要事实致使发行人的信息披露文件存在虚假陈述，原告起诉请求判令其与发行人等责任主体赔偿由此导致损失的，人民法院应当予以支持。”然而，在实务中，由于不具备起诉的主体资格，会计师事务所往往很难向提供虚假文件的第三方追责，有关注册会计师将承担所有的法律责任风险。

第七节　IPO 审计前沿研究

一、全面注册制下 IPO 审计法律责任

在全面注册制的背景下，上市条件、审查核心、责任主体和退市标准等均发生了根本

性变化，民事赔偿成为 IPO 审计法律责任的新焦点。

一方面，是投资人起诉前置程序的取消。2003 年由最高人民法院发布的《关于虚假陈述的若干规定》第六条提出："投资人以自己受到虚假陈述侵害为由，依据有关机关的行政处罚决定或者人民法院的刑事裁判文书，对虚假陈述行为人提起的民事赔偿诉讼，符合民事诉讼法第一百零八条规定的，人民法院应当受理。"也就是说，法院受理民事赔偿诉讼的必要条件之一，是投资人能够提供有关机关的行政处罚决定或者人民法院的刑事裁判文书。从最终的实践效果来看，投资人起诉前置程序有助于减轻其举证责任、防范滥诉、统一行政处罚与司法裁判标准等。然而，该前置程序在保障投资者权利、权利实现周期等方面仍存在缺陷，为了进一步从制度层面弥补有关缺陷并适应注册制改革背景下"前端准入放松、后端监管加严"的要求，2021 年 12 月 30 日最高人民法院审判委员会第 1860 次会议通过了《关于虚假陈述的若干规定》的修订。2021 年修订的《关于虚假陈述的若干规定》第二条规定："原告提起证券虚假陈述侵权民事赔偿诉讼，符合民事诉讼法第一百二十二条规定，并提交以下证据或者证明材料的，人民法院应当受理：（1）证明原告身份的相关文件；（2）信息披露义务人实施虚假陈述的相关证据；（3）原告因虚假陈述进行交易的凭证及投资损失等相关证据。人民法院不得仅以虚假陈述未经监管部门行政处罚或者人民法院生效刑事判决的认定为由裁定不予受理。"这意味着监管部门行政处罚决定或者人民法院刑事判决不再是发起民事诉讼的必要条件，原告提交信息披露义务人实施虚假陈述以及相关投资损失的证据后人民法院即可受理。

另一方面，《证券法》积极探索了适应我国国情的证券民事诉讼制度，提出了代表人诉讼制以及过错推定原则。《证券法》第九十五条规定："投资者提起虚假陈述等证券民事赔偿诉讼时，诉讼标的是同一种类，且当事人一方人数众多的，可以依法推选代表人进行诉讼。对按照前款规定提起的诉讼，可能存在有相同诉讼请求的其他众多投资者的，人民法院可以发出公告，说明该诉讼请求的案件情况，通知投资者在一定期间向人民法院登记。人民法院作出的判决、裁定，对参加登记的投资者发生效力。投资者保护机构受五十名以上投资者委托，可以作为代表人参加诉讼，并为经证券登记结算机构确认的权利人依照前款规定向人民法院登记，但投资者明确表示不愿意参加该诉讼的除外。"与原有民事诉讼"明示加入"不同，《证券法》所规定的"默示加入、明示退出"的诉讼方式极大地扩充了原告范围。例如，乐视网案涉及原告 2000 人，索赔金额约 45 亿元，这对于保障投资者诉讼权利具有积极意义。除了上述的代表人诉讼制，《证券法》还明确了过错推定是指在侵权诉讼中实行举证责任倒置原则，即原告在能够举证证明损害事实、违法行为和因果关系三个要件的前提下，如果行为人不能证明对于损害的发生自己没有过错，那么就从损害事实的本身推定行为人在致人损害的行为中有过错，并就此承担赔偿责任的归责原则。对于 IPO 审计活动而言，若有关会计师事务所无法举证证明自己没有过错，就可能承担巨额赔款。

二、数据资产披露视角下的 IPO 审计

全面注册制下，信息披露的核心地位日益凸显。同时，在信息技术飞速发展、网络基础设施不断完善的时代背景下，数字经济和产业呈现出爆发式增长态势，数据已然成为新型生产要素，为生产方式、生活方式以及社会治理方式的变革持续注入新动力。对于企业来说，数据资源不仅能助力企业提质增效，赋能产品创新、模式创新、业务创新、管理创新，同时也颠覆了企业价值的“驱动逻辑”，数据资产和无形资产将替代有形资产成为企业未来估值、投融资等资本市场活动的新重点。国家近三年来陆续出台了一系列有关数据、数据资源和数据资产的规范性文件，旨在推动企业数据资产入表、强化相关会计信息披露。在此背景下，承担 IPO 审计业务的会计师事务所有必要关注企业数字资源会计处理相关的法律法规，合理保证拟上市公司提交的三年及一期财务报表能够反映企业的真实价值，为投资者提供有效的决策基础。

第一，需要厘清数据、数据资源和数据资产这三个不同概念。根据 2021 年颁布的《中华人民共和国数据安全法》，数据是指任何以电子或者其他方式对信息的记录。数据资源暂没有相关文件对其作出明确定义。根据中国资产评估协会发布的《数据资产评估指导意见》规定，数据资产是指特定主体合法拥有或者控制、能进行货币计量且能带来直接或者间接经济利益的数据资源。

第二，需要明确数据资产的确认条件。2023 年 8 月 1 日，我国财政部发布了《企业数据资源相关会计处理暂行规定》（以下简称《暂行规定》），开启了数据资产入表的第一步。由于《暂行规定》并不涉及对现有会计准则体系的重大修改，在实务操作中，企业应根据《企业会计准则——基本准则》中对资产的定义和确认条件来判断相关的数据资源能否纳入财务报表。综合资产的定义和确认条件，数据资源要想确认为数据资产，需要同时满足以下四个条件：一是企业过去的交易或者事项形成；二是由企业拥有或者控制；三是预期会给企业带来经济利益或相关的经济利益很可能流入企业；四是成本或者价值能够可靠地计量。基于此，如图 8 -4 所示，可以将企业的数据资源分为三大类：（1）不符合资产定义的数据资源。该类数据资源由于数据来源合规性和数据权属等问题导致企业无法对其实现拥有或控制，或者该数据资源由于难以与其他资源相结合来支持企业的经营活动、清晰的数据应用场景尚未构建等原因导致企业不能确认预期是否能够带来经济利益，因此无法将该类数据资源作为资产予以确认；（2）不符合资产确认条件而未确认为资产的数据资源。该类数据资源虽然符合资产的定义，但是不能够同时满足企业会计准则“与该资源有关的经济利益很可能流入企业，以及该资源的成本或者价值能够可靠计量”等资产确认条件，因此也不能作为资产确认。例如，企业利用数据资源所开发出的产品难以找到需求方，数据资源形成当时企业内部数据治理制度不完善导致其成本无法可靠计量等均属于此类情况；（3）确认为资产的数据资源（即数据资产）。当数据资源符合《企业会计准则》

中对资产的定义，并且同时满足了“与该资源有关经济利益很可能流入企业、该资源的成本或者价值能够可靠的计量”的确认条件时方可入表。对于入表的数据资源，按照其持有目的和经济实质，又可以细分为确认为无形资产的数据资源（以下简称“数据资源无形资产”）和确认为存货的数据资源（以下简称“数据资源存货”）。《暂行规定》中指出，企业使用的数据资源，符合《企业会计准则第 6 号——无形资产》规定的定义和确认条件的，应当确认为无形资产；企业日常活动中持有、最终目的用于出售的数据资源，符合《企业会计准则第 1 号——存货》规定的定义和确认条件的，应当确认为存货。实务中，受到数据权属、流通、市场建设、主要业务模式等因素的影响，数据资源存货是极为少见的。

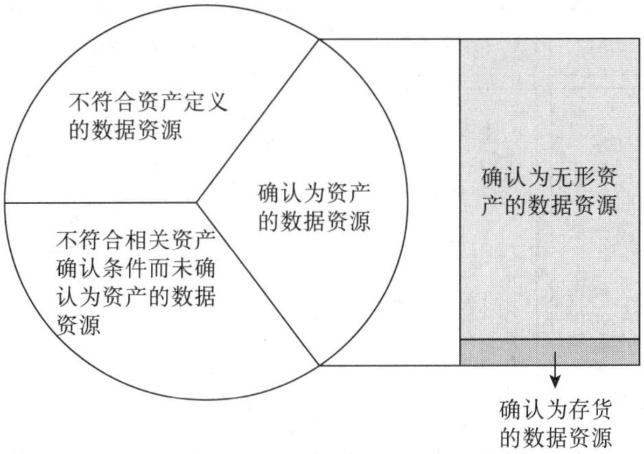

图 8－4 数据资源的分类

第三，需要明确数据资产的计量方法。如图 8－5 所示，对于数据资源无形资产，企业应当按照《企业会计准则第 6 号——无形资产》《〈企业会计准则第 62 号——无形资产〉应用指南》等规定，对数据资源无形资产进行初始计量、后续计量、处置和报废等相关会计处理。在初始计量过程中，注册会计师需重点关注成本确认问题。对于通过外购方式取得的数据资源无形资产，在最终产出前可能经过脱敏、标注、整合、分析等一系列的处理，还可能会发生数据权属见证、质量评估、登记结算、安全管理等费用，注册会计师需判断上述费用是否属于为了使该外购数据达到预定用途所发生的相关支出，如果属于，则可以计入资产成本，否则应当费用化计入当期损益。对于企业内部数据资源研发项目的支出，应当区分研究阶段支出与开发阶段支出，只属于开发阶段且满足《企业会计准则第 6 号——无形资产》第九条规定的有关条件的，才能确认为无形资产。在数据资源无形资产的后续计量中，《暂行规定》指出企业要基于数据资源无形资产的类型和特点，合理估计数据资源的使用寿命，并持续关注其减值情况。对于一些较为基础的数据资源，可能用于多种应用场景，其使用寿命可能相比更长；而用于营销推荐、风险管理等的数据资源可能时效性更强，使用寿命也相应较短，还可能由于市场因素等导致减值，企业需要综合考虑所有事实和情况进行合理的判断。此外，注册会计师在IPO审计时，还应关注拟上市公司是否存在以评估增值为由去调增无形资产的成本和账面价值的情况。对于数据资源存货，企业应当按照《企业会计准则第1号——存货》《〈企业会计准则第1号——存货〉应用指南》等规定，对其进行初始计量以及后续计量。

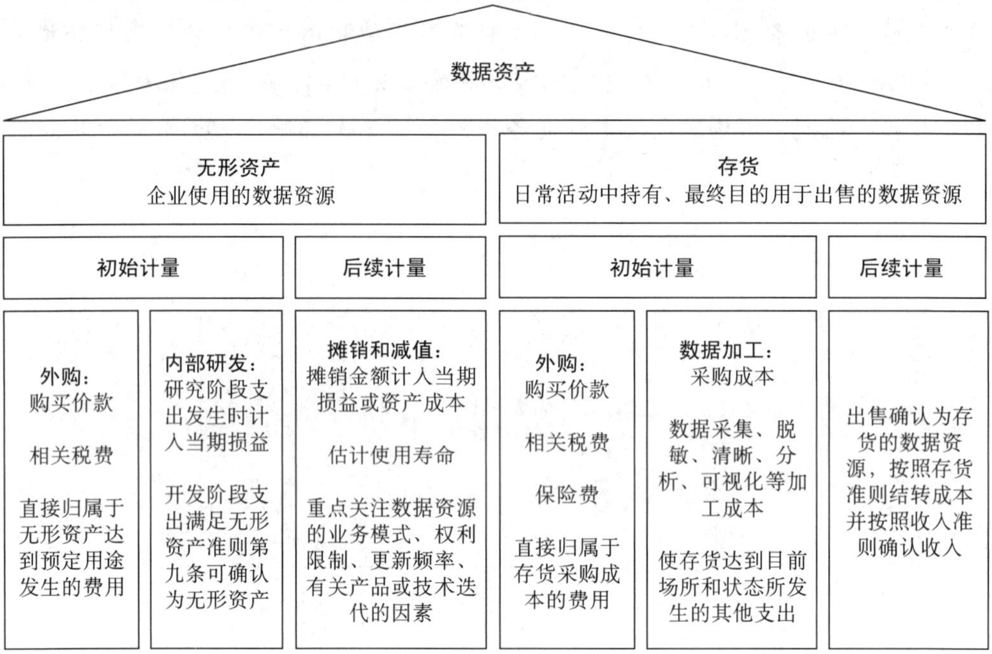

图8-5　数据资产的会计计量

第四，需要遵守列示和披露要求。总体来说，《暂行规定》创新采取“强制披露+自愿披露”方式，鼓励引导企业持续加强自愿披露，向利益相关方提供更多与发挥数据资源价值有关的信息。具体地，《暂行规定》要求企业应当根据重要性原则并结合实际情况增设报表子项目，通过表格方式细化披露，其中，数据资源无形资产和数据资源存货的披露格式如表8-2和表8-3所示。同时，也指出企业可根据实际情况自愿披露数据资源（含未作为无形资产或存货确认的数据资源）的应用场景或业务模式、原始数据类型来源、加工维护和安全保护情况、涉及的重大交易事项、相关权利失效和受限等相关信息。该信息披露方式，一方面有助于报表使用者了解数据资源的形成方式，评价不同形成方式的数据资源；另一方面也有助于在资产负债表项目列示金额的基础上，更好了解企业数据资源的增减变动。对于IPO审计而言，各会计师事务所把好拟上市公司财务报表信息披露的质量关，关注拟上市公司数据资产的确认、计量、列示和披露等会计处理问题，是其在以信息披露为核心的全面注册制下把握行业机遇、迎接风险挑战的重要举措。

表 8-2 数据资源无形资产的披露格式

项目	外购的数据资源无形资产	自行开发的数据资源无形资产	其他方式取得的数据资源无形资产	合计
一、账面原值				
1. 期初余额				
2. 本期增加金额				
其中：购入				
内部研发				
其他增加				
3. 本期减少金额				
其中：处置				
失效且终止确认				
其他减少				
4. 期末余额				
二、累计摊销				
1. 期初余额				
2. 本期增加金额				
3. 本期减少金额				
其中：处置				
失效且终止确认				
其他减少				
4. 期末余额				
三、减值准备				
1. 期初余额				
2. 本期增加金额				
3. 本期减少金额				
4. 期末余额				
四、账面价值				
1. 期末账面价值				
2. 期初账面价值				

表 8-3 数据资源存货的披露格式

项目	外购的数据资源存货	自行加工的数据资源存货	其他方式取得的数据资源存货	合计
一、账面原值				
1. 期初余额				
2. 本期增加金额				

续表

项目	外购的数据资源存货	自行加工的数据资源存货	其他方式取得的数据资源存货	合计
其中：购入				
采集加工				
其他增加				
3. 本期减少金额				
其中：出售				
失效且终止确认				
其他减少				
4. 期末余额				
二、存货跌价准备				
1. 期初余额				
2. 本期增加金额				
3. 本期减少金额				
其中：转回				
转销				
4. 期末余额				
三、账面价值				
1. 期末账面价值				
2. 期初账面价值				

思政研习

深入学习相关文件精神 全面贯彻IPO审计法规要求

2021年7月6日，中共中央办公厅、国务院办公厅印发《关于依法从严打击证券违法活动的意见》，指出要强化对债券市场各类违法行为的统一执法，重点打击欺诈发行债券、信息披露造假、中介机构未勤勉尽责等违法行为，不断优化债券市场监管协作机制。此外，依法严厉查处大案要案，加强对中介机构的监管，存在证券违法行为的，依法严肃追究机构及其从业人员责任，对参与、协助财务造假等违法行为依法从重处罚。

2023年2月1日，证监会有关部门负责人就全面实行股票发行注册制答记者问中指出，放管结合是注册制改革的题中应有之义。总的思路是，加强事前事中事后全过程监管，在“放”的同时加大“管”的力度，督促各市场主体归位尽职，营造良好市场生态。坚守板块定位，压实发行人、中介机构、交易所等各层面责任，严格审核，严把上市公司质量关。

2024 年 3 月 15 日，中国证监会发布《关于严把发行上市准入关从源头上提高上市公司质量的意见（试行）》，明确提出要压实中介机构“看门人”责任。督促承担 IPO 审计的会计师事务切实扛起防范财务造假的责任，立足专业、勤勉尽责，充分运用资金流水核查、客户供应商穿透核查、现场核验等方式，确保财务数据符合真实的经营情况。

2024 年 4 月 12 日，国务院印发《关于加强监管防范风险推动资本市场高质量发展的若干意见》，提出建立中介机构“黑名单”制度，坚持“申报即担责”，严查欺诈发行等违法违规问题，扩大对在审企业及相关中介机构现场检查覆盖面。同时，健全全链条监督问责体系，拟上市企业和中介机构存在违规情形的，依照《证券法》等规定严肃问责。

研讨主题：根据国务院和中国证监会发表的文件等内容，思考在全面注册制背景下，如何进一步完善 IPO 审计法规体系，以应对新形势下的挑战和机遇。

案例分析

案例背景：

ZJCC 是一家主要从事光存储设备及相关产品的研发、生产和销售的高科技企业。2019 年 4 月 3 日，ZJCC 披露《招股说明书》申报稿，2020 年 2 月 21 日披露《招股说明书》正式稿，2020 年 2 月 26 日在科创板成功上市。

在 IPO 期间，ZJCC 聘请 ZT 会计师事务所审计了公司合并及母公司财务报表，包括截至 2016 年 12 月 31 日、2017 年 12 月 31 日、2018 年 12 月 31 日、2019 年 6 月 30 日的合并及母公司资产负债表，2016 年度、2017 年度、2018 年度、2019 年 1—6 月的合并及母公司利润表、合并及母公司现金流量表、合并及母公司所有者权益变动表和财务报表附注，并出具了标准无保留意见的审计报告。

然而，2023 年 4 月 21 日，ZJCC 收到证监会《行政处罚决定书》，对其欺诈发行、信息披露违法违规行为作出了行政处罚，具体情况如下：

1.《招股说明书》虚增营业收入、利润

ZJCC《招股说明书》通过虚构销售合同、伪造物流单据和验收单据入账、安排资金回款、提前确认收入等方式虚增营业收入、利润。2017 年，ZJCC 通过开展虚假业务，虚增营业收入合计 43497313.43 元，占当年营业收入的 13.9%，虚增利润合计 21627070.35 元，占当年利润总额的 35.82%。2018 年，ZJCC 通过开展虚假业务以及提前确认收入，虚增营业收入合计 111457882.74 元，占当年营业收入的 27.75%，虚增利润合计 39036333.51 元，占当年利润总额的 32.59%。2019 年上半年，ZJCC 通过开展虚假业务以及提前确认收入，虚增营业收入合计 66939521.10 元，占当年营业收入的 42.97%，虚增利润合计 25326629.03 元，占当年利润总额的 137.33%。

2.《招股说明书》未按规定披露对外担保

ZJCC《招股说明书》未按规定披露的2016年末、2017年末以及2019年上半年末对外担保余额分别为1000万元、1000万元、7500.12万元。截至招股说明书签署日，未按规定披露对外担保余额合计13500.12万元。

证监会对ZJCC案的相关责任人员作出了行政处罚以及市场禁入，并将涉嫌刑事犯罪人员依法及时移送公安机关处理，对“首恶”进行了严厉惩处，全方位追责。同时，证监会对包括ZT会计师事务所在内的四家涉案中介机构开展了相关调查工作。四家中介机构向证监会提出了适用行政执法当事人承诺制度的申请，证监会依法予以受理。2023年12月29日，证监会分别与四家中介机构签署了承诺认可协议，以纠正涉嫌违法行为、赔偿有关投资者损失、消除损害或者不良影响。其中，根据《证券期货行政执法当事人承诺制度实施办法》规定，ZT会计师事务所应当交纳35227320.80元的承诺金，并按照证监会提出的整改要求进行自查整改，严肃追究责任人责任并采取内部惩戒措施，强化合规风控管理能力，切实提高执业质量。

讨论问题：

（1）ZJCC案中，会计师事务所在IPO审计中未能发现财务造假，应承担哪些法律责任？

（2）在全面注册制背景下，ZJCC案对审计机构责任强化有哪些启示？

思考题

1. IPO审计的主要职责是什么？

2. 什么是IPO审计法规体系？IPO审计法规的特征是什么？

3.《证券法》中与IPO审计相关的内容有哪些？

4. IPO审计法律责任的认定包括哪几种？全面注册制下，IPO审计法律责任风险有什么变化？

第九章　中美跨境审计法律研究与案例

学习目标

1. 熟悉中国企业赴美上市的流程。
2. 掌握中美跨境审计的定义。
3. 掌握中美跨境审计监管的相关法规。
4. 熟悉中美跨境审计监管合作的发展历程。

第一节　企业境外上市

一、企业境外上市概述

境外上市是指本国的股份有限公司到境外的证券交易所公开上市，向境外投资者发行股票的融资行为。2023 年 2 月，中国证监会公布的《境内企业境外发行证券和上市管理试行办法》规定我国跨境上市的模式包括境内企业直接境外发行上市（以下简称“直接上市”）和境内企业间接境外发行上市（以下简称“间接上市”）两种。其中，直接上市是指在境内登记设立的股份有限公司直接以自己的名义向境外证券主管部门提出申请，进行发行登记注册，获准后境外发行上市；间接上市是指主要经营活动在境内的企业，以在境外注册的企业的名义，基于境内企业的股权、资产、收益或其他类似权益境外发行上市。同时，《境内企业境外发行证券和上市管理试行办法》中对间接上市的企业范围进行了明确的规定：境内企业同时满足以下情形才能认定为境内企业间接上市：最近一个会计年度的任一指标（营业收入、利润总额、总资产或者净资产）占发行人同期经审计合并财务报表相关数据的比例超过 50%；经营活动的主要环节在境内开展或者主要场所位于境内，或者负责经营管理的高级管理人员多数为中国公民或者经常居住地位于境内。境外上市为企业、资本市场和投资者带来许多好处。企业可以更加自由灵活地选择适宜自己的资本市场，帮助自身融资和发展；资本市场也可以吸引全球各地优质企业，优化自身生态结构；投资者可以选择更丰富的投资标的，分散风险提高收益。

中国境内企业跨境上市可以追溯到20世纪90年代。1992年10月，金杯汽车股份有限公司通过其在百慕大的境外实体华晨汽车控股有限公司在美国纽约证券交易所上市，被誉为“社会主义第一股”；1993年7月，青岛啤酒股份有限公司成为第一个在香港交易所成功上市的内地企业。这两家公司采用的两种境外上市模式，即直接上市和间接上市，成为此后三十余年内地企业境外上市的主流模式。本章以我国企业境外上市数量最多的市场——中国香港市场为例，对我国境外上市主要模式进行具体介绍。在实施境外上市备案管理之前，港股发行人在向香港联交所递交上市申请前，需要向中国证监会递交境外上市申请并取得受理函，在经过中国证监会的正式批准后才有机会通过香港联交所聆讯。2023年2月，中国证监会公布《境内企业境外发行证券和上市管理试行办法》规定，对境内公司直接和间接境外上市统一进行备案管理，完善了境外上市监管制度，境内企业境外上市从此进入了全面备案制的新时期。在备案制下，港股发行人在向中国香港联交所递交上市申请后3个工作日内按要求向中国证监会申请备案，无需再事先获得中国证监会的批准。具体的上市备案流程如图9－1所示。

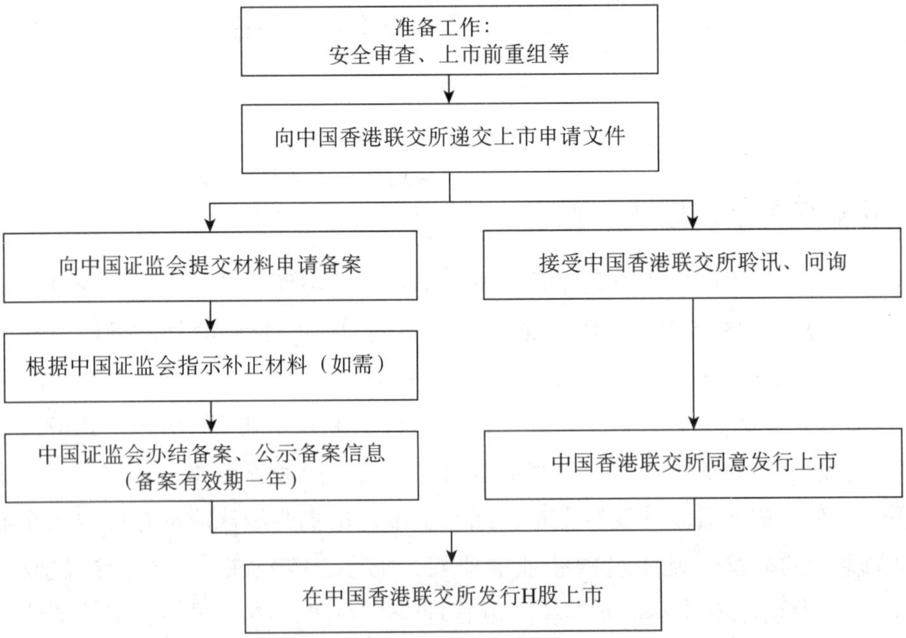

图9－1　H股上市备案流程

目前，中国企业在中国香港上市主要有三种模式：直接上市的H股模式、间接上市的股权控制模式和协议控制模式。

（一）H股模式

H股是指注册在中国境内的股份有限公司直接在中国香港联交所上市供境外投资者认购和交易的股票。H股模式是指将中国境内注册的股份公司作为上市主体，以境内公司的名义向香港证监会提出登记注册、发行股票（或其他有价证券）的申请，并向香港联交所申请挂牌上市交易的跨境上市模式。H股模式常见架构如图9－2所示。

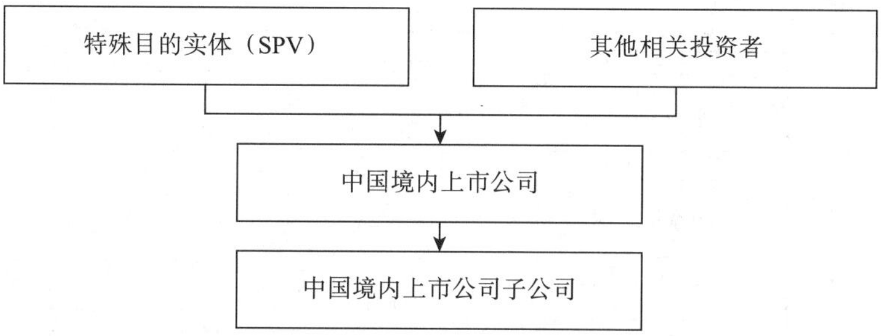

图9－2　H股模式架构

（二）股权控制模式

在股权控制模式下，创始人和其他股东在海外离岸地设立特殊目的公司（Special Purpose Vehicle，SPV）作为上市主体，上市主体直接或间接在境内新设外商独资企业（Wholly Foreign Owned Enterprise，WFOE）作为运营实体开展业务。股权控制模式常见架构如图9－3所示。

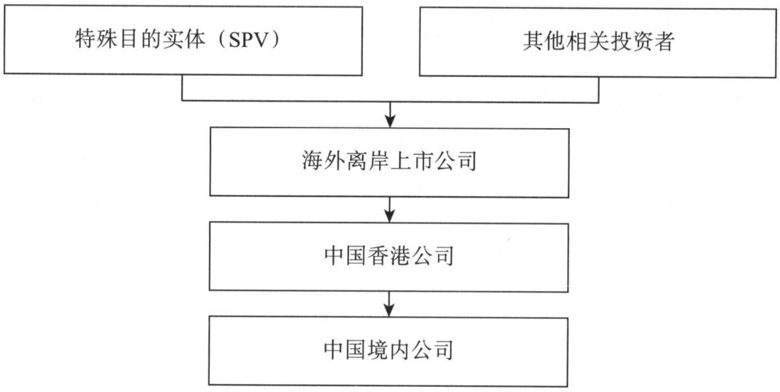

图9－3　股权控制模式构架

（三）协议控制模式

协议控制模式（Variable Interest Entities，VIE）主要是通过签订一系列协议的方式实现对实际运营公司的控制及财务的合并。在协议控制模式下，创始人和其他股东在海外离岸地设立特殊目的公司作为上市主体，上市主体直接或间接在境内新设外商独资企业，由外商独资企业与境内运营实体签署一系列包括独家购买权协议、独家服务协议、股权质押协议、表决权委托协议或授权委托书等控制协议，使上市主体间接通过控制协议实际控制境内运营实体，并由此实现对境内运营实体财务数据的并表。协议控制模式常见架构如图9－4所示。

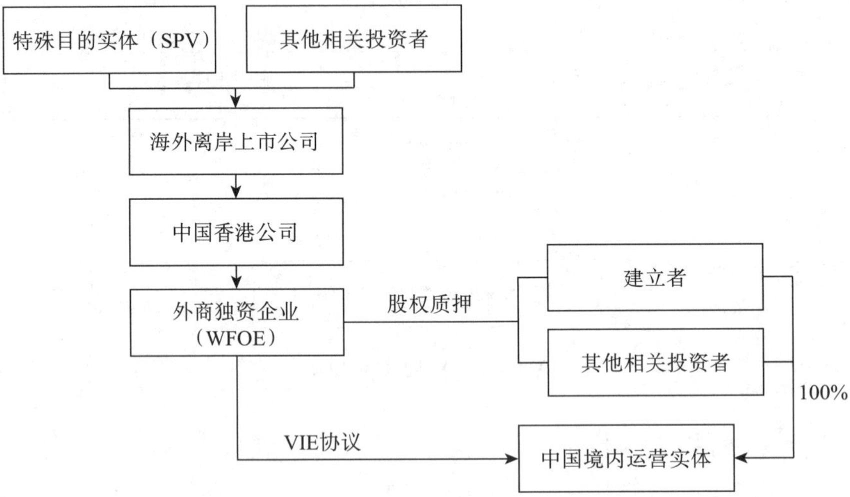

图9－4　协议控制模式构架

二、中国境内企业赴美上市概述

（一）中国境内企业赴美上市的主要方式

中国境内企业赴美上市有六种方式，包括首次公开募股上市（Initial Public Offering，IPO）、美国存托股证上市（American Depositary Receipts，ADR）、直接上市（Direct Public Offering，DPO）、私募基金上市（Qualified Institutional Buyers，QIB）、反向并购上市（Reverse TakeOver，RTO）和特殊目的收购上市（Special Purpose Acquisition Company，SPAC）。

1. 首次公开募股上市

首次公开募股上市是中国境内企业赴美上市最常见的方式，它是指一家企业第一次将它的股份向公众出售。在这种方式下，中国境内公司通过在美国证券交易所进行首次公开发行股票，向公众募集资金并在美国证券市场上市交易。这种方式要求企业满足美国证券交易所的上市条件和监管要求，并进行相应的注册和审批程序。

2. 美国存托股证上市

美国存托凭证是指美国商业银行为协助外国证券在美国交易而发行的一种可转让证

书，通常代表非美国公司可公开交易的股票和债券。美国存托凭证分为有担保的美国存托凭证与无担保的美国存托凭证，借由美国存托凭证，美国的投资者可以间接投资外商公司的股票。在这种方式下，中国境内企业可以选择与美国的存托银行合作，将其股份存入银行，并由银行发行相应数量的美国存托凭证。美国存托凭证可以在美国证券市场上市交易，为中国境内企业提供了便捷的境外融资和投资渠道。

3. 直接上市

直接上市是指一个公司的流通股无需首次或二次承销发行即可在证券交易所挂牌，该公司现有的股东可以自由地在证券交易所出售其所持有的股份。在这一方式下，中国境内企业通过与投资银行合作，将其现有股份直接在美国证券市场上市交易。相较于首次公开募股上市，直接上市没有承销发行这一环节，通常适合已经多年运营、知名度高、现金流充足，业务模式被机构和散户投资人所熟悉，而老股东需要流动性的公司。

4. 私募基金上市

在私募基金上市方式下，中国境内企业可以选择通过与美国私募基金合作进行上市。私募基金上市方式主要依赖美国证券交易委员会（Securities and Exchange Commission，SEC）1990 年颁布实施的“144A 条例”规定，有意募集资金的外国公司在符合规定的条件下，将某些符合条件的证券出售给合格机构投资人，而不需履行证券法的披露义务。这种方式相对较为灵活，可以使有意募集资金的我国境内企业在符合规定的条件下，利用这些豁免来达到不经过严格的公开上市程序而能发行股票的目的。

5. 反向并购上市

反向收购上市是指非上市公司股东通过收购一家壳公司（上市公司）的股份控制该公司，再由该公司反向收购非上市公司的资产和业务，使之成为上市公司的子公司，原非上市公司的股东一般可以获得大部分上市公司的控股权，从而达到间接上市的目的。反向收购属于公司收购合并的一种正常形式，是一种简化快捷的上市方式。

6. 特殊目的收购上市

特殊目的收购上市通常是由私募股权公司或特定行业专业人士作为发起人设立特殊目的收购公司，通过特殊目的收购公司 IPO 募集资金，并购有实质业务创新目标公司，帮助其完成快速上市。特殊目的收购上市的创新之处在于不走传统 IPO 路径，也不是“买壳上市”，形成的“壳公司”资源干净，没有历史负债及相关法律风险，所以特殊目的收购上市方式具有时间快速、费用较低、流程简单、融资有保证等特点，对投资者和目标企业来说都具有较大优势。

（二）中国境内企业赴美上市的上市标准

美国资本市场拥有多个证券交易所，其中全国性的证券市场主要包括：纽约证券交易所（New York Stock Exchange，NYSE）、纳斯达克证券交易所（National Association of Securities Dealers Automated Quotations，NASDAQ）、全美证券交易所（American Stock Exchange，AMEX）和柜台市场（Over the Counter，OTC）。本部分将重点介绍纽约证券交易所和纳斯达克证券交易所不同板块中的上市标准及其差异。

1. 纽约证券交易所

纽约证券交易所成立于1792年，是美国历史最悠久、规模最大的证券交易所，目前上市的总市值位列全球第一。纽约证券交易所旗下主要包含四个市场，即NYSE、NYSE American、NYSE Arca及NYSE Bond。其中，NYSE是纽约证券交易所的主板市场，主要面向大型蓝筹企业和大型成长型企业，提供股票上市和交易服务；NYSE American主要为高科技企业和中小型高成长企业，提供股票上市和交易服务；NYSE Arca主要提供股票交易服务、交易所交易基金（Exchange Traded Fund，ETF）的上市和交易服务；而NYSE Bond为债券市场。由于NYSE Arca和NYSE Bond并不提供上市服务，本章主要针对NYSE、NYSE American这两个市场的上市标准进行介绍。

（1）NYSE。NYSE根据企业所在地的不同，针对美国公司与非美国公司规定了不同的上市标准，二者都主要包括了财务标准和发行标准两部分。由于本章主要讨论中国境内企业赴美上市的标准，因此只讨论NYSE非美国公司的上市标准。

NYSE非美国公司上市标准的财务标准有4套，包括：盈利测试、估值/收入与现金流测试、纯估值与收入测试、上市公司关联公司测试，具体财务标准如表9－1所示。发行标准要求发行人同时满足股东人数、公众持股数量、公众持股市值、最低发行价4项指标，具体发行标准如表9－2所示。

表9－1　NYSE非美国公司上市标准的财务标准

财务标准	盈利测试	估值/收入与现金流测试	纯估值与收入测试	上市公司关联公司测试
税前利润	①过去3个财年累计≥1亿美元； ②过去2个财年每年≥2500万美元			
现金流		①过去3个财年累计≥1亿美元； ②过去2个财年每年≥2500万美元		
估值		≥5亿美元	≥7.5亿美元	≥5亿美元
收入		最近12个月≥5亿美元	过去1个财年≥7500万美元	
经营历史				12个月

表 9－2　　NYSE 非美国公司上市标准的发行标准

发行标准	关联公司上市	其他形式上市
股东人数	全球范围内 5000 人	全球范围内 5000 人
公众持股数量	2500 万股	2500 万股
公众持股市值	全球范围内 6500 万美元	全球范围内 1 亿美元
最低发行价	4 美元	4 美元

（2）NYSE American。NYSE American 板块的上市标准同样包含财务标准与发行标准。其中，财务标准共有 5 套，分别对应着不同的税前利润、估值、总资产和总收入、公众流通股市值、股东权益、最低发行价、经营历史 7 项指标，发行人可根据自身情况选择其中一套标准以匹配其指标，具体财务标准如表 9－3 所示；发行标准共有 3 套，其对应着不同的公众持股股东数量、公众持股数量、日均交易量 3 项指标，发行人满足其中一套标准的对应指标即可，具体发行标准如表 9－4 所示。

表 9－3　　NYSE American 非美国公司上市标准的财务标准

财务标准	标准 1	标准 2	标准 3	标准 4	标准 5
税前利润	75 万美元				
估值			5000 万美元	7500 万美元	
总资产和总收入					7500 万美元
公众流通股市值	300 万美元	1500 万美元	1500 万美元	2000 万美元	2000 万美元
股东权益	400 万美元	400 万美元	400 万美元		
最低发行价	3 美元	3 美元	2 美元	3 美元	3 美元
经营历史		2 年			

表 9－4　　NYSE American 非美国公司上市标准的发行标准

发行标准	标准 1	标准 2	标准 3
公众持股股东数量	800 人	400 人	400 人
公众持股数量	50 万股	100 万股	50 万股
日均交易量（前 6 个月）			2000 股

2. 纳斯达克证券交易所

纳斯达克证券交易所成立于 1971 年，目前已经发展成为全球第二大证券交易所，专注于高科技和成长型公司。纳斯达克证券交易所共有三个层级的市场：纳斯达克全球精选市场（NASDAQ Global Selected Market）、纳斯达克全球市场（NASDAQ Global Market）和纳斯达克资本市场（NASDAQ Capital Market）。

（1）纳斯达克全球精选市场。纳斯达克全球精选市场作为纳斯达克证券交易所最高端的市场，在这一市场上市的公司需要达到全球最严格的初始上市标准要求。纳斯达克全球精选市场共有4套财务标准，分别为利润标准、估值与现金流、估值与收入、关联公司上市标准，这4套标准对应着不同指标，分别为税前利润、现金流、估值、收入、总资产、股东权益、最低发行价、股东数量、公众持股数量及公众持股市值，具体的上市标准如表9－5所示。

表9－5　　纳斯达克全球精选市场的上市标准

财务标准	标准1：利润标准	标准2：估值与现金流	标准3：估值与收入	标准4：关联公司上市标准
税前利润	①过去3个财年累计≥1100万美元；②过去3个财年每年≥0；③过去2个财年每年≥220万美元			
现金流		①过去3个财年累计≥2750万美元；②过去3个财年每年≥0		
估值		最近12个月平均≥5.5亿美元	最近12个月平均≥8.5亿美元	≥1.6亿美元
收入		过去1个财年≥1.1亿美元	过去1个财年≥9000万美元	
总资产				≥8000万美元
股东权益				≥5000万美元
最低发行价	4美元	4美元	4美元	4美元
股东数量	持有100股以上非受限股东数量≥450或股东总数≥2200	持有100股以上非受限股东数量≥450或股东总数≥2200	持有100股以上非受限股东数量≥450或股东总数≥2200	持有100股以上非受限股东数量≥450或股东总数≥2200
公众持股数量	≥125万股	≥125万股	≥125万股	≥125万股
公众持股市值	≥4500万美元	≥4500万美元	≥4500万美元	≥4500万美元

（2）纳斯达克全球市场。纳斯达克全球市场由处于全球领导地位的国际化公司组成。在纳斯达克全球市场的上市发行人必须至少满足利润标准、权益标准、市值标准、总资产与总收入标准4套标准中的一套，具体的上市标准如表9－6所示。

表 9－6　　纳斯达克全球市场的上市标准

财务标准	标准 1：利润标准	标准 2：权益标准	标准 3：市值标准	标准 4：总资产与总收入标准
税前利润	过去 1 个财年或过去 3 个财年中的 2 年平均≥100 万美元			
股东权益	≥1500 万美元	≥3000 万美元		
上市证券总市值			≥7500 万美元	
总资产和总收入				过去 1 个财年或过去 3 个财年中有 2 年平均≥7500 万美元
公众持股数量	≥110 万股	≥110 万股	≥110 万股	≥110 万股
公众持股市值	≥800 万美元	≥1800 万美元	≥2000 万美元	≥2000 万美元
最低发行价	4 美元	4 美元	4 美元	4 美元
股东数量（100 股以上）	400	400	400	400
做市商数量	3	3	4	4
经营历史	2 年	2 年	2 年	2 年

（3）纳斯达克资本市场。纳斯达克资本市场作为纳斯达克证券交易所的最低层级市场，其上市要求同样区分是否与直接上市相关，上市标准有 3 套，分别为股权标准、挂牌证券市值标准、净利润标准，具体的上市标准如表 9－7 所示。

表 9－7　　纳斯达克资本市场的上市标准

财务标准	标准 1：股权标准	标准 2：挂牌证券市值标准	标准 3：净利润标准
股东权益	≥500 万美元	≥400 万美元	≥400 万美元
公众持股市值	≥1500 万美元	≥1500 万美元	≥500 万美元
经营历史	2 年		
上市证券总市值		≥5000 万美元	
税前利润			过去 1 个财年或过去 3 个财年中有 2 年平均≥75 万美元
公众持股数量	≥100 万股	≥100 万股	≥100 万股
最低发行价或收盘价	≥4 美元或≥3 美元	≥4 美元或≥2 美元	≥4 美元或≥3 美元
股东数量（100 股以上）	300	300	300
做市商数量	3	3	4

第二节 中美跨境审计

一、中美跨境审计的定义

我国财政部于2015年发布的《会计师事务所从事中国内地企业境外上市审计业务暂行规定》（以下简称《境外上市审计业务暂行规定》），旨在规范会计师事务所从事中国内地企业境外上市审计行为，促进境内外会计师事务所依法开展业务合作，维护投资者利益和资本市场秩序。

《境外上市审计业务暂行规定》第二条明确了会计师事务所从事中国内地企业境外上市的审计行为的定义："境外上市审计业务是指会计师事务所提供的与中国内地企业直接或间接在境外发行股票、债券或其他证券并上市（含拟上市）相关的财务报告审计以及上市后年度财务报告审计等服务。"基于此，中美跨境审计是指会计师事务所提供的与中国内地企业直接或间接在美国发行股票、债券或其他证券并上市（含拟上市）相关的财务报告审计以及上市后年度财务报告审计等服务。

《境外上市审计业务暂行规定》第三条对跨境审计会计师事务所的选择作出了明确规定："中国内地企业依法自主选择符合上市地法规制度和监管要求的中国内地会计师事务所或境外会计师事务所为其提供境外上市审计服务。"此外，《境外上市审计业务暂行规定》第六条指出："外国会计师事务所受托开展中国内地企业境外上市审计业务的，应优先与中国内地依法设立、具有首次公开发行财务报告审计或上市后年度财务报告审计经验、执业质量和职业道德良好且最近3年内未因执业行为受到暂停执业6个月以上行政处罚的合伙制（含特殊的普通合伙）会计师事务所开展业务合作。"

二、中国的审计监管要求

在中国内地，现行的注册会计师审计监管体系呈现出"以政府监管为主、行业自律为辅"的独特架构。这一监管框架主要由《会计法》《上市公司信息披露管理办法》《证券法》以及其他相关会计、证券法律法规共同构建和规范。在这一框架下，中国财政部、中国证监会与中国注册会计师协会分别在国家宏观管理、资本市场监管和行业自律等不同层面各司其职，形成层次分明、相互协作的监管格局，确保了审计活动的有序进行。

中国财政部作为中华人民共和国国务院的组成部门，在注册会计师行业的监管中扮演着关键角色。《会计法》第七条规定："国务院财政部门主管全国的会计工作。"而在行业具体职责方面，《会计法》第二十九条明确规定："财政部门有权对会计师事务所出具审计报告的程序和内容进行监督。"

中国证监会依据《证券法》的授权，对包括会计师事务所在内的证券服务机构实施全面监管。例如，《证券法》第一百六十九条规定，中国证监会依法对证券发行人、证券公司、证券服务机构、证券交易场所、证券登记结算机构的证券业务活动，进行监督管理。《上市公司信息披露管理办法》第五十条规定："中国证监会对证券公司和证券服务机构出具的文件的真实性、准确性、完整性有疑义的，可以要求相关机构作出解释、补充，并调阅其工作底稿。"这赋予了证监会深入调查证券服务机构工作底稿的权力，有效增强了其对市场中介的监管效能，旨在维护资本市场的透明度和投资者利益。

与此同时，中国注册会计师协会作为行业自律组织，通过制定行业标准、开展执业监督与检查以及提供继续教育等方式，不仅补充了政府监管的不足，还促进了行业自我净化与提升，是构建健康审计环境的重要一环。

综上所述，中国内地注册会计师审计监管体系通过政府权威引导与行业自律的有机结合，实现了对审计活动的高效、全面监管，为资本市场的稳健发展提供了有力保障。

三、美国的审计监管要求

美国注册会计师审计监管体系是由三个层面的监管机构协同构建而成的多元化格局，包括行业自律监管、独立监管和政府监管。这种模式通过不同监管主体的分工协作形成全方位、立体化的监管网络，有效平衡了行业发展与监管约束，提升了会计师事务所执业质量，维护了资本市场公平公正。

在行业自律监管层面，美国注册会计师协会（American Institute of Certified Public Accountants，AICPA）作为行业自律组织，肩负着制定审计准则、职业道德规范等行业规则的重任。美国注册会计师协会通过组织同业复核、实施质量控制等措施，促进行业自我约束和规范发展，侧重事前预防，但由于缺乏强制性法律制裁手段，其自律监管效果受到一定制约。

在独立监管层面，2002年美国出台《萨班斯—奥克斯利法案》（以下简称《SOX法案》）设立PCAOB，规定了PCAOB作为独立监管机构，专门负责对在美国上市公司审计业务实施监管。PCAOB拥有注册、检查、调查、处罚等多项监管职能，对大型会计师事务所实行年度常规检查，其他事务所每三年检查一次。尽管PCAOB独立于美国注册会计师协会等行业自律组织，但仍接受美国证券交易委员会（以下简称"美国证交会"）的监督。

在政府监管层面，美国证交会作为美国联邦政府的证券监管机构，对资本市场进行全面监管。美国证交会负责制定和执行证券发行、交易、信息披露等方面的法规，对PCAOB的处罚决定拥有最终审批权，并直接监督上市公司财务报告和审计质量。此外，美国证交会还实行审计师强制轮换制度，以加强对审计独立性的监管。

这三个层面的监管机构在各自职责范围内相互配合、各司其职，共同构筑起全方位、多层次的注册会计师审计监管体系。其中，美国注册会计师协会等行业自律机构发挥自身专业优势，注重提升行业自律水平；而 PCAOB 和美国证交会则作为外部监督者，通过严格监管和执法威慑，确保审计质量和资本市场的公平公正。这种行业自律、独立监管和政府监管相结合的多元化监管模式，在协调行业发展与监管约束、提升会计师事务所执业水平、保护投资者权益等方面发挥了积极作用，有力促进了美国资本市场规范健康发展。

第三节 中美跨境审计相关法规

一、中国与跨境审计监管相关的法规

（一）《证券法》中的“长臂管辖”原则

2019 年 12 月 28 日修订的《证券法》在跨境证券监管领域取得了重大进展，首次引入“长臂管辖”原则，为中国证监会开展跨境审计监管奠定了法律基础。《证券法》第二条第四款规定：“在中华人民共和国境外的证券发行和交易活动，扰乱中华人民共和国境内市场秩序，损害境内投资者合法权益的，依照本法有关规定处理并追究法律责任。”这一条款突破了传统国际法上的属地管辖原则，赋予了中国证监会对境外证券违法行为实施管辖的权力，体现了我国维护资本市场秩序、保护投资者利益的决心。

同时，《证券法》第一百七十七条对跨境证券监管合作机制作出了原则性安排：“国务院证券监督管理机构可以和其他国家或者地区的证券监督管理机构建立监督管理合作机制，实施跨境监督管理。境外证券监督管理机构不得在中华人民共和国境内直接进行调查取证等活动。未经国务院证券监督管理机构和国务院有关主管部门同意，任何单位和个人不得擅自向境外提供与证券业务活动有关的文件和资料。”这表明，我国跨境审计监管将以监管合作为主要方式，同时对境外证券监管机构在华调查取证活动以及境内机构和个人向境外提供证券业务文件资料进行了必要限制。然而，尽管上述规定在跨境审计监管方面迈出了关键一步，但仍存在一些不足之处。一方面，现有规定对“长臂管辖”的适用条件和具体实施方式缺乏明确指引，可操作性不强，如何界定“扰乱境内市场秩序”、“损害境内投资者合法权益”等情形，中国证监会如何行使域外管辖权，都有待进一步细化；另一方面，在跨境执法合作方面，《证券法》虽明确了基本原则，但对合作机制的建立、执

法请求的提出与执行等具体事项缺乏可操作的规范。这导致中国证监会在开展跨境调查取证、采取监管措施等方面难以形成独立、高效的工作机制，往往需要依靠中国外交部、中国司法部、中国财政部等其他部门协助，影响了跨境审计监管的针对性和有效性。

总的来看，《证券法》在跨境证券监管方面确立的“长臂管辖”原则和监管合作机制，为中国证监会开展跨境审计监管提供了重要法律依据，但仍需进一步完善配套制度，细化实施规则。

（二）审计底稿的保密性

作为审计过程的核心记录载体，审计底稿通常包含丰富和敏感的信息，可能触及国家安全的核心领域及企业的关键商业机密，因此，审计底稿的保密对维护国家安全和经济利益具有重要意义。我国法律体系对此高度重视，通过制定详尽而严格的法律法规，对审计底稿的保密性提出了明确且强制性的要求，旨在构建一个安全、可靠的审计信息保护框架。

2015 年 5 月中国财政部发布的《境外上市审计业务暂行规定》第五条规定：“……其中在境内形成的审计工作底稿应由中国内地会计师事务所存放在境内。”同时在第十二条中再次强调：“中国内地企业与为其提供境外上市审计服务的会计师事务所应当严格遵守《关于加强在境外发行证券与上市相关保密和档案管理工作的规定》。”这一规定在促进跨境审计监管合作的同时，对审计工作底稿保存提出了要求。2020 年 3 月实施的《证券法》第一百七十七条更是直接规定：“境外证券监督管理机构不得在中华人民共和国境内直接进行调查取证等活动，未经国务院证券监督管理机构和国务院有关主管部门同意，任何单位和个人不得擅自向境外提供与证券业务活动相关的文件和资料。”这直接限制了 PCAOB 对中概股企业审计底稿的查阅。2023 年 3 月实施的《关于加强境内企业境外发行证券和上市相关保密和档案管理工作的规定》第三条规定：“境内企业向有关证券公司、证券服务机构、境外监管机构等单位和个人提供、公开披露，或者通过其境外上市主体等提供、公开披露涉及国家秘密、国家机关工作秘密的文件、资料的，应当依法报有审批权限的主管部门批准，并报同级保密行政管理部门备案。”这实质上拒绝了 PCAOB 直接入境审查、检查审计底稿的可能性。2024 年 4 月我国财政部发布的《会计师事务所数据安全管理暂行办法》第十三条规定：“审计工作底稿应当按照法律、行政法规和国家有关规定存储在境内。相关加密设备应当设置在境内并由境内团队负责运行维护，密钥应当存储在境内。”

除上述证券领域规定外，《中华人民共和国国家安全法》《中华人民共和国保守国家秘密法》《中华人民共和国数据安全法》等法律，基于国家安全与数据保护的原则，对涉及国家秘密、敏感数据的收集、使用、提供及跨境传输等行为设定了严格的限制条件与审批流程。例如，《中华人民共和国档案法》第二十二条规定：“非国有企业、社会服务机构等单位和个人形成的档案，对国家和社会具有重要保存价值或者应当保密的，档案所有者应当妥善保管。"《中华人民共和国档案法》第二十五条规定："属于国家所有的档案和本法第二十二条规定的档案及其复制件，禁止擅自运送、邮寄、携带出境或者通过互联网传输出境。确需出境的，按照国家有关规定办理审批手续。"

综上所述，我国已形成一套涵盖证券、国家安全、数据保护及档案管理等多领域的法律法规体系，以全面规范审计底稿的管理与保护，确保在跨境审计监管合作中维护国家主权与安全利益。相关法律法规如表9－8所示。

表9－8　　中国与跨境审计监管相关法律法规汇总表

时间	相关法律法规	跨境审计监管相关内容
2015年	《中华人民共和国国家安全法》	维护国家安全，防范和惩治危害国家安全的行为
2015年	《会计师事务所从事中国内地企业境外上市审计业务暂行规定》	规范内地会计师事务所为境外上市企业提供审计服务的执业要求
2016年	《中华人民共和国网络安全法》	为关键信息基础设施运营者数据本地存储及跨境提供安全评估
2019年	《中华人民共和国证券法》	跨境监管合作及限制性规定
2020年	《加强注册会计师行业联合监管若干措施》	建立联合监管工作机制，联合开展日常监管和跨境会计、审计监管
2021年	《中华人民共和国数据安全法》	为国家核心数据管理及跨境提供安全管理制度
2022年	《数据出境安全评估办法》	规范数据出境活动
2023年	《关于加强境内企业境外发行证券和上市相关保密和档案管理工作的规定》	明确境外上市档案管理及跨境调阅要求
2023年	《境内企业境外发行证券和上市管理试行办法》	跨境上市由审批制转为备案制
2024年	《中华人民共和国档案法实施条例》	对审计档案管理作出一般性规定
2024年	《会计师事务所数据安全管理暂行办法》	明确会计师事务所数据管理的要求
2024年	《中华人民共和国保守国家秘密法》	涉及国家秘密的审计底稿保密要求

二、美国与跨境审计监管相关的法规

美国资本市场在审计监管领域实行以联邦为主导的双轨管理模式。如表9－9所示，联邦层面的证券法律法规构成了审计监管的基本法律框架。其中，2002年的《SOX法案》尤为重要。该法案系统规定了会计师事务所的监管制度，设立了PCAOB，并明确了其职责权限，对会计师事务所的注册管理、审计底稿查阅、现场检查等方面进行了原则性安排。

表9－9　　美国与跨境审计监管相关法律法规汇总表

时间	相关法律法规	跨境审计监管相关内容
1934年	《1934年证券交易法》（Securities Exchange Act of 1934）	授权SEC与境外证券监管机构开展合作，包括文件提供、调查协助等

续表

时间	相关法律法规	跨境审计监管相关内容
2002 年	《萨班斯—奥克斯利法案》(Sarbanes – Oxley Act)	建立公众公司会计监督委员会（PCAOB），负责上市公司审计师的注册、监管和执法
2010 年	《多德—弗兰克华尔街改革和消费者保护法案》(Dodd – Frank Wall Street Reform and Consumer Protection Act of 2010)	授权 PCAOB 对境外审计师实施检查和调查
2021 年	《外国公司问责法案》(Holding Foreign Companies Accountable Act of 2021)	要求在美上市的外国公司遵守 PCAOB 审计监管规定，连续三年未能接受 PCAOB 检查将被禁止在美交易
2021 年	《外国公司问责法案批露》(SEC Interim Final Rule：Holding Foreign Companies Accountable Act Disclosure，2021)	明确外国公司问责法案的披露要求，包括 PCAOB 检查情况、外国政府控制情况等
2021 年	《2021 年第 10 号会计准则更新》(FASB Accounting Standards Update No. 2021 – 10)	要求公司披露其在连续两年内接受 PCAOB 检查的会计师事务所审计的情况
2021 年	《2021 年持续披露和会计审计透明度法案》(Transparency in Accounting Act of 2021)	要求外国发行人披露 PCAOB 检查障碍，并授权 SEC 暂停或终止相关交易

（一）会计师事务所注册管理和查阅审计底稿

在会计师事务所注册管理方面，美国要求所有为美国发行人提供审计服务的事务所，无论其所在地，均须遵守统一的注册和检查要求。根据 2002 年《SOX 法案》第 106 节（a）款规定，任何为在美上市的美国公司出具审计报告的境外会计师事务所，以及在编制此类审计报告过程中提供实质性服务的境外会计师事务所，均被界定为“公众会计师事务所”，必须在 PCAOB 注册，并接受其常规检查。该规定突破了以往基于会计师事务所注册地的属地监管模式，确立了受益与受监管相匹配的原则，明确了美国监管机构对所有服务美国资本市场的审计机构的监管权力，实现对相关审计行为的全流程、全覆盖监管。

在查阅审计工作底稿方面，《SOX 法案》赋予美国监管机构必要的调阅权力，以有效应对审计失败事件，查明事实真相，准确认定责任。《SOX 法案》第 106 节（b）款规定，当境外会计师事务所发表的审计意见或提供的实质性服务成为美国会计师事务所出具审计报告的基础时，即视为该境外会计师事务所已默许在相关审计报告受到调查时，向 PCAOB 或美国证交会提供相应的工作底稿。值得注意的是，该法案将境外会计师事务所实质性参与视为其已经同意提供底稿。这意味着，一旦监管机构启动调查程序，所涉境外会计师事务所即负有配合调查、提交审计工作原始记录的法定义务。这一制度设计突破了会计师事务所所在国法律可能设置的各种限制，为美国监管当局行使跨境调查取证权扫清了法律障碍。

（二）会计师事务所检查

为确保会计师事务所持续遵守相关法律法规和执业准则，《SOX 法案》还授权 PCAOB 实施常规现场检查。具体而言，PCAOB 规则 4000 及 4003（a）（b）条详尽阐述了所有会计师事务所必须接受 PCAOB 定期及特别调查的义务，确保监督的全面性与针对性。《SOX 法案》第 104 条规定，PCAOB 有权对会计师事务所执行审计、出具审计报告以及涉及在美上市公司的相关业务活动进行持续的现场检查，评估其是否遵循 SOX 法案各项条款、美国证交会的相关规定、PCAOB 自身规则以及其他专业准则，并就检查结果作出评价。现场检查机制作为贯穿执业周期的关键环节，通过“无预告”的突击检查模式，有效激励会计师事务所增强合规自觉性，促进执业行为的标准化与规范化。

与此同时，为确保现场检查取得实效，《SOX 法案》还详细规定了 PCAOB 的执法和调查权限。《SOX 法案》第 105 条规定，PCAOB 应当制定公平合理的调查和惩戒程序，对会计师事务所违反 SOX 法案、相关证券法规及专业准则的行为进行调查和处罚。值得注意的是，该执法权力受到美国证交会的监督，形成了一种既赋予充分自主权又确保制衡监督的机制设计。此制度不仅强化了 PCAOB 的执法效能，还通过美国证交会的外部监督有效防范了权力滥用风险，共同构筑了一个规范、严格、透明且可问责的监管与执法体系。

（三）《外国公司问责法案》

《外国公司问责法案》对在美上市的外国公司提出了一系列审计监管要求，其核心内容可概括为三大部分：一是确认发行人、未检查年及其披露义务；二是三年未经检查的交易禁令；三是其他附加披露义务。

1.《外国公司问责法案》的特别规定

（1）确认发行人、未检查年及其披露义务。《外国公司问责法案》明确界定了“确定发行人”与“未检查年”的概念框架，前者指依据《1934 年证券交易法》第十三条或第十五条（d）款承担定期报告责任的发行主体；后者则特指那些年度报告中所涉审计报告的会计师事务所位于 PCAOB 无法实施全面检查或调查的外国司法管辖区，且该状态持续一整年的情形。此外，美国证交会有权要求确定发行人提供证明文件，以判断其是否受外国政府实体控制。此举旨在明晰 PCAOB 监管的边界条件，为后续监管措施的实施奠定坚实基础。

（2）三年未经检查的交易禁令。《外国公司问责法案》设置了“三年未经检查的交易禁令”。根据该规定，如果美国证交会认定某确定发行人连续三年被归为“未检查年”，则应禁止该发行人的证券在美国全国性证券交易所或任何场外交易市场进行交易。不过，如果该发行人后续证明已聘请了可接受 PCAOB 检查的会计师事务所，美国证交会应当解除前述禁令。但如果美国证交会后续再次认定该发行人出现“未检查年”，则应重启交易禁令。直至禁令实施满5年后，如发行人能证明已聘请可接受PCAOB检查的会计师事务所，美国证交会方可解除禁令。这一“退市—复市—再退市”的动态管理机制形成了强有力的合规激励，敦促外国发行人切实提升审计质量。

（3）其他附加披露义务。《外国公司问责法案》还针对“未检查年”所涉外国发行人设置了一系列特殊披露义务。这些发行人需在其年度报告中披露如下信息：外国政府机构持有发行人股权的比例；外国政府实体是否对发行人及其关联方享有控制性财务权益；发行人董事会成员中是否有中国共产党官员；发行人章程中是否包含中国共产党章程。上述规定主要针对中国公司而设，反映了美国对中概股信息披露透明度与潜在政治影响的深度关切，旨在通过强化信息披露来减轻市场不确定性与投资者担忧。

2.《外国公司问责法案》的实施细则

2021年12月，PCAOB公布了《外国公司问责法案》实施细则，标志着该法案正式进入全面执行阶段。这一细则旨在明确《外国公司问责法案》关键条款的具体实施路径，为相关主体提供可操作的指引，主要内容可概括为披露要求、提交要求和时间条件三个方面。

（1）披露要求。在披露要求方面，《外国公司问责法案》实施细则要求注册发行人就美国证交会认定的每个“未检查年”履行特定信息披露义务。值得注意的是，即便注册发行人在后续文件中提交了会计师事务所出具的审计报告供PCAOB进行全面检查或调查，仍需按照《外国公司问责法案》第3条规定在前一年的年度报告中进行信息披露，但相关披露要求仅适用于年度报告，而不涉及注册声明。此外，《外国公司问责法案》实施细则还就阻碍PCAOB检查的外国司法管辖区发行人设置了一系列针对性的会计、财务和公司治理信息披露规定，以满足美国资本市场投资者的特殊关切。

（2）提交要求。在提交要求方面，《外国公司问责法案》实施细则规定，任何被美国证交会认定为“确定发行人”的注册人，都须以电子方式向美国证交会提交证明文件，表明其并非由会计师事务所所在外国司法管辖区的政府实体所有或控制。相关文件应在年度报告截止日当天或之前通过指定渠道提交。这一规定有助于美国证交会全面评估外国发行人的所有权结构和实际控制人，判断其是否存在潜在的政治干预风险。

（3）时间条件。在时间条件方面，《外国公司问责法案》实施细则明确了《外国公司问责法案》相关规定的生效时点和适用情形。根据《外国公司问责法案》实施细则，对于2020年12月31日后结束的任何会计年度，一旦PCAOB根据《外国公司问责法案》作出认定，美国证交会即可据此确定“发行人”身份。在启动确定程序前，美国证交会将发布公告，听取公众对拟认定发行人的意见。在美国证交会正式认定某一年度为“未检查年”之前，注册发行人无需履行前述提交和披露义务。然而，一旦认定发生，注册发行人须在其后续提交的每份涵盖“未检查年”的年度报告中持续履行相关合规义务。

第四节 中美跨境审计监管合作

一、中美跨境审计监管合作概述

中美跨境审计监管合作由来已久，但2010年爆发的中概股信任危机成为重要转折点。当时，一些在美上市的中资企业接连曝出财务造假丑闻，引发市场对中概股整体质量的质疑，相关公司市值大幅缩水，有的甚至面临退市风险。为重塑投资者信心，美国证交会依据《SOX法案》在2012年对数家会计师事务所的中国分所提起诉讼，指控其未能提交相关中概股审计底稿。2015年，涉案会计师事务所与美国证交会达成行政和解，标志着中美审计监管合作迈出了关键一步。随后，PCAOB在2012年正式来华评估中国会计师事务所的审计质量控制与检查状况，2013年5月中美两国证券监管机构签署了《执法合作备忘录》，建立定期磋商机制，并在2016年至2017年开展了联合检查。

自2018年以来，中国证监会参考国际审计监管合作的通行做法，向美方提出以“联合检查”模式推进两国审计监管协作。2020年的瑞幸咖啡财务造假案进一步凸显了深化中美审计监管合作的必要性和紧迫性。中国证监会积极回应美方关切，于2020年8月第四次向美方递交“会计师事务所联合检查”方案建议，尽管美方尚未作出实质性回应，但在2022年8月中美有关部门再次签署了《审计监管合作协议》，为下一步深化两国监管合作指明了方向。这一系列举措表明，尽管中美在审计监管领域存在分歧，但双方在法律层面上明确了跨境监督管理合作机制，并在务实合作中不断推进，共同应对资本市场的挑战。

二、中美跨境审计监管合作的备忘录及协议

中美两国在跨境审计监管合作方面已有多年探索，双边协议是目前最主要的合作形式。如表9-10所示，追溯两国合作历程，可以发现一系列里程碑式的法律文件为深化双边审计监管合作奠定了坚实基础。1994年《中美证券合作、磋商及技术援助的谅解备忘录》的签署，开启了两国资本市场监管合作的大门。此后，中美双方通过签署一系列谅解备忘录与合作协议，不断拓展合作领域，涵盖证券期货监管、会计准则趋同、审计监管强化等多个维度，展现了双方携手并进、共谋发展的积极姿态。

表9-10 中美跨境审计监管合作的备忘录及协议

时间	签署方	文件名称
1994.04	中国证监会与美国证交会	《中美证券合作、磋商及技术援助的谅解备忘录》

续表

时间	签署方	文件名称
2002. 01	中国证监会与美国商品期货交易委员会	《中美期货监管合作谅解备忘录》
2006. 05	中国证监会与美国证交会	《中国证券监督管理委员会与美国证券交易委员会合作条款》
2008. 02	中国证监会与美国商品期货交易委员会	《中国证券监督管理委员会与美国商品期货交易委员会合作条款》
2012. 09	中国证监会、中国财政部与美国公众公司会计监督委员会	《美方来华观察中方检查的协议》
2013. 05	中国证监会、中国财政部与美国公众公司会计监督委员会	《中美执法合作备忘录》
2022. 08	中国证监会、中国财政部与美国公众公司会计监督委员会	《中美审计监管合作协议》

在众多双边协议中，2013 年签署的《中美证券期货监管机构关于加强跨境审计监管合作的谅解备忘录》（以下简称《中美执法合作备忘录》）尤为关键。该备忘录确立了中美证券期货监管机构在跨境执法合作方面的定期沟通机制，为双方就共同关注的审计监管问题交换意见、分享信息提供了制度保障。这不仅有助于提升在美上市中国公司的财务信息披露质量，也为中概股健康发展创造了有利条件。

2022 年 8 月签署的《中美审计监管合作协议》成为两国监管合作历程中的又一重要里程碑。该协议在明确合作宗旨、界定合作范畴、规范合作形式及强化信息共享等方面取得突破性进展，特别是双方就实施“联合检查”机制达成共识，为破解中概股审计监管困境开辟了新路径。协议规定，中美双方将依据各自法律框架选择审计机构进行检查，并允许美方见证检查过程及审阅审计底稿，同时严格限制信息的复制与转移，这一安排巧妙平衡了国家主权、法律尊严与监管需求，体现了高度的互利性与务实性，为中美跨境审计监管合作注入了新的活力与动力。

（一）《中美执法合作备忘录》

2013 年 5 月 7 日，中国证监会、中国财政部和 PCOAB 签订了执法合作备忘录，这是中美监管部门在跨国审计监管合作方面的重大突破，也为今后的合作创造了良好的基础。吴坤龙（2013）对《中美执法合作备忘录》的主要内容进行了详细的阐述，本章主要借鉴其相关内容如下：

1. 合作目的的规定

《中美执法合作备忘录》中“目的”条款对双方执法合作的宗旨进行了解释：“双方合作是通过提高审计报告的可靠性和精确度，实现在各自的证券市场上保护投资者和促进公众对审计过程的信心的目的。”

2. 合作范围的规定

《中美执法合作备忘录》中“协助范围”条款规定的范围包括：①提供援助请求方在请求援助的书面报告中列出的有关审计监管和调查方面的文件和信息；②提供下列列在请求方书面报告的相关协助：一是提供能够表现审计复核和由会计师事务所执行的专业服务的文件，包括但不限于合同、审计业务约定书和其他属于专业服务范畴的文件；二是会计师事务所持有的审计工作底稿或者涉及审计工作的受中国证监会、财政部以及 PCOAB 管辖的其他文件；三是能够表现会计师事务所质量控制的文件，包括会计师事务所的组织结构、实施的有关政策以及其职业标准建立的程序。

3. 协助请求的内容

《中美执法合作备忘录》中“协助请求”条款 B 项具体规定了协助请求必须包括以下几个方面：①要求披露信息的条目；②列入需要跨国审计监管合作的上市公司可疑行为的描述；③请求方获取信息的目的（包括详细的法律解释和与该协助要求的监管需求）；④制定的法规条目和请求方监管职能之间的联系；⑤掌握相关审计信息的个人、公司或者其他团体以及能够得到这些信息的地点；⑥期望的回复时间。协助调查的监管机构将会指定负责人按照该国的适用程序收集和提供在本备忘录的框架之下要求披露的信息和文件，而且不承担任何请求方区域内的法定责任。

4. 使用信息的相关规定

对于非公开信息，《中美执法合作备忘录》中“允许使用信息”条款规定的范围包括：①列在援助请求申请中的目的，包括遵守和维护请求方的法律和法规；②出于对违反请求方的国内法律法规的指控的调查和行政诉讼的目的，或者请求方官方授权法令和其他法规允许的任何其他目的。这些非公开信息的使用产生了积极的效果：双方对在监管方权限范围内的会计师事务所进行制裁的情况能够及时掌握；双方监管机构整个执法程序的执行情况能够得到及时沟通。如果备忘录的一方使用信息还有其他目的，必须获得对方监管当局的允许。请求方应该根据要求及时通报依靠所提供的信息进行调查的结果和进展情况。

5. 合作过程的保密规定

双方监管当局必须对提供或获取的信息保密。对于何时能将信息披露，《中美执法合作备忘录》中“保密例外”条款规定：①在公布对协助方境内的会计师事务所的处罚之前，请求协助方应该适当提前通知被请求方，而且当出现拟公布的信息与审计调查协助方的法律不一致时，协助方可以进行反馈；②如果有特定的法律条款作依据，监管方可以在其管辖范围内分享通过备忘录的签约权力所获得的信息，比如，PCOAB 可以依据《SOX 法案》的 105 条“调查和惩戒”分享信息。其前提条件是，信息的接收人必须是法定的，而且能保守保密条款；③某一监管方需要在其管辖区域内向另一方移送在中美跨境审计合作中获取的信息时，需要提前通知信息的提供部门并附上申请，申请上需注明为谁提供信息，提供信息的原因和目的。在满足这些条件后，信息可以被共享。

6. 合作过程的沟通的规定

在下列情况下应加强互相协助磋商：①出现影响备忘录的相关行为的市场、商业、法制的巨大改变；②一方执行备忘录条款的能力和意愿出现了巨大改变；③其他有可能出现导致备忘录更改的情况。

（二）《中美审计监管合作协议》

中国证监会、中国财政部于2022年8月26日与PCAOB签署了《中美审计监管合作协议》。《中美审计监管合作协议》是在双方2013年《中美执法合作备忘录》及2016年试点检查合作备忘录的基础上，根据双方国内法律法规和监管要求，参照相关国际通行做法，总结以往双方合作经验，经过反复磋商达成的。合作协议主要就双方对相关会计师事务所合作开展日常检查与执法调查作出了具体安排，约定了合作目的、合作范围、合作形式、信息使用、特定数据保护等重要事项。

《中美审计监管合作协议》包括以下重点内容：一是确立对等原则。协议条款对双方具有同等约束力，中美双方均可依据法定职责，对另一方辖区内相关会计师事务所开展检查和调查，被请求方应在法律允许范围内尽力提供充分协助。二是明确合作范围。合作协议范围包括协助对方开展对相关会计师事务所的检查和调查。其中，中方提供协助的范围也涉及部分为中概股提供审计服务且审计底稿存放在内地的香港事务所。三是明确协作方式。双方将提前就检查和调查活动计划进行沟通协调，美方须通过中方监管部门获取审计底稿等文件，在中方参与和协助下对会计师事务所相关人员开展访谈和问询。

该协议的签订是中美双方监管机构在解决审计监管合作这一共同关切问题上迈出的重要一步，为下一阶段双方积极、专业、务实推进合作奠定了基础。此举不仅有助于提升会计师事务所的国际执业标准与质量，强化投资者权益保护，更为企业跨境上市活动构建了一个更加公正、透明、高效的国际监管环境，对促进全球资本市场的健康发展具有深远意义。

第五节 中美跨境审计前沿研究

一、中美跨境审计中底稿跨境流动问题

中美两国在审计底稿监管领域的立场存在显著差异，这种差异源于两国在审计质量保

障与市场透明度维护策略上的不同考量。

具体而言，美国监管机构依据《SOX法案》对在美上市公司的境外审计活动实施严格的监管框架。该法案明确要求境外会计师事务所必须接受PCAOB的定期监督，并无条件提供审计底稿以供审查，旨在强化审计的独立性与透明度。2010年出台的《多德—弗兰克华尔街改革与消费者保护法案》进一步规定，美国证交会有权剥夺任何拒绝提供审计工作底稿的外国会计师事务所在美审计服务资格，增强其监管权威。2021年出台的《外国公司问责法案》更明确指出，外国公司若连续三年未能履行审计底稿提交义务，将面临美国上市证券被摘牌的严重后果，体现了美国监管部门推动审计底稿跨境流动、消除档案本地存储限制的坚定立场。

相比之下，中国在审计底稿跨境流动问题上采取更为审慎的态度。这一政策导致中概股企业在满足美国监管要求方面面临挑战，进而引发了中美跨境审计领域的摩擦。美国监管部门要求由负责生成审计底稿的会计师事务所主动或应PCAOB要求提供审计档案以供跨境检查，这一举措直接触及了跨境数据流动、国家安全与隐私保护等复杂问题，成为中美双方亟待协商解决的重大议题。由于审计底稿包含企业的关键财务和运营信息，可能涉及国家秘密和安全，中国对审计底稿的保密要求非常严格。

我国《证券法》第一百七十七条第二款规定："境外证券监督管理机构不得在中华人民共和国境内直接进行调查取证等活动。未经国务院证券监督管理机构和国务院有关主管部门同意，任何单位和个人不得擅自向境外提供与证券业务活动有关的文件和资料。"这项规定从根本上否定了PCAOB在华直接获取审计工作底稿的合法性。同时，2023年3月31日施行的《关于加强境内企业境外发行证券和上市相关保密和档案管理工作的规定》进一步明确："为境内企业境外发行上市提供相应服务的证券公司、证券服务机构在境内形成的工作底稿应当存放在境内。需要出境的，按照国家有关规定办理审批手续。"这一规定不仅重申了中概股企业境内档案出境或供境外调阅的严格条件，还强调了境外监管机构不得直接调取档案，而应由境内档案监管部门协调提供或经审计服务机构正规申报后出境，从而构建了更为清晰、规范的跨境审计档案管理流程。

二、中美跨境审计中数据安全问题

2022年7月21日，国家互联网信息办公室依据《中华人民共和国网络安全法》《中华人民共和国数据安全法》《中华人民共和国个人信息保护法》和《中华人民共和国行政处罚法》等法律法规，对滴滴全球股份有限公司处以高额罚款（人民币80.26亿元）。此举彰显了我国对数据出境安全风险的深切关注与高度重视。数据出境风险主要包括两类：涉密数据的直接泄露风险和聚合衍生数据的间接泄露风险。直接泄露风险是指敏感信息可能被直接暴露给境外机构或个人。而间接泄露风险则是指中概股企业赴美上市后，由于监管要求，需要频繁提供数据，这些数据在境外积累到一定程度后，可能会被结合其他信息推断出企业的商业机密或国家机密。这两种风险都对企业的数据安全和国家的信息安全构成了威胁。中美两国在跨境数据流动政策上的根本差异在于，中国侧重于安全与发展的平衡，而美国则更倾向于商业利益的追求。这一差异直接导致了双方在信息披露限制上的不同立场。

2016年11月出台的《中华人民共和国网络安全法》第三十七条明确了我国坚持重要数据本地化存储原则："关键信息基础设施的运营者在中华人民共和国境内运营中收集和产生的个人信息和重要数据应当在境内存储。因业务需要，确需向境外提供的，应当按照国家网信部门会同国务院有关部门制定的办法进行安全评估；法律、行政法规另有规定的，依照其规定。"2021年6月《中华人民共和国数据安全法》的出台，不仅鼓励数据的依法合理利用与有序流动，促进数字经济发展，同时也明确了数据分类分级保护制度，强化了对重要数据的保护力度，体现了我国在数据跨境流动中"安全为先"的基本原则。其中，第七条规定："国家保护个人、组织与数据有关的权益，鼓励数据依法合理有效利用，保障数据依法有序自由流动，促进以数据为关键要素的数字经济发展。"第二十一条第一款规定："国家建立数据分类分级保护制度，根据数据在经济社会发展中的重要程度，以及一旦遭到篡改、破坏、泄露或者非法获取、非法利用，对国家安全、公共利益或者个人、组织合法权益造成的危害程度，对数据实行分类分级保护。国家数据安全工作协调机制统筹协调有关部门制定重要数据目录，加强对重要数据的保护。"

与此同时，美国通过《澄清境外数据的合法使用法案》和《外国公司问责法案》等立法，一方面倡导数据自由流动，另一方面却要求中概股企业披露包括董事会成员政治背景等敏感信息。此举显然与我国跨境数据管理的原则相悖，加剧了中概股企业在信息披露与跨境审计方面的冲突。这种政策差异不仅挑战了中概股企业的合规运营，也反映了中美两国在数字经济时代数据治理理念上的深刻分歧。

此外，美国的《多德—弗兰克华尔街改革与消费者保护法》进一步强化了其监管权威，要求外国会计师事务所必须接受PCAOB的定期监督，并无条件提供审计底稿以供审查。若外国公司连续三年未能履行审计底稿提交义务，将面临美国上市证券被摘牌的严重后果。这些法律条款彰显了美国在推动审计底稿跨境流动、消除档案本地存储限制方面的坚定立场。然而，中国的政策取向则更为审慎，强调数据本地化存储和严格的审计底稿保密要求，反映了中国对国家安全和信息保护的高度重视。

为了应对这些挑战，中概股企业需要在信息披露和跨境审计方面寻求合规的运营方式，遵守中国的本地化存储要求，同时满足美国的监管规定。这种双重合规的压力不仅要求企业具备强大的内部控制和数据管理能力，还需要积极与中美两国监管机构进行沟通和协调，探索可行的解决方案。这一过程也凸显了国际审计监管合作的重要性，只有通过各国间的相互理解与合作，才能建立更加公正、透明、高效的全球资本市场监管体系。

思政研习

习近平外交思想与中美跨境审计监管合作

习近平外交思想是马克思主义基本原理同中国特色大国外交实践相结合的重大理论成果，深刻回答了中国应推动建设什么样的世界、构建什么样的国际关系，以及新形势下中国需要什么样的外交和如何进行外交等重大理论和实践问题。

2014年11月28日，在中央外事工作会议上，习近平总书记强调："我们要坚持合作共赢，推动建立以合作共赢为核心的新型国际关系，坚持互利共赢的开放战略，把合作共赢理念体现到政治、经济、安全、文化等对外合作的方方面面。"

2018年6月22日至23日，在中央外事工作会议上，习近平总书记强调："党的十八大以来，我们深刻把握新时代中国和世界发展大势，在对外工作上进行一系列重大理论和实践创新，形成了新时代中国特色社会主义外交思想，概括起来主要有以下10个方面：坚持以维护党中央权威为统领加强党对对外工作的集中统一领导，坚持以实现中华民族伟大复兴为使命推进中国特色大国外交，坚持以维护世界和平、促进共同发展为宗旨推动构建人类命运共同体，坚持以中国特色社会主义为根本增强战略自信，坚持以共商共建共享为原则推动'一带一路'建设，坚持以相互尊重、合作共赢为基础走和平发展道路，坚持以深化外交布局为依托打造全球伙伴关系，坚持以公平正义为理念引领全球治理体系改革，坚持以国家核心利益为底线维护国家主权、安全、发展利益，坚持以对外工作优良传统和时代特征相结合为方向塑造中国外交独特风范。我们要全面贯彻落实新时代中国特色社会主义外交思想，不断为实现中华民族伟大复兴的中国梦、推动构建人类命运共同体创造良好外部条件。"

2021年8月，由中央宣传部、外交部组织编写的《习近平外交思想学习纲要》，系统阐释了习近平外交思想的重大意义、丰富内涵、核心要义、精神实质、实践要求，全面反映了习近平新时代中国特色社会主义思想在外交领域的原创性贡献，《习近平外交思想学习纲要》是党中央着眼党和国家工作全局，把学习贯彻习近平新时代中国特色社会主义思想不断引向深入的重要决策，也是深入推进新时代中国特色大国外交的重大举措，既是党的思想理论建设的一件大事，也是外交战线的一件大事。

2023年12月27日至28日，于北京召开的中央外事工作会议系统总结了新时代中国特色大国外交的历史性成就和宝贵经验。在新时代中国特色大国外交的历史性成就方面，会议认为："党的十八大以来，在推进新时代中国特色社会主义事业的伟大征程中，对外工作取得历史性成就、发生历史性变革。一是创立和发展了习近平外交思想，开辟了中国外交理论和实践的新境界，为推进中国特色大国外交提供了根本遵循。二是彰显了我国外交鲜明的中国特色、中国风格、中国气派，树立了自信自立、胸怀天下、开放包容的大国形象。三是倡导构建人类命运共同体，指明了人类社会共同发展、长治久安、文明互鉴的正确方向。四是坚持元首外交战略引领，在国际事务中日益发挥重要和建设性作用。五是全面运筹同各方关系，推动构建和平共处、总体稳定、均衡发展的大国关系格局。六是拓展全方位战略布局，形成了范围广、质量高的全球伙伴关系网络。七是推动高质量共建'一带一路'，搭建了世界上范围最广、规模最大的国际合作平台。八是统筹发展和安全，以坚定意志和顽强斗争有效维护国家主权、安全、发展利益。九是积极参与全球治理，引领国际体系和秩序变革方向。十是加强党中央集中统一领导，巩固了对外工作大协同格局。”在新时代中国特色大国外交的宝贵经验方面，会议指出：“在新时代外交工作实践中，我们积累了一系列宝贵经验。必须做到坚持原则，在关乎人类前途命运和世界发展方向的重大问题上，要旗帜鲜明、站稳立场，牢牢占据国际道义制高点，团结争取世界大多数。必须体现大国担当，坚持弘扬独立自主精神，坚持引领和平发展，坚持促进世界稳定和繁荣。必须树立系统观念，以正确的历史观、大局观把握大势、统筹兼顾、掌握主动。必须坚持守正创新，坚守中国外交的优良传统和根本方向，同时开拓进取，推动理论和实践创新。必须发扬斗争精神，坚决反对一切强权政治和霸凌行径，有力捍卫国家利益和民族尊严。必须发挥制度优势，在党中央集中统一领导下，各地区各部门协同配合，形成强大合力。”会议还指出：“构建人类命运共同体是习近平外交思想的核心理念，是我们不断深化对人类社会发展规律认识，对建设一个什么样的世界、怎样建设这个世界给出的中国方案，是新时代中国特色大国外交追求的崇高目标。”

讨论主题：根据上述习近平外交思想的主要阐述，讨论新时代下为什么要加强中美跨境审计监管合作。在习近平外交思想的指导下，中美跨境审计监管合作应该采用什么策略？

案例分析

案例背景：

2020 年 1 月 31 日，美国著名做空机构 HS 公司指控我国 RX 公司存在财务欺诈行为。做空报告显示，RX 公司从 2019 年下半年开始编造公司财务资料。RX 公司随后否认了 HS 公司的一切指控。然而，两个月后，RX 公司内部调查委员会发布公告，承认了公司的造假行为，并表示公司在 2019 年度虚增销售收入 22 亿元。2020 年 4 月 3 日，EY 会计师事务所公开回应，指出 RX 公司管理层中部分人员在 2019 年虚增了企业利润表的各项关键指标。

RX 公司的财务造假对自身造成了严重的后果。公司承认财务欺诈行为后，其股票价格暴跌 75.57%，公司市场价值缩水逾 354 亿元。截至 2020 年 4 月 7 日停牌时，RX 公司的总市场价值仅剩 11.05 亿元。2020 年 5 月 19 日，RX 公司收到要求其从美国市场退市的通知。2021 年 2 月初，RX 公司在美国申请了破产保护。

RX 公司的财务造假事件成为新一波中概股危机的导火索，随后多家中概股公司遭到了美国做空机构的做空。2020 年 5 月，美国证交会主席在电视节目中公开提示了投资中概股的风险。2020 年 7 月，美国财政部发布了《关于保护美国投资者防范中国公司重大风险的报告》，主要针对 PCAOB 无法实施检查的地区，并建议提高该地区公司的上市门槛、信息披露标准和风险提示。对于已经在美国上市的中国公司，要求在 2022 年 1 月 1 日前满足 PCAOB 开展检查的相关要求。面对美国市场这一系列的紧张情绪和美股市场的不确定性，众多中概股公司开始寻求退路。

RX 事件后，美国资本市场的投资者利益受损，对投资中概股公司的信心降低，因此美国政府对中概股公司的监管呈现趋严的趋势。现阶段，美国资本市场对上市公司的监管侧重于事后监管，导致上市公司风险暴露之后才可能发现问题，危害大，影响范围广。这也侧面反映了传统的以审计报告和财务报表为主的审查模式存在缺陷。

RX 事件发生后，美国有关部门通过颁布《外国公司问责法案》和《关于保护美国投资者防范中国公司重大风险的报告》，对审计底稿问题做了规定，并加强了 PCAOB 的权力，提高了未来中概股公司的上市标准、信息披露标准和风险提示标准。对于已上市的中概股公司，要求其满足 PCAOB 的检查标准，连续三年不满足的将退出美国的证券市场。

讨论问题：

（1）RX 公司财务造假对中概股公司有什么影响？

（2）《外国公司问责法案》对中美跨境审计监管有什么影响？

（3）通过该案例，你对中美跨境审计监管合作有什么建议？

思考题

1. 中国企业赴美上市的主要模式有哪些？
2. 中美跨境审计相关的法规有哪些？其主要内容是什么？
3. 《外国公司问责法案》给中美跨境审计监管带来了什么影响？
4. 中美跨境审计监管合作经历了哪些发展阶段？
5. 目前中美跨境审计监管合作的主要模式是什么？

参考文献

包柠榛："中概股赴美上市的数据安全审视：风险来源、中美监管与应对"，《东北师大学报（哲学社会科学版）》，2023 年第 4 期。

财政部：《中国注册会计师执业准则（2006）》，经济科学出版社 2006 年版。

蔡春、陈晓媛："关于经济责任审计的定位、作用及未来发展之研究"，《审计研究》，2007 年第 1 期。

蔡翠红、郭威："中美跨境数据流动政策比较分析"，《太平洋学报》，2022 年第 3 期。

陈波、曾佩鸣、王美英．"新视角助力会计审计变革：ESG、供应链、数智化——首届审计与供应链风险管理国际会议观点综述"，《财会月刊》，2023 年第 23 期。

陈荣高："党政主要领导干部经济责任同步审计探索"，《审计研究》，2011 年第 3 期。

陈希晖：《审计法规与准则》，东北财经大学出版社 2024 年版。

陈秧秧、张语涵："内地与香港跨境审计监管合作探究"，《财务与会计》，2019 年第 14 期。

翟继光、姜文新：《〈中华人民共和国审计法〉释义与典型案例分析》，立信会计出版社 2022 年版。

方军雄："转型经济中声誉机制有效性研究——来自中国审计市场的证据"，《财经研究》，2011 年第 12 期。

冯慧敏："中概股审计底稿信息和数据跨境流动困局的形成与纾解"，《中国注册会计师》，2022 年第 11 期。

傅绍正："法律环境、会计师事务所转制与审计质量"，《中国注册会计师》，2018 年第 2 期。

高雅青、李三喜、施莹华：《内部控制审计实务指南》，人民邮电出版社 2024 年版。

郭丹、徐瑶："会计师事务所审计连带赔偿法律责任比较研究"，《会计之友》，2022 年第 14 期。

郭丹："注册会计师对第三人审计法律责任的扩张与收缩"，《中国注册会计师》，2010 年第 5 期。

郭宇晨："双碳目标背景下的企业 ESG 信息披露：实践思考"，《太原学院学报（社会科学版)》，2022 年第 2 期。

郭振乾：“认真履行审计监督职责，在两个文明建设中发挥更大作用——在全国审计工作会议上的讲话”，《审计研究》，1997 年第 1 期。

国家卫生健康委财务司：《采购管理专项审计指引详解》，中国财政经济出版社 2024 年版。

国家卫生健康委财务司：《建设项目专项审计指引详解》，中国财政经济出版社 2024 年版。

韩洪灵、陈帅弟、陈汉文：“中美跨境会计审计冲突：根本诱因、基本表现与应对措施”，《烟台大学学报（哲学社会科学版)》，2023 年第 5 期。

韩洪灵、刘思义、鲁威朝、陈汉文：“基于瑞幸事件的做空产业链分析——以信息披露为视角”，《财会月刊》，2020 年第 8 期。

韩维芳：“会计师事务所特殊普通合伙转制的影响研究——合伙人层面的分析”，《审计研究》，2016 年第 2 期。

胡洪彬：“习近平总书记关于新质生产力重要论述的理论逻辑与实践进路”，《经济学家》，2023 年第 12 期。

黄敬昌、林斌、赵静：“会计师事务所转制对审计质量的影响机制研究——基于市场感知的证据”，《审计研究》，2017 年第 2 期。

黄溶冰、赵谦、王丽艳：“自然资源资产离任审计与空气污染防治：‘和谐锦标赛’还是‘环保资格赛’”，《中国工业经济》，2019 年第 10 期。

《会计师事务所质量管理相关准则讲解与操作》编写组：《会计师事务所质量管理相关准则讲解与操作》，中国财政经济出版社 2023 年版。

蒋尧明：“审计法律责任：审计能力与社会需求的有机统一”，《会计研究》，2010 年第 7 期。

李嘉宁、伍利娜、肖帅莹：“企业 ESG 表现影响关键审计事项披露吗?”，《审计与经济研究》，2024 年第 1 期。

李江涛、宋华杨、邓迦予：“会计师事务所转制政策对审计定价的影响”，《审计研究》，2013 年第 2 期。

李雪：《经济责任审计》，立信会计出版社 2024 年版。

李兆龙：《我国高校内部控制审计研究》，中国财政经济出版社 2024 年版。

刘更新、蔡利：“审计管制、审计责任与审计质量研究——基于法律标准不确性影响的分析”，《审计研究》，2010 年第 3 期。

刘启亮、郭俊秀、汤雨颜：“会计事务所组织形式、法律责任与审计质量——基于签字审计师个体层面的研究”，《会计研究》，2015 年第 4 期。

刘行健、王开田：“会计师事务所转制对审计质量有影响吗?”，《会计研究》，2014 年第 4 期。

慕雅琦："关于注册会计师审计侵权责任的研究与思考"，《中国注册会计师》，2013 年第 7 期。

企业内部控制编审委员会：《企业内部控制基本规范及配套指引案例讲解》，立信会计出版社 2024 年版。

秦荣生："论审计与受托经济责任的'血缘'关系"，《当代财经》，1994 年第 6 期。

沈辉、肖小凤："会计师事务所法律责任与审计收费溢价"，《审计与经济研究》，2013 年第 6 期。

宋夏云：《国家审计目标及实现机制研究》，上海财经大学出版社 2008 年版。

汪文龙："探讨'双碳'目标约束下的 ESG 审计"，《中国产经》，2023 年第 20 期。

王兵、李晶、苏文兵、唐逸凡："行政处罚能改进审计质量吗？——基于中国证监会处罚的证据"，《会计研究》，2011 年第 12 期。

韦明翠、吴娅玲："公司诉讼、法律责任与审计定价"，《中国注册会计师》，2021 年第 2 期。

韦小泉、王立彦："地方党政主要领导干部经济责任审计评价指标体系构建"，《审计研究》，2015 年第 5 期。

吴坤龙："跨境审计监管中美执法合作备忘录略析"，《财会月刊》，2013 年第 22 期。

武恒光："法律环境、法律责任与审计师独立性——来自中国会计师事务所转制的证据"，《财经论丛》，2015 年第 2 期。

阳丹："我国证券市场审计低效的原因与对策"，《财会月刊》，2020 年第 3 期。

余玉苗、刘颖斐："上市公司审计收费的供需决定模型及均衡分析"，《审计研究》，2003 年第 5 期。

中国计算机用户协会政务信息化分会：《信息系统审计》，知识产权出版社 2022 年版。

中国注册会计师协会：《中国注册会计师执业准则及应用指南》，中国财政经济出版社 2023 年版。

中国注册会计师协会：《中国注册会计师职业道德守则》，中国财政经济出版社 2022 年版。

《中华人民共和国现行审计法规与审计准则及政策解读》编委会：《中华人民共和国现行审计法规与审计准则及政策解读》，立信会计出版社 2024 年版。

中央审计委员会办公室、审计署：《〈党政主要领导干部和国有企事业单位主要领导人员经济责任审计规定〉释义》，中国时代经济出版社 2019 年版。

周云平、陈通："乡镇党政主要负责人经济责任审计的内容和方法"，《审计研究》，2006 年第 2 期。

周中胜："会计师事务所组织形式与审计收费"，《江西财经大学学报》，2014 年第 2 期。